포노 사피엔스 경제학
ECONOMICS FOR PHONO SAPIENS

포노 사피엔스 경제학

ECONOMICS FOR PHONO SAPIENS

전승화 지음 | 김정호 감수

새로운현재

PROLOGUE

이 책을 읽기 전에

'4차 산업혁명'에 관한 책을 읽어본 적은 있지만
여전히 맥락을 잘 모르겠다.

경제학, 경영학 공부를 한 적은 있지만
지금처럼 급변하는 시대에 맞는지 잘 모르겠다.

내 미래가 불안하지만
세상이 대체 어떻게 바뀌는 건지
난 대체 어떤 준비를 어떻게 해야 하는지 막연하다.

새롭게 학습해야 할 것이 많은 건 알지만
솔직히 글씨가 많은 책은 읽기 힘들다.

이 네 가지 질문 중에 어느 하나라도  라고 대답했다면

지금 바로 이 책과 함께하기를 권한다!

이 책은 바로 '당신'이 기다리던 '종합 선물 세트'가 되어줄 것이다!

앞서의 질문에 격한 공감을 하며 "Yes!"를 외친 당신이 이 책을 통해 알고 싶은 것은 아마도 '제4차 산업혁명'으로 대변되는 세상의 변화가 대체 무엇이며, 경제의 근간이 왜, 어떻게 달라지는지에 대한 맥락 있는 설명일 것이다. 세상과 경제에 대한 큰 그림을 이해해야만 비로소 나와 나의 미래에 대해 진지하게 고민을 할 수 있을 테니 말이다.

그렇다. 이 책은 세상과 경제와 우리 자신에 대한 독자 여러분의 고민을 해결하기 위해 쓰여졌다. 그렇기 때문에 최대한 독자와 얘기를 나누듯 글을 풀어냈으며 독자 스스로가 생각하고 고민할 수 있도록 많은 질문을 담았다. 저자의 견해를 덧붙이기는 했지만 이는 어디까지나 참고일 뿐이다. 또한 복잡한 설명을 대신하여 간결한 도식과 그림 형태로 내용을 전하고자 노력했다. (별도의 출처 표시가 없는 도표나 그림은 모두 저자가 직접 고안한 스케치에 기반한 것이다.)

아마도 이 책을 집어 든 여러분의 고민 중 상당 부분은 '돈'과 관련된 것일 것이다. 급변하는 미래 세상에서 어떻게 돈을 벌 수 있을지, 어떻게 돈을 써야 할지에 대한 것 말이다. 그렇다 보니 직업과 기업의 변화에 대해 고민하게 되고 시장과 정부 정책에 대해서도 고민하게 되는 것 아닌가? 그리고 혹여 이러한 고민에 대한 실마리를 찾을 수 있을까 하는 마음에 소위 '합리적 선택'을 연구하는 학문이라고 하는 '경제학' 서적을 뒤적이게 된 것 아닌가?

하지만 이미 '포노 사피엔스(Phono Sapiens, 스마트폰 없이 살 수 없는 새로운 인류라는 뜻으로 2015년 영국의 경제주간지 「이코노미스트」에 처음 등장한 용어)'가 되어버린 당신의 눈에는 기존의 전통적인 경제학이나 경영학 서적은 당신 앞에 펼쳐진 세상과는 어딘가 동떨어진 이야기를 하고 있는 것처럼 보일 것이다. 당신에게는 새로운 경제학이 필요하다. 신인류인 포노 사피엔스가 살게 될 '올웨이스 온라인(Always Online)' 세상에 대한 새로운 경제학 말이다.

평소에 경제학은 어렵고 재미없다고 생각해온 독자라고 해도 걱정할 필요 없다. 이 책은 기존 경제학의 시시콜콜한 이론과 계산식을 다루지 않는다. 여기서 우리가 같이 고민하고 얘기 나누게 될 것은 경제학의 근간을 이루는 원리와 원칙들이 미래 세상에서는 어떻게 달라지는가에 대한 것이다. 이것을 알아야만 바뀌는 세상과 경제를 보다 잘 이해하고 그에 맞는 (당신만의) 합리적 선택을 할 수 있다.

많은 경제학자들이 지적하는 것처럼 경제학은 하나의 정답만이 존재하는 학문이 아닌, 자유의지를 가진 우리 개개인의 선택과 의사결정을 위한 비판적 시각을 길러줄 수 있는 학문이 되어야 한다. 그 다음 생각하고, 고민하고, 선택하고, 결정하는 것은 바로 우리 개인, 독자 여러분의 몫이 되어야 한다.

바로 그러한 취지를 담아 저자는 고려대학교 국제대학원에서 강의를 진행하였고, 그 내용을 보다 많은 사람들과 나누고자 하는 바람에서 이 책을 집필하게 되었다. 여기에 KT에서의 오랜 전략 실무 경험을 바탕으로 국내외 시장에 대한 맥락 있는 분석과 다양하고 실질적인 사례를 더하여 설득력 있는 내용으로 정리하고자 많은 시간과 정성을 쏟았다.

책을 읽는 중에 잘 모르는 용어나 더 자세히 알고 싶은 것이 있으면 언제든 관련 내용을 검색할 것을 부탁한다. 이 책에 인용된 많은 자료들은 세계경제포럼(WEF), 가트너(Gartner), 매킨지(McKinsey & Company), 베인앤컴퍼니(Bain & Company), A.T.커니(A.T.Kearny), 딜로이트(Deloitte), 프라이스워터하우스쿠퍼스(PWC), 액센추어(Accenture), GSMA, OECD, 하버드비즈니스리뷰(HBR) 등 전문 기관 웹 사이트에 공개된 무료 리포트들이다. 기술의 발전과 적용 속도가 무서울 정도로 빠른 만큼 가급적 최신의 자료를 검색하여 확인하길 권한다. 본문에 자료의 출처를 밝혀두었고 중요한 키워드는 괄호 안에 영문도 병기하였으니 참고하자.

끝으로 이 책의 구성과 읽는 방법에 대한 얘기를 덧붙이고자 한다. 이 책은 다음과 같이 총 4개의 파트로 구성되어 있다.

• 미래 세상을 개관하는

• 디지털이 가져온 변화를 차근차근 짚어보는

• 경제의 근간이 어떻게 달라질지를 고민해보는

• 새로운 세상의 승자를 논해보는

인내심을 갖고 차근차근 읽으며 함께 고민해 준다면 더없이 좋겠지만, 만약 이 책을 모두 읽을 시간이 부족하거나 경제·경영 분야가 너무 생소하다면 파트 Ⅲ은 (챕터별 요약만 읽고) 건너뛰었다가 다음에 다시 읽어도 된다. 파트 Ⅲ은 배경지식이 전혀 없는 상태에서는 다소 어렵게 느껴질 수 있을 뿐 아니라 집중을 위해 여러 잔의 아메리카노가 필요할 것이기 때문이다.

자, 준비가 되었다면 함께 새로운 세상을 향해 떠나보자!

MEET VISIONARY

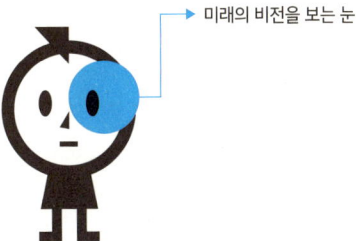

미래의 비전을 보는 눈

디지털 경제학이라는 여행이 너무 어렵거나 지루해지지 않도록 '비저너리(Visionary)' 라는 이름의 작은 친구가 동행할 것이다. 새로운 세상의 다양한 비전(Vision)을 최대한 단순화시켜 보여줄 비저너리는 일러스트, 표, 그래프 등의 비주얼 자료에 여러 형태로 등장하여 독자 여러분의 이해를 도울 것이다.

추천사

다양한 분야의 전문가들이 먼저 읽어보고 쓴
꿀팁 & 스포일러 가득한 추천의 글

생각의 궤적을 한 차원 높여 주는 책! 디지털 입문서로도 손색이 없지만 디지털 정글에서 생존하는 실질적인 아이디어를 많이 얻을 수 있는 책이다. 저자의 오랜 기업 전략 업무 담당 경험과 강의 경험을 바탕으로 쓴 이 책은 디지털 시대 흐름에 관심이 있는 일반 대중뿐만 아니라 기업 전략 부서 담당자들에게도 유용할 만한 실무적인 내용들이 많이 담겨 있다. 책 후반부에 개개인을 '가치 창출자'로 규정하고 도전적인 질문을 던져 읽는 사람으로 하여금 생각할 거리를 주는 것이 무척 인상적이고, '가치루프'라는 개념을 통해 과거 일방향적인 가치 전달 체계를 순환적인 가치 연결 고리로 풀어내고자 한 저자의 접근이 매우 신선하다. 다양한 사업 모델을 실현하고자 애쓰는 벤처 창업 기업가들에게 권하고 싶은 책. 특히 21세기 디지털 경쟁 체제하에서 살아갈 밀레니얼 세대와 Z세대에게 꼭 필요한 내용을 담은 필독서이다.

신명철 _ MCM 사업개발실장, 고려대 경영대학 겸임교수

초연결의 시대를 살아내야 할 독립된 개체들은 대체로 불안하다. 불안의 원천은 변화이다. 저자는 "우리 모두가 변화의 주체이자 객체이고 디지털 세상의 경제, 정치, 사회를 이끄는 소비자이자 생산자이며 미래에 대한 원인과 결과"라고 말함으로써 불안에 혼돈을 더해 독자를 자극한다. 이러한 카오스적 출발은 이후 저자가 던지는 화두와 질문에 대해 독자들의 몰입을 높여주며, 저자의 설명은 경험에 바탕을 둔 지략과 통찰력에 힘입어 정돈된 궤적 위에서 속도감을 유지하며 전개된다. 저자는 실체적인 현상의 조각들을 광범위하게 모아 전달한다. 난해한 정보들이 간결한 언어와 시각화의 조화를 통해 직관적으로 설명되어 전달은 놀랍도록 명료하다. 기술이 만든 변화에 맞서는 방안으로 제안된 '자아 중심 알고리즘(Me-Centered Algorithm)' 해법은 실질적이고 진지하다. 세상의 변화를 똑바로 응시하고 싶은 모든 이들에게 일독을 권한다.

박종서 _ 선문대학교 국제경제통상학과 교수

중년이 되어서야 포노 사피엔스로 진화한 우리 X세대가, 입에 스마트폰을 물고 태어난 Z세대에게 뒤쳐지지 않기 위해 반드시 읽어야 할 책! '디지털'은 '외교관'과는 언뜻 어울리지 않는 단어 같지만, APEC, WTO, OECD 등 주요 국제 무대에서 핵심 화두가 된 지 오래이며, '국민과 함께하는 공공외교'의 가장 중요한 수단이기도 하다. 본인이 업무와 생활에서 단편적으로 접해왔던 디지털 세상의 맥락을 이 책을 통해 일목요연하게 정리할 수 있었다. 또한 현직 대사 최초로 유튜버에 도전한 본인으로서 '평생 학습', '멀티태스킹', '고객 가치'에 대한 저자의 끊임없는 강조에 공감하지 않을 수 없었다. 디지털 경제학이라는 제목답게 '기업'과 '고객'의 관계를 주요 설명 대상으로 하고 있지만, 공무원 입장에서 이를 '국가'와 '국민'으로 바꾸어 읽으며 많은 시사점을 얻었다. 저자에게 다음 책으로 '디지털 정치학'이나 '디지털 국가경영학'을 써줄 것을 요청하고 싶다.

임상우 _ 주 마다가스카르 대사('마다가스카르대사' 유튜브 채널 운영자)

10~20대를 대하는 부모와 교육자라면 꼭 읽어봐야 할 책! 세대를 넘는 시대 가이드이자 사회로 나갈 준비를 하는 젊은 세대가 꼭 읽어야 할 자기계발서! "2027년에 나는 무엇을 하고 있을까"라는 무척 구체적인 질문에서 단편적으로 볼 수 있듯이, 저자는 난해할 수 있는 경제학을 독자의 삶 바로 앞으로 가져온다. 인공지능과 머신러닝의 시대에 과연 내가 설 자리가 있을까를 고민하는 사람들에게 저자는 오히려 디지털 시대이기에 우리가 스스로 '가치 창출자'가 되어 변화에 적극적으로 참여할 수 있다고 말한다. 고도의 전문 지식과 실생활에 적용 가능한 예시들이 적절하게 섞여 있고, 독자들이 스스로 질문을 던지고 적극적으로 답을 찾을 수 있도록 방향을 제시해준다. 어렵지만 친절한 책이라 경제, 경영과 거리가 멀다 싶은 사람들에게도 추천할 수 있을 것 같다.

박아란 _ UC리버사이드(UC Riverside) 영작문 강사

PROLOGUE		이 책을 읽기 전에	4
		꿀팁 & 스포일러 가득한 추천의 글	12
PART I		내가 살게 될 세상은?	
	01	지금까지와는 다른 새로운 세상	18
	02	그 어느 때보다 불확실한 세상	40
	03	그 세상을 살아갈 나의 모습은?	56
PART II		디지털이 가져온 변화와 변혁은?	
	04	디지털 뭐라고?	72
	05	디지털 파괴 – 디지털이 불러온 파괴적 변화	84
	06	디지털 전환 – 우리 모두에게 닥친 변환	104
	07	디지털 혁명 – 결국 불가피해질 대변혁	124
PART III		'인간 중심'으로 생각하면 달라지는 것들	
	08	무엇이 '희소'한가	150
	09	사람들은 어떤 '가치'를 원하는가	172
	10	가치를 어떻게 '창출'할 것인가	194
	11	가치는 어떻게 '소비'되는가	222
PART IV		'올웨이스 온라인' 세상의 승자가 되려면	
	12	개인은 스스로 '가치 창출자'가 될 수 있는가	252
	13	기업은 고객과 '가치고리'를 만들 수 있는가	274
	14	정부는 국민이 신뢰하는 '가치흐름'을 유지하는가	300
EPILOGUE		'자아 중심' 알고리즘	320
		감사의 말	326
		저자 원고 스케치	330

PART I
내가 살게 될 세상은?

지금까지와는 다른 새로운 세상
그 어느 때보다 불확실한 세상
그 세상을 살아갈 나의 모습은?

01 **지금까지와는 다른
새로운 세상**

본격적인 이야기를 하기에 앞서 누군가 당신에게 이런 말을 하는 상황을 생각해보자.

> "어른 말을 들으면 자다가도 떡이 생긴다고 했어.
> 제발 말 좀 들어!"

아마도 대부분의 독자들이 누군가를 떠올리며 나지막한 한숨을 내쉬었을 것이다. '4당 5락' 정신으로 열심히 공부해서 명문대만 가면 평생 안정된 직장이 보장될 거라고 말하던 누군가를, 의사, 변호사 등 '사' 자 붙은 직업만 가지면 평생 고수익을 누리며 살 수 있다고 말하던 누군가를, '1만 시간의 법칙'을 외치며 당신에게 인내와 끈기만을 강요하던 누군가를, '티끌 모아 태산' 작은 저축을 실천하면 어느새 부자가 될 수 있다고 말하던 그 누군가를 말이다.

왜 이런 말을 들으면 고개가 끄덕여지는 대신 한숨부터 나오는 것일까? 그건 이유를 정확히 알지는 못하지만 어른들 말대로 세상이, 미래가 우리를 기다려주지 않으리라는 걸 우리가 이미 느끼고 있기 때문이다.

물론 대부분의 어른들이 과거의 경험을 바탕으로 진심과 호의를 담아 그런 말을 했겠지만, 문제는 **우리가 살아갈 '미래'가 어른들이 살아온 '과거'**와는 너무도 다르다는 것이다. 1990년대 이전까지만 해도 세상은 비교적 천천히 변했고, 과거의 경험은 아주 유용했다.

하지만 인터넷이 확대되고 다양한 과학기술이 융합·발전하면서 변화의 속도가 나날이 빨라지고 있다. 이제는 어른들의 말이 미래를 꿰뚫는 혜안인지 구시대의 낡은 편견인지 구분하기조차 어렵게 되었다. 솔직히 말해, 당신이 소위 '꼰대'라고 생각하는 일부 어른들은 미래는커녕 **당신의 현재** 모습조차 이해하지 못하고 있지 않은가.

더 이상은 당신의 미래를 어른들에게 의존하거나 과거의 성공법칙에 맡기기가 어려워졌다. 이제는 스스로 '**내가 어떤 사람인지**', '**내가 살아갈 미래는 어떤 세상인지**'를 파악해야 한다. 그래야만 '그 미래를 살아갈 내 모습'을 '**스스로 선택**'하고 만들어갈 수 있다.

그럼 이제부터 차근차근 과거와 현재와 미래의 '세상'이 어떤 모습인지부터 머릿속에 그려보자. 인류의 역사는 무수히 많은 변혁과 혁명의 기록이다. 정착 생활을 하며 부를 축적하기 시작했던 약 1만여 년 전의 '농업혁명'이나 18세기 중반부터 시작된 일련의 '산업혁명'이 그 대표적 예이다. 이는 인류가 어떻게 지구상의 모든 자원의 정점에 서게 되었는지에 대한 진화의 역사라고도 볼 수 있다.

따라서 지금 우리가 새롭게 직면한 대변혁의 관점에서 보면 '인터넷'의 등장과 확대가 과거-현재-미래를 논하는 가장 효과적인 기준점일 듯하다. 설명의 편의상 인터넷이 없던 1990년대 이전의 세상을 '대과거'로 정의하고, 이후의 유선 인터넷과 모바일 인터넷의 등장과 확산을 기준으로 '과거'와 '현재'를 정의하도록 하자. 미래는 소위 '초연결(Hyper-Connectivity)'로 불리는 '올웨이스 온라인(Always Online)' 시대로 정의하고자 한다.

대과거 | 인터넷이 없던 세상(~1980년대)

지금은 상상하기 어렵겠지만 불과 30여 년 전만 해도 인터넷도 스마트폰도 없었다. 그때는 인간과 자연과 기계 등 실체를 가진 존재들이 중심인 '물리적 세상(Physical World)'이었다. 우리가 발을 딛고 살고 있는 이 지구라는 물리적인 행성이 세상의 전부였기 때문에 인간은 끊임없이 달이나 화성 등 다른 물리적 세상을 넓히기 위해 노력해 왔다.

먼저 몇 가지 그림을 통해 인류의 역사를 되짚어보자. 신대륙 발견과 아프리카 노예무역, 골드러시, 대량생산 같은 역사적 사건들이 의미하는 바는 무엇인가?

인류의 역사는 무엇인가를 생산하고 소비하기 위한 '경제활동'의 역사라고도 볼 수 있는데, 인터넷이 없던 오랜 시간 동안 인간은 오롯이 자연 자원과 토지, 노동력, 자본에 의존해왔다.

이런 물리적 세상에서 가장 중요했던 것은 흔히 '생산의 3요소'라 불리는 토지, 노동력, 자본이었다. 결국 인터넷 이전의 세상은 더 많은 생산요소를 개발하고 확보하기 위한 과정이라고도 볼 수 있다.

■ **토지** ┃ 인류는 식민지 개척과 달 탐사 등을 통해 사람이 살아갈 수 있는 물리적인 세상을 넓히기 위한 시도를 끊임없이 해왔다. 인류의 역사와 궤를 같이 하는 크고 작은 전쟁 역시 자국의 토지를 넓히려는 욕구에서 비롯된 바가 크다. 경제 발전에 필요한 모든 물적·인적 자원이 영토에 뿌리를 두고 있었기 때문이다.

■ **노동력** ┃ 아프리카 노예무역이 그러했듯 인류는 더 많은 육체노동력을 착취하기 위해 악행을 서슴지 않았다. 그러나 18세기 중반부터 시작된 제1차 산업혁명으로 인해 산업화가 촉진되면서 농업 중심의 노동력은 산업 노동력으로 빠르게 전환되었다. 전기와 생산 조립 라인이 발명된 19세기 말에 이르러서는 육체 노동력이 기계의 힘으로 옮겨가게 되었다. 그리고 이후 지금까지 우리는 '지식' 중심의 노동력을 인정받는 사회를 살고 있다.

■ **자본** ┃ 토지, 노동력과 더불어 생산과정에 사용되는 장비와 설비를 일컫는 자본의 가치도 지속적으로 증가하였다. 자본은 사실 좀 복잡하고 특별한 의미가 있는데, 기업가가 새로운 목적을 위해 재화를 처분하거나 생산요소를 전환하는 수단을 통칭하기도 한다. 그것이 더 많은 생산요소를 구입하기 위한 화폐로서의 자본이 더욱 중요해진 이유이다. 금은 대표적인 금속화폐로, 골드러시를 통해 금본위제가 공고해졌으나, 1944년에 이르러 현재의 국가화폐 시스템으로 대전환되었다.

물리적 세상에서의 토지자원이나 인적자원은 유한한 자원이다. 그리고 이를 통해 생산한 산출물에 기반한 자본 역시 한정된 것이다. 우리가 자연을 통해 얻을 수 있는 모든 자연자원 역시 유한하다. 그에 반해 **유한한 자원을 차지하고 싶은 인간의 욕망은 무한**하기 때문에 한 사회가 가진 자원은 상대적으로 희소하게 느껴질 수밖에 없다. 그렇기 때문에 최근까지도 가장 널리 읽히고 있는 『경제학 원론』을 저술한 그레고리 맨큐(N. Gregory Mankiw)는 **경제학**을 '**사회가 희소자원을 어떻게 관리하는지를 연구하는 학문**'으로 정의했다.

여기서 중요한 사실은, **희소한 자원을 활용하기 위해서는 반드시 '선택'이라는 '의사결정' 행위가 수반**되어야 한다는 것이다. 그리고 우리가 직면하는 **모든 선택에는 반드시 어떠한 '대가'**가 따르게 마련이다. 선택을 함으로써 희소한 자원을 써버렸으니, 이를 위해 포기한 다른 모든 것이 곧 선택의 대가인 '기회비용'인 것이다. 이런 이유로 많은 사람들이 경제학 공부를 통해 물리적 세상을 더 잘 이해하고 경제활동에서 '**더 나은 선택**'을 하려고 하는 것이다.

또한 물리적 세상에서는 어른들이 살아온 과거의 경험이 매우 유용했고, (비싼 학비에도 불구하고) 대학을 나와 학위나 학점을 통해 과거의 지식을 증명하는 것이 직업을 갖는 데 가장 중요하게 작용해왔다. 물리적 세상에서의 자원은 항상 희소했고 이를 둘러싼 기업 간 개인 간 경쟁은 심화될 수밖에 없었다.

그렇다면 **인터넷의 등장**은 어떤 의미가 있을까? 여전히 우리는 많은 시간과 비용을 교육에 투자하고 있으며, 일을 해서 그 대가로 돈을 벌고 있고, 저축과 투자를 통해 부자가 되기 위해 노력하고 있지 않은가? 물론 그렇다. 100년 전에도 1,000년 전에도 우리 인간은 먹고 자고 숨쉬며 살아가야 하는 몸을 갖고 있으며, 여전히 물리적 세상인 지구에 살고 있다.

달라진 것이 있다면 인터넷의 등장으로 물리적 세상 위에 '**디지털 세상(Digital World)**'이 새롭게 열렸다는 것이다. 마치 판도라의 상자를 연 것처럼 말이다. 지금의 모든 변화는 이 디지털 세상으로부터 왔다.

과거 | '유선 인터넷' 시대(1990년대)

그럼 **디지털 세상의 탄생과 확대**라는 판도라의 상자 안을 들여다보자.

최초로 등장한 인터넷은 1969년 미국 국방부가 몇몇 연구소와 대학 컴퓨터를 연결했던 알파넷이라는 시스템이다. 그렇지만 인터넷이 본격적으로 우리의 삶에 영향을 미친 것은 **월드와이드웹(WWW)**이 도입된 1992년 이후부터다.

1994년에는 인터넷 서점 아마존이 등장하였고, 1998년에는 구글 검색 서비스가 개시되었다. 이외에도 핫메일, 야후, 이베이(eBay), 피자헛 등 수많은 웹 서비스가 1990년대를 화려하게 수놓았다. 유선 인터넷을 통한 최초의 전자 상거래 및 최초의 피자 배달이 가능해진 것이 다 이 시기이다.

우리나라는 1994년에 인터넷 상용 서비스가 시작되었고, 1998년부터 초고속 인터넷의 확산과 함께 웹 서비스도 붐을 이루었다. 아마 이 책을 읽는 30대 이상의 독자들은 이때를 반추하며 아이러브스쿨이나 프리챌, 싸이월드 같은 추억의 웹 사이트를 떠올릴 것이다.

전 세계적으로 1995년부터 2000년은 인터넷 관련 분야의 폭발적 성장으로 관련 주식 가격이 급속히 상승하는 거품 경제 현상인 '닷컴 버블(Dot-com Bubble)'이 나타났다. 'IT 버블', '인터넷 버블'이라고도 불리는 거품 경제 현상이 말해주듯 이 시기에 많은 인터넷 기업들이 생겨나고 또 도산했다. 집에 편안히 앉아서 전 세계의 뉴스와 영화를 볼 수 있고 지구 반대편 누군가와 이메일이나 채팅을 할 수 있는 디지털 신세계에 대한 기대감이 너무 컸던 데 비해 유선 인터넷이 우리 일상을 변화시키기에는 역부족이었던 탓이다.

사실 닷컴 버블은 조금 더 확대 해석될 수 있다. 논란의 소지가 있겠지만, 닷컴 버블은 제조업과 금융업 중심이던 기존의 경제체제를 인터넷 중심으로 전환하는 데 성공하지 못한 것이라고도 볼 수 있기 때문이다.

유선 인터넷의 역사

물론 당시의 미성숙한 기술과 시대를 앞선 과도한 시도 등 다양한 이유가 있을 것이다. 하지만 가장 큰 이유는 유선 인터넷 시대의 디지털 세상은 우리의 물리적 세상으로부터 '분리'되어 있었다는 점이라고 볼 수 있다.

지금의 10대, 20대 독자들은 상상하기 힘들겠지만, 이 시기에는 집이나 사무실, 학교, 도서관처럼 정해진 장소에서 랜선으로 연결된 고정 PC를 통해서만 이메일, 검색, 홈페이지 등 웹 사이트에 접속할 수 있었다.

이런 제약 조건 때문에 유선 인터넷 시대에는 인터넷 자체가 기하급수적으로 확대된 것에 비해 우리 실생활에 미치는 영향력은 상대적으로 작았다. 왜냐하면 인터넷은 전 세계를 하나로 연결하는 정보 네트워크이자 디지털 세상 그 자체였고, 사람이 그 세상에 직접 '연결'되는 것은 다른 문제이기 때문이다.

우리가 인터넷에 연결된 상태를 '온라인(Online)'이라고 한다. 우리가 디지털 세상에 머무르며 활동하는 순간이 온라인 상태이며, 이는 곧 물리적인 '오프라인(Offline)' 삶에 영향을 미치는 순간이다. 결국 인터넷 자체가 아무리 커진다 한들 사람이 온라인 상태가 되는 시간과 경우가 제한적이라면, 인터넷이 우리의 오프라인 삶에 미치는 영향도 제한적일 수밖에 없지 않은가.

현재 | '모바일 인터넷' 시대(2000~2010년대)

이렇듯 저멀리 PC 스크린 너머 별도의 세상으로 존재하던 인터넷이 우리의 물리적 세상 속으로 침투하게 된 것은 2000년대에 들어 **인터넷이 '이동성(Mobility)'을 확보**하게 되면서부터다.

3G 네트워크라는 제약이 있었지만 2000년대 중반에는 페이스북, 트위터, 유튜브와 같은 다양한 모바일 서비스가 출시되었다. 특히 2007년에는 애플의 아이폰 출시라는 기념비적 사건이 일어났고, 이를 계기로 스마트폰 시대가 본격화된다.

한국의 경우 다소 늦은 2009년 말에야 아이폰이 출시되었고, 삼성전자와 LG전자 등이 가세해 스마트폰 경쟁이 시작되었다. 현재와 같은 모바일 인터넷 세상이 된 것은 2010년대 들어 보편화된 4G·LTE 네트워크 덕이 크다. **실시간 데이터 스트리밍**을 보장하는 통신 기술의 발전과 터치스크린으로 대변되는 편리한 **스마트폰**의 보급으로 인해 전 세계적으로 **모바일 웹과 앱(App)**을 기반으로 하는 '**모바일 세상**'이 된 것이다.

2018년 기준, 국내 이동통신 가입자의 89%가 스마트폰을 쓰고 있으며 전 세계적으로도 약 60%의 이동통신 이용자가 스마트폰을 쓰고 있다. 스마트폰은 마치 우리 신체의 일부처럼 우리의 삶에 직결되게 되었고, 스마트폰 없이는 생활이 힘들어진 현대인들을 빗대어 '**포노 사피엔스**'라는 신조어도 등장했다.

이뿐만 아니다. 포노 사피엔스가 되어버린 현재의 우리에게 스마트폰의 '**배터리 부족**' 표시는 그 무엇보다 두려운 상황이 되었다. 스마트폰이 곁에 없으면 불안함을 느끼는 증상을 '**노모포비아(Nomophobia: No Mobile + Phobia)**'라고 하는데, 어쩌면 현대를 사는 우리는 대부분 노모포비아 증세를 겪고 있는지도 모른다.

유선 인터넷 시대와는 달리 모바일 시대의 인터넷은 우리의 물리적 삶 속으로 아주 깊숙이 파고들었다. 우리는 **스마트폰을 통해 디지털 세상 자체를 들고 다니며 일상생활 곳곳에서 시도 때도 없이 활용**하고 있다. 마치 알라딘에 나오는 마법의 램프를 들고 다니며 요정 지니를 아무 때나 불러대는 것처럼 말이다.

당신 곁에 있는 요정 지니, 아니 당신의 스마트폰 화면을 보라. 어떤 앱들이 바탕화면을 채우고 있는가? 아마도 검색, 메일, SNS, 뉴스, 동영상, 게임, 사진, 지도, 날씨, 금융, 쇼핑, 여행, 영화, 멤버십, 번역 등 셀 수 없이 다양한 앱들이 깔려 있을 것이다. 이들 앱은 결국 당신이 공부하고, 일하고, 소비하고, 여가를 즐기는 대부분의 경우에 스마트폰을 통해 **'온라인 상태'**가 된다는 것을 보여준다. 요즘은 식사를 하거나 화장실에서 볼일을 볼 때도 스마트폰을 손에서 놓지 않으니, 어쩌면 잠을 자는 시간을 제외하고는 거의 모든 경우에 수시로 온라인 상태가 된다고 봐야 하겠다.

그럼 하루에 대략 몇 시간 동안 당신이 온라인 상태가 되는지를 가늠해보자. 아침에 일어나 잠들기 전까지의 일과를 떠올려보라. 물론 학교나 학원 등 스마트폰이 금지되는 곳에서 오랜 시간을 보내야 하는 학생들과, 하루 종일 노트북과 스마트폰을 끼고 업무를 하는 직장인들의 경우처럼 개인마다 편차가 꽤 클 것이다. 그러나 우리가 자유롭게 쓸 수 있는 시간의 대부분을 온라인 상태로 있다는 점은 아마도 공통될 것이다. 조사 기관 스태티스타(Statista)의 발표에 따르면, '밀레니얼'과 'Z세대'로 불리는 전 세계의 젊은이들은 평균적으로 약 8시간 동안 스마트폰이나 노트북 등을 통해 인터넷을 이용하는 것으로 나타났다. **하루의 1/3을 온라인 상태**로 있다는 말이다. 한 가지 분명히 해두고 싶은 것은, **현재의 우리는 스마트폰이나 노트북을 켜고 끔으로써 온라인과 오프라인 상태를 '통제'하고 '조절'할 수 있다**는 점이다.

당연한 이야기를 왜 하는지 궁금해하는 독자들을 위해 최근의 몇 가지 사례를 들어보겠다. 먼저 안 좋은 예인 가정용 홈캠 해킹 문제다. 집에서 놀고 있는 아이들이나 반려견을 수시로 살펴보기 위해 가정용 CCTV IP 카메라를 설치하는 사람들의 수가 늘면서, 외국의 해커들이 불법으로 이 모습을 동영상 사이트에 공유하는 범죄 행위가 급증했다. 특히 여성들의 사생활을 담아 '3,000원에 한국 안방 엿보기' 등 자극적인 제목을 달아 생중계했다고 하니 기가 찰 노릇이다.

반면 좋은 예도 있다. '스마트헬스(Smart Health)'가 대표적 예이다. 혈당 관리가 제대로 안 되면 목숨까지 위협받을 수 있는 심각한 당뇨 환자가 스마트폰으로 간단하게 혈당치를 실시간으로 확인할 수 있다. 또 환자 본인이 확인을 못 했다 하더라도 적정 수치에서 벗어나면 자동으로 알람이 본인과 가족에게 문자로 통보된다. 멀리 있는 가족의 건강이 염려되는 사람들에겐 귀가 번쩍 뜨이는 좋은 소식이다.

이러한 예들은 모두 **사물은 물론 사람까지도 '온라인화'** 되는 상황을 보여준다. 내가 원하든 원하지 않든 간에 말이다. 'IoT(Internet of Things)'라고도 불리는 사물인터넷의 폭발적 확산과 인간의 몸마저도 디지털화하는 **바이오 융합 기술**의 발전, 그리고 **드론**이나 **자율주행차**와 같은 교통수단의 발전은 우리가 살던 물리적 세상 위에 디지털 세상을 점점 덧씌우고 있다.

물론 아직까지는 내가 집에 있는 홈캠의 전원을 꺼버리고 손목에 차고 있던 헬스 기기를 벗어버릴 수 있다. **아직은 내 의지로 온·오프라인 상태를 통제**할 수 있다. 이는 '**나와 관련된 연결**'을 **차단**하기만 하면 된다.

그렇지만 만약 내가 인지하지 못하는 많은 곳에 카메라가 숨겨져 있고, 영화에서 봤던 것처럼 작은 드론들이 마구 날아다니며 나를 찾아내 실시간으로 누군가에게 중계한다면? 만약 친구와 길을 걸으며 피자가 먹고 싶다는 얘기를 했더니 근처 피자 가게에서 즉시 모바일 쿠폰을 보내왔다면? 만약 도로 위를 달리던 자율주행차가 신호를 무시하고 길을 건너려 발을 떼는 나를 인지하고 곧바로 멈춰 선다면? 과연 이런 경우는 내가 통제할 수 있는 상황인가?

미래 | '올웨이스 온라인' 세상 도래(2020년대~)

눈치 빠른 독자라면 아마도 미래에는 온라인과 오프라인이 구분되지 않거나 내 의지로 통제할 수 없으리라고 느꼈을 것이다. 저자가 앞으로 다가올 미래를 '올웨이스 온라인' 세상이라고 표현한 것도 이런 이유에서다.

'올웨이스 온라인' 세상이란 어떤 것일까? 앞서의 비유를 이용하자면, 그동안은 우리가 디지털 세상이라는 마법의 램프를 들고 다니며 나만의 지니를 원할 때만 불러내는 식이었다면, 미래는 **온 세상에 보이지 않는 마법의 램프가 펴져 있어서 내가 원하지 않아도 '(누군가의) 지니가 항상 나를 지켜보고 있는 세상'** 이라고 하겠다.

이는 '**사람-사물-공간**'이 **복합적**으로 **연결**되는 상황이며, 셀 수조차 없는 무수한 센서와 데이터가 '**실시간**'으로 **연결**되는 상황이다. 이런 상황에서는 '나와 어떤 사물' 혹은 '나와 어떤 공간'의 연결이 전체를 좌지우지하지 못한다. 어찌 보면 나라는 사람은 전체를 이루는 하나의 '연결 대상'일 뿐이며, 아주 작은 부분에 불과할 수 있기 때문이다.

더 이상은 나의 선택 여부에 따라 온라인과 오프라인이 나뉘지 않으며, 물리적 세상과 디지털 세상을 구분하기도 매우 어려워진다. **우리가 사는 세상 자체가 '올웨이스 온라인'** 상태가 되기 때문이다. 최근 여러 나라에서 집중적으로 추진 중인 '스마트 시티(Smart City)'가 대표적인 예이다. 바로 이것이 현재와 미래를 가르는 분기점이며, 주요 선진국을 중심으로 **5G가 상용화되는 2020년이 그 시작점**이 될 수 있다.

우리나라를 시작으로 미국, 중국, 일본, 유럽 등에서도 상용화를 서두르고 있는 **5G 네트워크는 '사람-사물-공간'을 '실시간'으로 연결할 수 있는, 차원이 다른 인프라다**. 이에 비하면 현재의 4G·LTE 네트워크는 '사람-인터넷' 간의 실시간 연결로 보면 된다. 스트리밍 음악이나 실시간 채팅처럼 말이다. 따라서, '**초고속**', '**초저지연**', '**초연결성**'으로 설명되는 5G 환경이 되면 당연히 현재의 4G·LTE 망에서는 구현되지 못했던 다양한 기술과 서비스가 봇물 터지듯 순식간에 퍼져 나갈 수 있다.

예를 들면 5G는 1km 반경 내에 (4G의 10배 수준인) 최대 100만 개의 사물을 연결할 수 있으며, 반응 속도는 (4G의 1/10의 수준인) 1ms(0.001초)로 매우 짧다. 그렇기 때문에 자율주행차가 실시간으로 복잡한 주변 환경을 파악하고 사고의 위험이 있을 때 즉각적으로 멈춰 설 수 있는 것이다. 데이터 다운로드 속도 역시 4G의 최대 20배 수준인 20Gbps가 가능해진다.

이미 스마트폰으로 실시간 온라인 서비스를 일상화한 우리에게는 4G와 5G 네트워크의 차이가 크게 느껴지지 않을 수 있다. 하지만 **5G는 우리 주변의 무수한 사물과 우리가 사는 환경 전체를 실시간으로 온라인화함으로써 우리의 삶 자체를 '올웨이스 온라인' 상태로 바꿀 수 있다.**

4G와 5G의 주요 특성 비교

특성	4G		5G
초고속	최대 1Gbps	X 20	최대 20Gbps
초저지연	최소 10ms	X 1/10	최소 1ms
초연결성	최대 10^4개/km²	X 10	최대 10^6개/km²

출처: ITU(국제전기통신연합) (이론적 최대 스펙으로 환경에 따라 달라질 수 있음)

02 그 어느 때보다 불확실한 세상

현재와 미래를 구분 짓는 가장 큰 특징은 '올웨이스 온라인'이라고 볼 수 있다. 물리적인 세상과 디지털 세상이 겹쳐지고 사람은 물론 사물을 비롯한 주변 환경 전체가 모두 온라인 상태가 된다. 그리고 이로 인해 개개인은 더 이상 전체를 통제하고 조절할 수 없게 된다.

통제할 수 없는 미래는 예측할 수 없는 미래로 이어진다. 즉, 미래는 우리 인류가 지금껏 경험하지 못했던 '예측 불가능'하고 '불확실'한 세상이 된다는 뜻이다. 또한 디지털 세상과 물리적 세상이 오버랩되면서 세상의 변화 속도 역시 유례없이 빨라질 것이다. 여태껏 우리의 삶이 선형적 아날로그 방식으로 움직였다면, 앞으로의 삶은 디지털 방식의 '기하급수적 속도'로 변화할 것이기 때문이다. 이렇듯 급속한 변화 속도는 미래에 대한 예측을 더욱 어렵게 만든다. 왜냐하면 변화를 촉발하는 과학기술 역시 물리학, 생물학, 디지털 분야가 오버랩되어 융합·발전하기 때문이다.

먼저 세상의 변화 속도를 살펴보자. 신제품이 출시되어 이용자 5,000만을 확보하는 데 걸린 시간을 예로 들어보겠다. 과거 아날로그 기술은 전화 50년, 전기 46년, TV 22년이라는 긴 시간이 소요되었지만, 디지털 기술의 경우 인터넷은 7년, 페이스북은 3년, 위챗은 1년밖에 걸리지 않았다. 최근에는 그 속도가 더 빨라져서 포켓몬고 게임은 19일 만에 5,000만 이용자에게 퍼졌으며, 방탄소년단(BTS)의 신곡 '아이돌(Idol)'이나 '작은 것들을 위한 시(Boy With Luv)'가 유튜브에서 5,000만 번 이상 조회되는 데에는 24시간도 채 걸리지 않았다.

5,000만 이용자를 얻는 데 걸린 시간

자동차(62년)

전화(50년)

텔레비전(22년)

인터넷(7년)

페이스북(3년)

트위터(2년)

포켓몬 고(19일)

방탄소년단(1일)

왜 그럴까? 이는 아날로그 기술의 발전 속도와 '무어의 법칙(Moore's Law)'으로 대변되는 디지털 기술의 발전 속도, 그리고 디지털 플랫폼으로 연결된 이용자 간의 상호작용을 설명하는 '메트칼프의 법칙(Metcalfe's Law)'으로 설명할 수 있다.

아날로그 방식의 발전 속도는 선형적(Linear)이다. 비교적 천천히, 그리고 예상 가능한 속도로 발전하는 것이다. 반면 무어의 법칙은 '마이크로칩의 밀도가 24개월마다 2배'로 늘어난다는 것이니, 지수적(Exponential) 성장 곡선이다. 하지만 이는 지난 50년간 하드웨어 중심의 ICT 산업의 진화 속도를 예상하는 척도가 되었다는 점에서 어찌 보면 (다분히 예측 가능한) 매우 가파른 선형처럼 느껴지는 면도 있다.

하지만 모바일 인터넷이라는 새로운 디지털 삶의 공간이 생기면서 보다 많은 사람들이 다양한 서비스 플랫폼에 연결되어 온라인 상태가 되었다. 이제는 **ICT '기술 자체의 변화 속도'**뿐 아니라 인터넷 플랫폼에 연결된 **'사람들의 상호작용 속도'**까지도 고려해야 한다. 그것이 바로 '네트워크의 가치는 연결된 이용자 수의 제곱인 N(N-1) 속도로 급격히 증가'한다는 메트칼프의 법칙이다. 즉, **이제는 '무어의 법칙 + 메트칼프의 법칙' 두 가지를 모두 고려해야 하는, '복합적 지수 변화'**의 시대이다.

글로벌통신사업자협회(GSMA)에 따르면 2018년 말 기준 전 세계 모바일 인터넷 이용자 수가 36억 명이나 되는데, 2025년이 되면 그 수가 50억 명에 달할 것이라고 한다. 매년 약 5%의 속도로 모바일 인터넷 이용자가 늘어난다는 것인데, 그럼 이 사람들이 실시간으로 온라인에서 상호작용하면서 생기는 변화는 얼마나 가파르다는 것일까?

복잡한 계산은 다 차치하고 우리가 실제로 느끼는 변화의 차이를 시장조사 기관 포레스터(Forrester)의 그래프를 인용해 비교해보자.

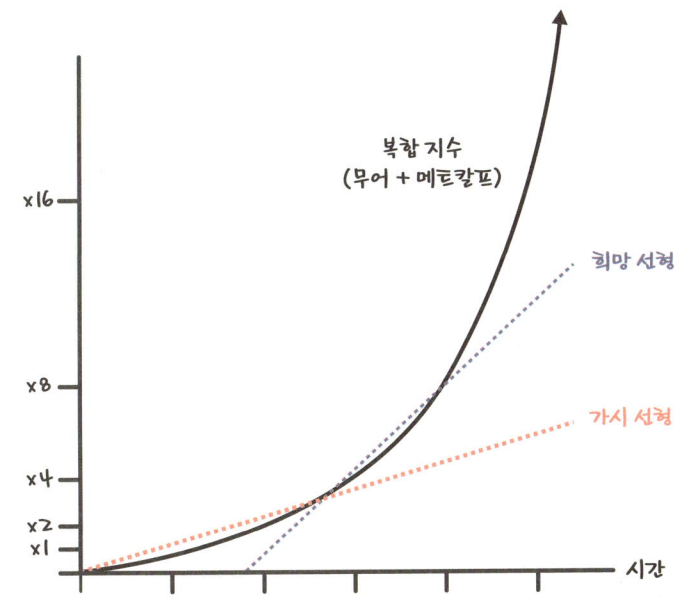

출처: Forrester

많은 사람들이 아직까지는 세상이 비교적 선형적으로 변화한다고 느낀다. 또 '2년에 2배'라는 무어의 법칙처럼 다소 가파르지만 예측할 수 있는 속도로 변하길 희망한다. 앞의 그래프에서 '가시 선형'과 '희망 선형'이 기울기만 다를 뿐 모두 직선으로 표시된 것도 그런 이유 때문이다. 그렇지만 앞으로의 변화는 기준점이 없어 무엇인가를 예측할 수 없는, 그래서 매우 공포스러운 것일 수 있다. **기술의 발전인 무어의 지수법칙과 이용자 간의 상호작용에서 오는 메트칼프의 지수법칙이 혼합된 '복합적 지수 변화'**가 그것이다.

이런 이유에서 다가온 미래를 **제4차 산업혁명**으로 정의한 클라우스 슈밥은 그의 저서에서 '제4차 산업혁명은 그 규모와 속도, 범위를 고려했을 때 과거 인류가 겪었던 그 무엇과도 다르다'고 지적하였다. 또 그는 '다양한 분야의 기술이 융합하여 물리학, 디지털, 생물학 분야가 상호 교류한다'는 점을 강조하면서 '디지털 연결성이 사회를 근본적으로 변화시켜 4차 산업혁명 이후 인간의 삶은 완전히 바뀌게 될 것'이라고 예측하였다.

그렇다면 **우리가 그러한 변화를 체감하는 것은 과연 언제쯤일까?** 일반적으로 그동안 미미해 보이던 과학기술의 영향력이 현실에서의 주류 현상으로 갑자기 자리 잡게 되는 시점을 **'티핑 포인트(Tipping Point)'**라고 한다. 앞서도 언급했지만 다가올 미래는 어느 한두 가지의 기술 추이만 지켜보면 되는 게 아니라 어디서 튀어나올지 모르는 다양한 융합 기술과 우리 삶과의 복잡한 상호작용의 결과물이다. 그렇기에 다양한 기술들의 티핑 포인트의 합을 통해 어렴풋이 미래를 상상해 볼 수밖에 없다.

2015년에 출간된 『세계경제포럼 보고서』는 미래 기술로 촉발되는 여러 티핑 포인트를 구체화하고, 800명이 넘는 정보통신 기술 분야 경영진과 전문가 인터뷰를 통해 그 시점을 가늠하였다. 로봇 서비스, 3D 프린팅, 이식형 기술, 공유경제, 자율주행차, 인공지능 의사결정, 스마트 시티 등이 조사 대상이었다.

미래 기술 티핑 포인트

연도	내용
2018년	모든 사람을 위한 스토리지
2021년	로봇 서비스
2022년	사물 인터넷, 웨어러블 인터넷, 3D 프린팅·생산
2023년	이식형 기술, 새로운 인터페이스, 주머니 속 슈퍼컴퓨터
2024년	유비쿼터스 컴퓨팅, 건강을 위한 3D 프린팅, 커넥티드 홈
2025년	인공지능의 화이트칼라 직업 대체, 공유경제
2026년	자율주행 자동차, 인공지능에 의한 의사결정,

출처: WEF, 2015

그 결과 대부분의 티핑 포인트가 2027년 이전에 일어날 것으로 예측되었다. 어디까지나 예측이기는 하지만, 2027년이 되면 4차 산업혁명이라고 부르던 미래의 변화가 우리 삶의 주류 현상으로 자리 잡게 될 것이라는 말이다.

2027년이라니! 불과 몇 년 뒤가 아닌가! 이 책을 읽는 독자 상당수가 "말도 안 돼!"라고 외치고 있을지 모른다. 800명의 전문가와 독자 간의 이해와 체감의 간극이 크다. 또 독자들 사이에서도 여러 간극이 존재할 수 있다. 왜 그럴까? **불확실하고 예측 불가능한 미래**이기 때문이다. 그렇기에 미래에 대한 이해도, 그에 따른 대비도 불균형적일 수밖에 없다. **불균형한 이해와 대비는 결국 '불균형한 결과'**로 이어진다.

기술의 변화 속도가 너무 가파르기 때문에 대다수의 개인이나 기업, 정책은 그 속도를 따라가지 못한다. 누군가는 앞서가고 누군가는 뒤처진다. 특히 정부 정책의 변화 속도가 가장 뒤처지게 마련이다. 이런 상황에서 국가가, 교육제도가, 사회시스템이 대중을 이끌고 균형 잡힌 발전을 유지할 것이라고 기대하는 것은 얼마나 우매한 일인가.

딜로이트 유니버시티 프레스(Deloitte University Press)는 이러한 기술, 개인, 기업, 정책 간의 변화 대응 속도의 차이를 다음의 그림과 같이 표현하였다.

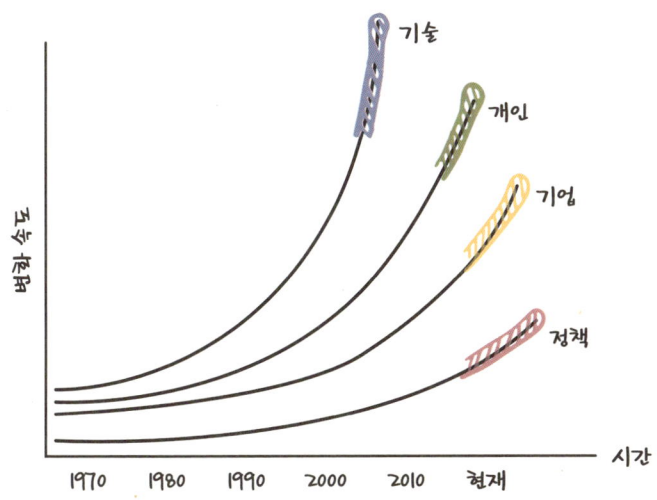

출처: Deloitte University Press, 2017

연일 신문지상을 달구는 소득 불평등 문제와 그에 따른 여러 국내외 분쟁도 이러한 불균형으로 인해 초래된 결과이다. 기술의 변화를 누구보다 빠르게 활용하는 소수의 개인과 기업만이 수익 창출 기회를 빠르게 독식하는 '승자 독식(Winner Takes All)' 현상이 심화되고 있는 것이다. 대부분의 사람들이 '무료'로 즐기는 서비스 플랫폼 뒤로 구글, 페이스북, 아마존과 같은 소수의 기업들이 막대한 현금을 쌓아간다. 반면 다수의 전통 기업들은 매출 감소에 시달리고 심한 경우 직원 해고와 파산으로 이어지는 경우가 부지기수다.

개인 | 노동시장의 소득 불평등 심화

우리가 잊지 말아야 할 것은, 대다수의 **개인은 무료 서비스의 혜택을 받는 '소비자'**인 동시에 소득이 필요한 '생산자'라는 사실이다. 사람의 노동력을 주력으로 하는 전통적인 기업들은 점차 줄어들고, 소수의 인력과 기술만을 필요로 하는 몇몇 강력한 인터넷 기업만이 득세하는 **불균형한 시장에서 소득 불평등은 불가피**한 일이 되고 있다.

문제는 이러한 **개인 간 소득 불평등 현상이 갈수록 심화**되고 있다는 점이다. 2018년 1월 발표된 국제 구호 단체 옥스팜(Oxfam)의 조사에 따르면, 2017년 한 해 동안 전 세계적으로 창출된 부의 82%를 단 1%의 초부유층이 가져갔다고 한다. 실제로 대부분의 국가에서 GDP 대비 노동 소득의 비중이 하락하고 있으며, 국제통화기금(IMF), G20 등에서도 불평등 심화를 우려하고 있는 상황이다.

여기서 주의할 것은, 하루에 1.90달러(약 2,000원) 이하로 생활해야 하는 절대 빈곤층의 비율은 1990년 전 세계 인구의 약 40%에서 2018년에 8.6%로 괄목할 만큼 줄었다는 것이다. 이는 동 기간 '세계의 공장'으로 불려온 중국의 눈부신 발전에 기인한 바가 크다. 1990년 중국 인구의 66%를 차지하던 약 7억 6,000만 명의 절대 빈곤층이 지금은 거의 남아 있지 않기 때문이다.

물론 절대 빈곤층이 감소한다는 것은 세상이 더 좋아지고 있다는 뜻이다. 하지만 이것은 곧 미국, 유럽, 한국 등 **선진 경제국의 대다수 '노동자'에게 소득 불균형 효과가 집중**된다는 뜻이기도 하다. 엄밀히 말하면 '소득 양극화'가 문제가 아니라 **선진국의 국민 대다수가 속한 노동시장의 '소득 불평등'이 문제**라는 것이다. '상위 1%'와 '나머지 모든 노동자' 간의 불평등 말이다.

소득 불평등 문제가 심각한 미국의 경우, 1980년 대비 2015년의 평균 실질임금이 '상위 0.01%'는 무려 322%나 증가한 반면, 국민의 대다수가 속한 '하위 90%'는 고작 0.03% 증가에 그쳤다는 연구가 있다. 사실상 1980년의 소득수준과 같다는 뜻이다.

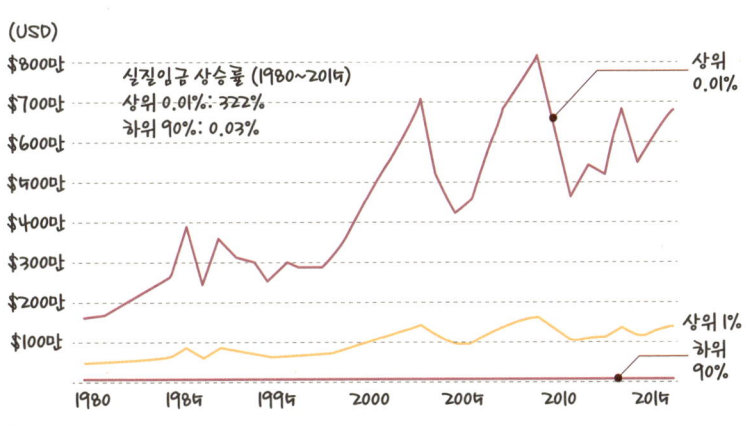

출처: Mother Jones, 2016

상위 0.01%에 속하는 극소수의 슈퍼 리치(Super Rich)와 나머지 대다수 간 소득 불균형 문제의 핵심은 **'힘의 불균형'**에 있다. 즉, 극소수의 사람에게 너무 많은 돈이 몰리면 **국가가 아닌 '개인'에게 너무 많은 힘이 주어질 위험**이 있다.

대체 얼마나 부자기에 호들갑을 떠는지 감이 오지 않는 독자들을 위해 매년 5월에 『포브스(Forbes)』가 발표하는 '전 세계 억만장자(The World's Billionaires)' 리스트의 수치를 몇 가지 인용해보겠다. 2018년 기준, 전 세계에서 가장 부유한 슈퍼 리치 20명의 재산을 모두 합하면 약 1조 2,000억 달러, 한화로 대략 1,320조 원이라고 한다. 이게 얼마나 큰 돈인가 하면, 멕시코 국가 전체의 GDP와 맞먹는 돈이다. 또 전 세계 슈퍼 리치 50위가 모두 모이면, 2018년 미국 전체에서 유통되고 있는 총통화 수준인 약 1조 6,000억 달러, 대략 1,760조 원을 넘어선다.

또 다른 문제는 이들 **초부유층이 소비할 수 있는 재화와 서비스에는 한계가 있다**는 것이다. 이들은 부동산이나 주식과 같은 유형의 투자는 무한정 할 수 있지만, 정작 우리 대부분이 소득을 의존하고 있는 기업들에서 나오는 상품과 서비스를 직접 소비하는 데는 한계가 있다. 아무리 부자라 해도 하루에 화장실 휴지를 10개나 쓰고 밥을 100번씩 먹을 수는 없지 않은가! 즉, 이들 초부유층이 우리가 속한 전체적인 경제 흐름에는 그다지 도움이 되지 않는다는 것이다. 오히려 상당수의 부유한 개인들이 무분별하게 사들이는 부동산과 주식이 버블 경제를 심화하고, 서민의 주거 비용을 높이는 등 역효과를 내고 있다.

이들 슈퍼 리치들은 대부분 내로라하는 기업의 창립자거나 대주주이다. 옥스팜의 자료를 인용하면, 전 세계 최고 슈퍼 리치 8명의 재산의 총합이 전 세계 하위 50% 인구의 재산 총합을 넘어선 건 이미 2017년이라고 한다. 이러한 상황에서 몇몇 개인에게만 집중된 부는 결국 이들이 속한 소수 기업에게만 자본이 집중될 수 있다는 것을 의미하며, 이것은 다시 개인의 소득 불평등 심화로 이어지는 악순환이 될 수 있다.

2018 전 세계 억만장자 순위

순위	이름	기업	국가	순자산(USD)
1	제프 베조스	아마존	미국	1,120억 달러
2	빌 게이츠	마이크로소프트	미국	900억 달러
3	워렌 버핏	버크셔 해서웨이	미국	840억 달러
4	베르나르 아르노	LVMH	프랑스	720억 달러
5	마크 저커버그	페이스북	미국	710억 달러

출처: Forbes, 2018

기업 / 산업 | 노동 시장의 소득 불평등 심화

기업 간, 산업 간 매출 및 시장가치 불평등도 심화되고 있다. '전 세계 시가총액 톱 5 기업'을 보여주는 아래 차트에서 알 수 있듯이 2013년까지만 해도 에너지, 금융, 유통, IT 등 다양한 업종의 기업들이 존재했었다. 하지만 모바일 인터넷 시대가 본격화하면서 **플랫폼 기업의 독식이 심화**되었고 이제는 시총 순위 5개사가 모두 인터넷 관련 기업이다.

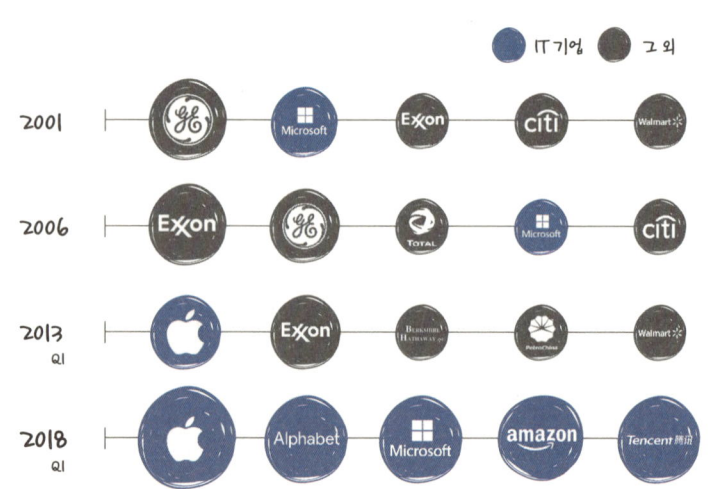

출처: Visual Capitalist 재구성

그럼 이제 2018년 기준 '**전 세계 톱 20 인터넷 기업**'을 살펴보자. 그들이 어느 나라에 속해 있는지와 함께 말이다.

전 세계 인터넷 기업 Top 20

(USD)

순위	기업	시가총액
1	Apple	$9,150억
2	amazon	$8,280억
3	Alphabet	$7,810억
4	Microsoft	$7,710억
5	facebook	$5,560억
6	Alibaba Group	$4,840억
7	Tencent 腾讯	$4,770억
8	NETFLIX	$1,730억
9	蚂蚁金服 ANT FINANCIAL	$1,500억
10	salesforce	$1,020억
11	BOOKING HOLDINGS	$1,000억
12	PayPal	$1,000억
13	Baidu 百度	$890억
14	UBER	$720억
15	JD.COM 京东	$560억
16	DiDi	$560억
17	Mi Xiaomi	$540억
18	ebay	$370억
19	airbnb	$310억
20	美团	$300억
21	TOUTIAO 今日头条	$300억

■ : 미국기업
■ : 중국기업

출처: Visual Capitalist, 2018

국가 | 국가 간 불평등 심화

방금 본 그래프를 통해 전 세계 톱 20 인터넷 기업이 모두 미국과 중국 국적의 기업들이라는 걸 알아차렸을 것이다. 갈수록 커지는 인터넷 기업과 디지털 기술의 중요성을 방증하듯 **기업과 산업 간 불평등은 국가 간 불평등으로 이어지고 있다.** 시장조사 기관 메리 미커(Mary Meeker)의 최근 조사에 따르면, 2013년에는 전 세계 시총 순위 톱 20 인터넷 기업이 속한 국가가 미국(13개), 중국(3개), 일본(2개), 러시아(1개), 한국(1개) 등 5개국이었던 데 반해 2018년에는 앞서 본 바와 같이 미국(12개), 중국(8개)의 양자구도로 굳어졌다.

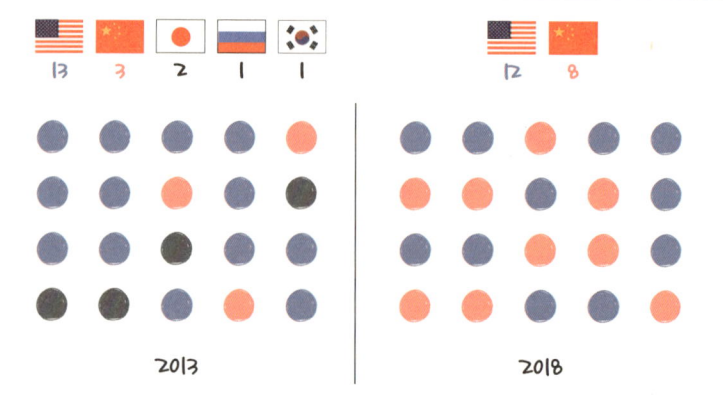

출처: Visual Capitalist

이러한 **미국과 중국의 양자구도는 앞으로 더욱 심화될 것**으로 전망되고 있다. 산업 자료 웹 사이트인 비주얼 캐피탈리스트(Visual Capitalist)에 게시된 아래 그림을 보면 중국의 급부상으로 인한 양자구도 심화가 눈에 확 띈다. 국가 구성원인 개인의 사적 부의 총합을 기준으로 봤을 때 2027년이 되면 미국과 중국을 따라잡거나 견제할 수 있는 나라가 없을 것으로 보인다. 그리고 불행히도 아직 세계는 이러한 국가 간, 기업 간, 개인 간 불평등 문제를 해결할 근본적인 실마리를 찾지 못하고 있다.

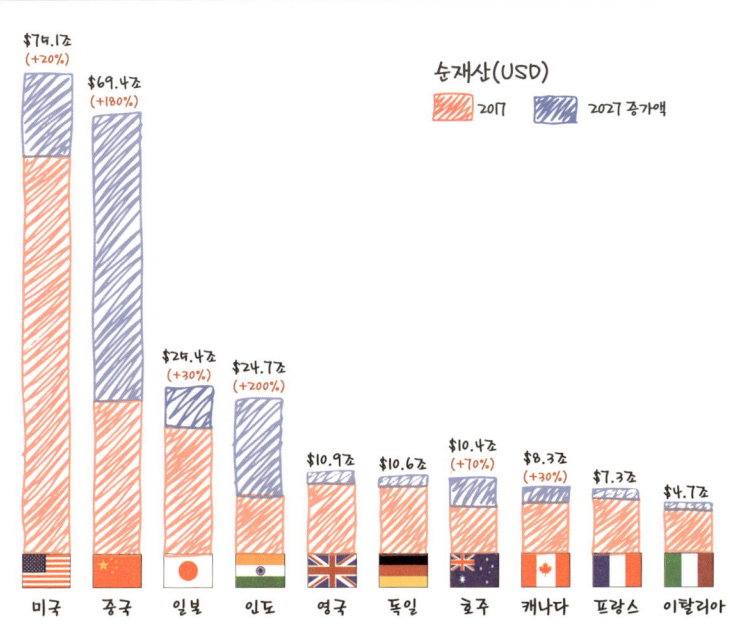

03 그 세상을 살아갈 나의 모습은?

그럼 지금껏 살펴본 '새롭고, 불확실하고, 불균형한 미래'를 살아가야 할 '내 모습'을 한번 그려보자.

지금껏 그래왔듯 우리가 사는 세상에는 항상 사람들이 있다. 나와 상호작용을 하며 일상을 같이 살아가고 세상을 함께 만들어가는 사람들 말이다. 그렇기에 내가 살아갈 모습을 그려보려면 미래의 세상뿐만 아니라 내가 어떤 사람들과 함께 살아야 하는지도 알아야 한다.

앞서 대부분의 미래 기술이 티핑 포인트를 지나는 시점으로 언급된 2027년을 놓고 한번 상상해보자. **나는 몇 살이고, 내 주변의 사람들은 어떤 사람들일까? 2027년에 나는 무엇을 하면서 살고 있을까?**

일반적으로 우리가 인구 구성을 논할 때 주로 사용하는 방식은 세대 구분이다. 세대를 기준으로 보면, 전 세계 인구는 △**침묵의 세대**(1928~1945), △**베이비붐 세대**(1946~1964), △**X세대**(1965~1980), △**밀레니얼 세대**(1981~1997), △**Z세대**(1998~2016), 그리고 △**알파 세대**(2017~)로 나눠볼 수 있다.

나라마다, 조사 기관마다 세대를 구분하는 기준 연도에 약간의 차이가 있기는 하지만, 기본적으로 1945년 제2차 세계대전 종전 후 출생한 베이비붐 세대의 자식 세대를 밀레니얼 세대로 보고 있다. 또한 '정의할 수 없음'을 의미했던 X세대의 자식 세대이자 1997년 아시아 외환위기 이후의 세대를 Z세대로 분류하는 경우가 많다.

그러나 이는 어디까지나 기본적인 분류일 뿐 최근에는 △**엑세니얼**(Xennial, 1977~1983)과 같이 공통된 특징을 중심으로 세분화한 '마이크로세대(Micro-Generation)'가 등장하고 있다. 미래의 빠른 변화 속도를 고려할 때 더 많은 마이크로세대 구분이 나올 것으로 예상된다.

중요한 건 당신이 어느 세대에 속하건 간에 이전 세대와 세대 차이를 느껴본 적이 있을 거라는 것이다. 세대 간의 차이는 엄연히 존재하며, 이러한 차이는 우리가 생산하고 소비하는 방식을 바꾼다. 그리고 **한 시대의 생산 및 소비 방식을 좌지우지하는 것은 가장 많은 인구수를 차지하는 세대**이다.

Z세대 | 2027년 경제의 큰 소비자이자 생산자

컨설팅 기업인 A.T.커니의 2017년 분석 보고서에 따르면, 2027년에 전 세계 81억 명 인구 중 가장 큰 비중인 30%가량을 차지하는 세대는 다름 아닌 Z세대라고 한다.

2027년 전 세계 세대별 추정 인구

출처: A.T. Kearny

혹시 아직 Z세대라는 명칭조차 생소하게 느껴지는 독자가 있다면 적잖이 놀랐을 것이다. 가장 빨리 태어난 Z세대가 1998년생이라고 보면, 아직은 20세도 넘지 않은 미성년들이 대부분이니 말이다.

2027년에 전 세계 인구의 반 이상을 차지하게 될 Z세대와 밀레니얼 세대는 어떤 특성을 띠고 있을까? 우선 두 세대는 공통적으로 어렸을 때부터 혹은 태어나면서부터 인터넷과 같은 디지털 기술을 경험한 **'디지털 네이티브(Digital Native)'** 세대이다.

차이가 있다면 밀레니얼 세대는 (X세대와 마찬가지로) 디지털과 아날로그를 모두 경험한 세대인 데 비해 Z세대는 **'태어날 때부터 디지털과 함께 자라온 세대'**라는 것이다. 외국어를 익힐 때도 언제부터 해당 외국어 환경에 노출되었는지에 따라 큰 차이가 나타나듯 디지털 활용에서도 Z세대는 이전 세대와는 차원이 다르다.

일례로 X세대와 밀레니얼 세대는 노트북과 스마트폰을 동시에 사용하는 '2 스크린(Screen)' 세대로 '테크 새비(Tech Savvy, 기술에 능통)'로 불리는 반면, Z세대는 동시에 **'5 스크린'** 사용도 거리끼지 않는 **'테크 이네이트(Tech Innate, 기술을 타고난)'** 세대다. 여기서 '스크린'이란 디지털 기기의 화면 수뿐 아니라 전화 통화를 하거나 TV를 보는 등 동시에 할 수 있는 서로 다른 종류의 '일'이라는 의미로 봐야 한다. 즉, Z세대는 **타고난 '멀티태스커(Multi-tasker)'** 세대이다.

멀티태스킹 능력은 안타깝게도 하나에 대해 집중하는 **주의 지속 시간(Attention Span)**과는 반비례하는 경향이 있다. 금붕어의 주의 지속 시간이 약 9초로 알려져 있는데, 밀레니얼 세대는 약 12초, Z세대는 (믿고 싶지 않겠지만) 금붕어만도 못한 8초라는 연구 결과가 있다. 한 번에 5가지에 주의를 분산해야 하니 어찌 보면 당연한 결과이다.

그렇다 보니 긴 텍스트를 읽고 쓰는 것보다는 '이미지'를 통한 사고와 커뮤니케이션에 익숙하다. 이러한 특성이 주는 긍정적인 영향도 크다. 이미지를 통한 사고는 더욱 '**빠르고 자유로운**' 사고로 이어지기 때문이다. 또한 Z세대는 특이하게도 '**현실주의적**'인 특성을 강하게 보인다고 한다. 태어나면서부터 물리적 세상과 디지털 세상이 자

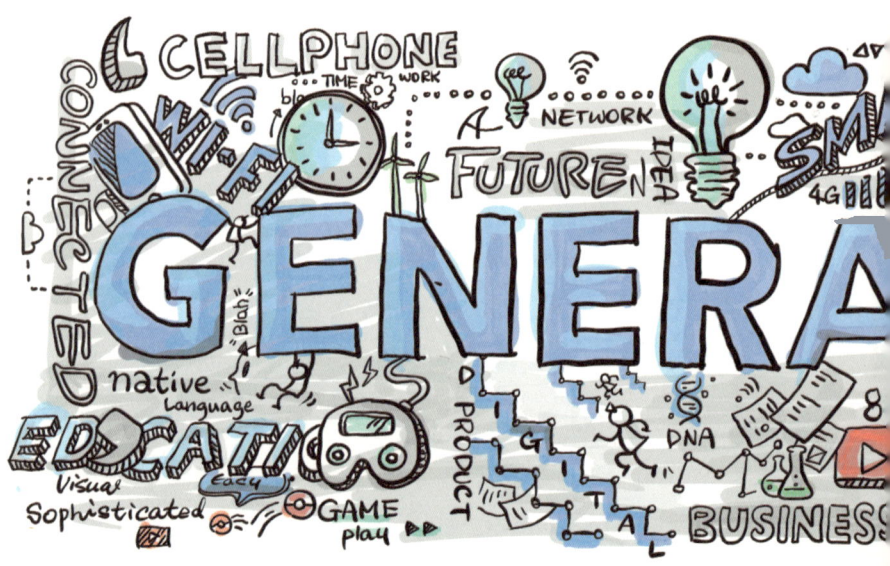

연스럽게 혼재된 환경에서 자라다 보니 무엇이 디지털이고 무엇이 '진짜'인지를 구분하는 감각이 이전 세대보다 강화되었기 때문일 수 있다.

또한 다른 어떤 세대보다도 '사회적'이며 '실용주의적'일 뿐 아니라 '사업가적' 기질을 강하게 보인다. 특히 아주 어려서부터 TV보다는 유튜브 영상을 보고 자란 Z세대는 다양성을 좋아하는 '태생적 국제화' 세대이기도 하다. 외국어를 잘하건 못하건 간에 이들에게 세상은 이미 자기가 사는 어떤 한 국가가 아니라 전 세계이다. 어찌 보면 Z세대는 디지털 기술이나 인터넷 자체의 특질과 많이 닮아 있다.

결국 앞부분에서 언급한 '지수적 변화 속도'를 언제 체감하게 될지는, 미래의 중심 세대인 밀레니얼 세대와 Z세대가 얼마나 빨리 급변하는 기술을 받아들이고 생활방식을 바꾸어 가는지에 달려 있다고도 할 수 있다.

Z세대는 이전의 그 어느 세대보다도 앞으로의 변화를 빠르게 흡수하며 우리가 사는 세상을 바꿀 준비가 되어 있다. 당신이 준비가 되어 있건 아니건 간에 말이다. 아직 주변에서 Z세대를 직접 접해본 경험이 별로 없는 사람들에겐 이 같은 설명이 그다지 와닿지 않을 수도 있다. **2027년에 전 세계에서 가장 큰 '소비자 세대'이자 가장 큰 '생산자 세대'**로 부상할 Z세대에 대한 몇 가지 설문조사 결과를 통해 이들을 좀 더 깊이 살펴보자.

'소비자'로서의 Z세대

소비자로서의 Z세대는 **'테크 인네이트'**답게 이전의 어떤 세대보다도 신기술이 적용된 서비스를 빠르게 받아들인다. 컨설팅 기업인 액센츄어의 2017년 조사에 따르면, 설문 응답자의 무려 73%가 '음성인식을 통한 상품 주문을 해본 적이 있거나 할 예정'이라고 한다.

또한 **'실용주의적'**인 세대답게 무려 71%가 옷, 가전, 가구 등 상품을 일일이 구매하지 않고 빌려서 쓰거나, 월정액 형태로 매월 새로운 상품을 사용하는 자동 보충 서비스(automatic replenishment program)에 높은 관심을 보인다고 한다.

소셜미디어 활용도 눈에 띄는데, **'사회적'**인 세대답게 대다수의 Z세대가 물건을 사기 전에 소셜미디어의 리뷰나 지인의 추천(Likes), 신뢰감 가는 블로거 등의 의견을 필수적으로 참고한다. 70%가 향후 소셜미디어를 통해 구매를 할 의향이 있다고 한다.

'생산자'로서의 Z세대

아마 많은 사람들에게 생산자로서의 Z세대의 특징이 소비자로서의 특징보다 더 낯설게 느껴질 수 있을 것 같다. 아직 경제의 생산자로 활동하기엔 어리지만, 이들이 생각하고 꿈꾸는 미래의 모습은 이전 세대의 그것과는 상당히 다르다. 비주얼 캐피탈리스트 웹 사이트에 게시된 미국의 Z세대에 대한 설문 결과를 살펴보자.

우선 생산자로서의 Z세대는 **'사업가적'**인 세대답게 설문 응답자의 72%가 언젠가 자신만의 사업을 시작하고 싶다고 답했다고 한다. 무려 72%가 말이다!

과거를 되짚어 본인의 장래 희망이 공무원이나 교사, 의사, 변호사라고 답했던 독자라면 상당히 놀라운 결과일 것이다. 정말로 세대가,

시대가 바뀌고 있다. (적어도 설문에 응한 미국의 Z세대들에겐 말이다.)

또한 이들은 '**자유로운**' 세대답게 응답자의 76%가 자신의 취미가 단순히 취미로 끝나지 않고 직업으로 이어지기를 바란다고 한다. 언젠가 자신만의 사업을 하고자 하는 사람의 비율이 72%나 된다는 것과 연계해서 보면, 자신이 좋아하는 취미를 살릴 수 있는 직장이 없다면 직접 창업이라도 하겠다는 뜻으로 해석해볼 수 있겠다. 부러울 만큼 자유롭고 야심만만한 세대다. 동일한 질문에 대해 밀레니얼 응답자의 경우 50%만 그렇다고 답한 것과 26%나 차이를 보인다.

물론 아직 사회의 쓴맛(?)을 보지 못한 어린 친구들이 많지만, 이전 세대가 비슷한 또래일 때의 설문조사 결과와 비교해도 역시 많은 차이가 나는 것은 분명하다. 심지어 바로 직전 세대인 밀레니얼과도 상당한 차이를 보이니 말이다.

안타깝게도 아직 국내에서는 미래의 주역인 Z세대에 대한 연구가 거의 이뤄지지 않고 있다. 아니, 그들의 특성과 이전 세대와의 차이점, 그리고 그들이 맞이해야 할 새로운 세상에 대한 이해와 준비가 아직 충분하지 못하다는 표현이 적절할 것 같다.

요즘 한창 화두가 되고 있는 '90년대생'만 해도 80년대생으로 대변되는 밀레니얼 세대와는 또 다른 개성과 특징을 지닌 새로운 세대의 출현에 대한 관심으로 해석할 수 있다. 즉 90년대 후반 태생의 Z세대 선봉들이 이제 막 사회에 진출하여 기성 세대에게 문화 충격을 주기 시작한 것으로 해석할 수 있는 것이다. 2019년 7월 발간된 「동아비지니스리뷰(DBR)」는 이러한 1990년대생을 다양성과 확실한 개성을 지닌 '레인보우(Rainbow)세대'로 정의한 바 있다. 비교적 뚜렷한 동질성을 가졌던 베이비부머나 X세대, 밀레니얼 세대들에 비해 Z세대는 동일한 세대 안에서도 무지개처럼 다양한 개개인의 색채와 개성이 존재함을 의미한다.

'뛰는 놈 위에 나는 놈 있다'는 말처럼 '90년대생' 뒤에는 본격적인 Z세대라고 할 수 있는 '2000년대생'이 올 것이다. 그리고 우리 사회는 (준비가 되어 있건 아니건 간에 당신 역시) 그들이 주는 변화와 충격을 받아들이고 함께 살아갈 수 밖에 없다. 이제 곧 그들이 우리 시대의 경제 방식을 좌지우지 하는 다수의 생산자이자 소비자가 될 테니 말이다.

나 | 5년 후, 10년 후의 나를 위한 선택은?

이제 천천히 당신의 미래를 그려보자. 기하급수적인 변화의 한복판에서 누군가는 변화를 주도하며 앞서가고, 누군가는 간신히 변화에 적응하며, 누군가는 변화를 외면하고 뒤처진다. **당신은 어디에 어떤 모습으로 있는가?**

너무 막연한 질문이라고 생각할 독자들을 위해 몇 가지 질문을 더 하겠다. 먼저 **미래와 관련한 당신의 가장 큰 고민**은 무엇인가? 그 고민을 통해 **당신이 선택하고 준비해야 할 것**은 무엇인가? 선택 자체가 너무 고민이라면 무엇 때문에 그러한가? 그럼에도 불구하고 결국 무엇을 결정해야 한다면 어떤 선택을 할 것인가? 그리고 그것이 **5년 후, 10년 후 당신의 어떤 모습**으로 이어질 수 있는가?

여기까지 당신의 한숨 소리가 들리는 듯하다. 하지만 앞서 언급했듯 우리 인간에게 주어진 시간과 자원은 한정되어 있고 인간의 욕망은 무한하기 마련이다. 그렇기 때문에 **당신의 선택과 의사결정이 중요**하다.

개인마다 차이가 있겠지만, 일반적으로 현대인의 가장 큰 의사결정 고민은 학업과 진학, 취업과 이직, 창업과 재취업 등 미래의 진로와 직업에 대한 것이 많을 것이다. 이것이 당신의 미래 소득과 경제생활을 결정지으니 말이다.

문제는 (가파른 기술과 세상의 변화 속도에 비해) 정부 정책과 사회 시스템의 변화는 더디기 짝이 없으며, 대부분의 기업 역시 변화 속도를 따라가지 못하고 도태되고 있다는 사실이다. 즉, 현재 취업을 고민하고 있는 당신이 속해 있는 학교가 세상의 변화 속도가 아닌 정부 정책의 변화 속도에 맞춰져 있으며, 힘들게 입사했지만 이내 실망감을 느끼고 이직이나 창업을 고민하게 만드는 회사 역시 조직과 기업 시스템의 변화 속도를 따르고 있다는 것이다.

이것이 대다수가 처한 현실이다. 그리고 **다가올 미래와 지금 당신이 속한 현실 간의 괴리**가 고스란히 개인의 막연한 걱정과 스트레스로 이어질 수 밖에 없다. 그럼에도 불구하고 누군가는 대담한 선택을 하며 앞서가고, 누군가는 주저하고 망설이는 사이 뒤처진다. 그것이 지금과 같은 개인과 기업 간 불평등으로 이어지지 않았는가?

걱정은 잠시 접어두고 **당신이 할 수 있는 최선의 선택과 의사결정**을 가정하자. 그리고 그것이 **미래의 당신을 어떤 모습으로 이끌지**를 상상해보자. 그리고 한 가지 더! **왜 그것이 당신의 최선인지** 이유를 생각해보자.

I ♥ to Imagine

아무 펜이나 하나 집어 들고 당신의 나이와 그때의 당신의 모습을 상상해보자. 키워드여도 좋고, 어떤 이미지여도 좋다. 적어보고 그려보자. 그리고 한번 냉정하게 생각해보자. 당신은 '**미래의 당신**'을 맞이할 준비가 얼마나 되어 있는가?

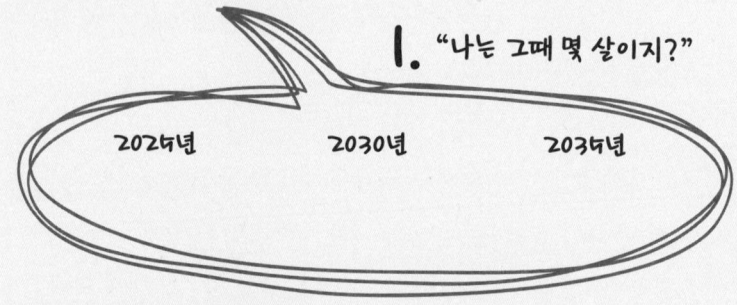

1. "나는 그때 몇 살이지?"
   2025년   2030년   2035년

2. "나는 그때 뭘 하고 있을까?"
   2025년

   2030년

   2035년

3. "나는 그때 어떤 모습일까?"

2025년

2030년

2035년

4. "왜 그런 선택을 했는가?"

2025년

2030년

2035년

PART II
디지털이 가져온 변화와 변혁은?

디지털 뭐라고?
디지털 파괴 – 디지털이 불러온 파괴적 변화
디지털 전환 – 우리 모두에게 닥친 변환
디지털 혁명 – 결국 불가피해질 대변혁

04 디지털 뭐라고?

지금까지 우리는 과거, 현재, 미래의 '세상'과 '나'의 모습을 대략적으로 그려보았다. 그리고 아마 대부분의 독자들이 '미래는 확실히 다르겠구나!' 하는 느낌을 받았을 것이다. 아직 무엇이, 어떻게, 왜 변하는지에 대해서 구체적으로 답하기는 힘들겠지만 말이다.

앞 장에서 우리는 이미 한 가지 힌트를 얻었다. 이 모든 변화는 **물리적** 세상과 그 세상을 지배하는 **생물학적** 인간 외에 새롭게 **디지털** 세상이라는 판도라의 상자가 열렸기 때문이라는 힌트 말이다. 그리고 그 **인터넷** 세상과 사람이 **연결**됨으로써 우리가 살던 세상이 변한다는 것 말이다.

이번 장에서는 '**디지털(Digital)**'이 **가져온 변화**가 어떤 것인지를 차근차근 살펴보자. 먼저 판도라의 상자 저 아래에서 **'디지트(Digit)'**라는 **'씨앗'**이 뿜어내고 있는 말들부터 하나씩 떠올려보자.

Digitization, Digitalization, Digital Innovation,
Digital Platform, Digital Disruption, Digital Reinvention,
Digital Economy, Digital Transformation, Digital Revolution…

무슨 생각을 하는지 안다. "디지털이 붙은 단어가 뭐가 이리 많은가… 대체 이 단어들이 서로 무슨 차이가 있단 말인가… **디지털 뭐시라꼬?**"

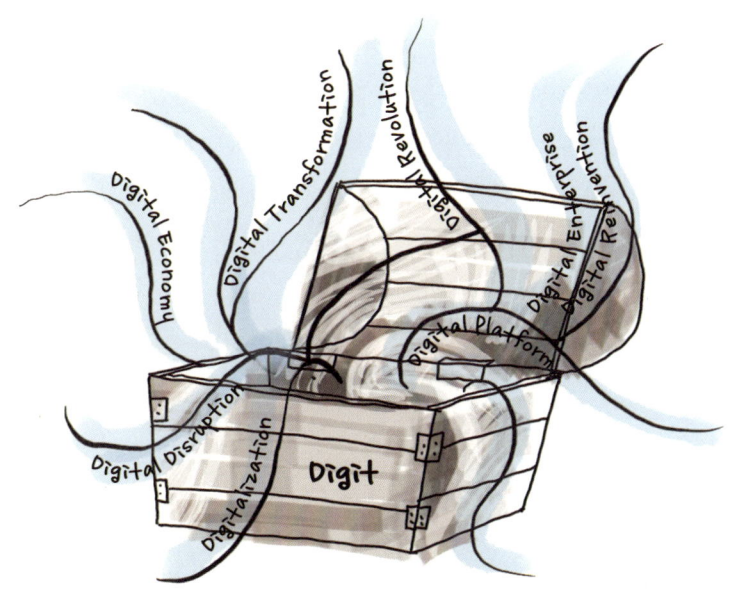

디지털 뭐라고? 73

디지털이란 | '0과 1'처럼 불연속적이며 이산적인 방식

다소 지루한 과정이 될 수도 있겠지만, 숫자를 뜻하는 디지트로부터 파생된 다양한 용어들과 그 의미를 파악하는 것은 이후의 논의를 위해 매우 중요하다.

사전적인 의미의 디지털은 '연속적인 값을 의미하는 아날로그의 반대말, 즉 0과 1, On과 Off처럼 불연속적이며 이산적인(Binary, 離散的) 단위를 쓰는 방식'을 가리킨다.

1950년대에 처음 등장한 디지털 기술은 정보를 숫자로 변환하여 한 자리씩 끊어서 저장하는 방식을 통칭한다. 디지털 기술이 중요한 이유는 컴퓨터 개발 및 인터넷 발명 이후의 모든 ICT 산업의 근간이 디지털 방식에 있기 때문이다. 즉, 디지털은 **'정보의 처리 방식'**을 아날로그 방식에서 디지털 방식으로 전환함으로써 지난 수십 년간의 **'정보 혁명'**을 가능케 하였다.

디지털의 특성을 설명하기 위해 음악을 예로 들어보자. 과거 아날로그 방식으로 '노래'라는 정보가 유통되던 방식 중에 레코드판(LP)이 있었다. 이는 오디오 신호 자체를 그대로 녹음한 방식으로, 시간이 지나면 음질이 훼손되어 레코드판을 다시 사야 한다.

그런데 요즘 우리는 어떠한가? 디지털 방식의 음원을 다운받거나 실시간 스트리밍으로 듣는다. 아무리 많은 사람이 동시에 들어도 음질은 언제나 똑같다. 이렇듯 **디지털 정보는 원본과 복사물의 차이가 없으며, 복제, 삭제, 편집이 간편**하다.

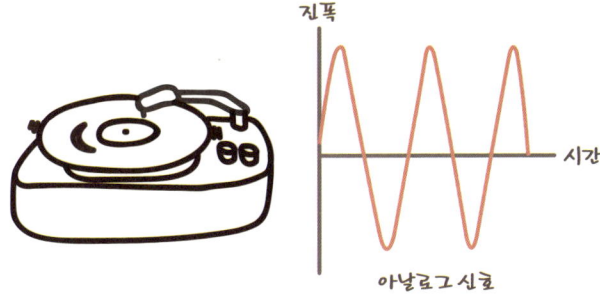

[추억의 레코드판으로 들었던 아날로그 음악]

[실시간 스트리밍으로 듣는 디지털 음악]

디지털화 | 'Digit'化 vs. 'Digital'化

그렇다면 우리가 흔히 '디지털화'라고 말하는 것은 정확히 어떤 것일까? 우선 '디지타이즈(Digitize)'와 '디지털라이즈(Digitalize)'라는 용어부터 구분해보자. 우리말로는 둘 다 '디지털화'라고 번역되지만, 사실 큰 차이가 있다.

디지타이즈: 'Atoms to Bits' 형태로의 전환

'디지타이즈'는 **아날로그 형태나 물리적인 형태로 되어 있는 데이터, 서류, 사진, 음악 등을 '디지트' 형태로 전환**하는 것을 말한다. 즉, 디지털적인 존재가 아닌 어떤 것을 '디지트'의 형태로 본떠 만든 것이다. 앞서 언급한 디지털 음원처럼 말이다. 결국 인터넷 세상에 존재하는 것은 '디지타이즈드(Digitized) 데이터'라고 할 수 있다. 최근에는 로봇과 같은 물리적 형태와 결합한 '디지타이즈드' 물체도 점점 늘고 있다.

제프 베조스와 그의 로봇 반려견

2018년 3월에는 아마존의 CEO 제프 베조스가 자사 컨퍼런스에 이 '디지타이즈드' 반려견인 로봇 강아지를 데리고 나와 화제가 되었었다. 이 반려견은 늙지도, 먹지도, 잠을 자지도 않는다. 디지털 음원처럼 원본과 복사물의 차이가 없으며, 복제, 삭제, 편집도 가능하다. 그렇다면 당신이 지금 기르고 있는 반려견을 '디지타이즈' 할 수 있을까? 물론 안 된다! 생각만 해도 끔찍하지 않은가! (집에서 개를 키우고 있는 애견인으로서의 솔직한 생각을 말하자면 배설물은 어떻게든 좀 '디지타이즈'하고 싶을 때가 많다. 터치 한 번에 '삭제'가 가능하다면 얼마나 편리하고 좋겠는가!)

디지털라이즈: 디지털 기술을 활용한 변화 과정

당신의 반려견, 당신의 친구, 당신의 집, 당신의 학교나 회사 자체를 통째로 '디지타이즈'할 수는 없다. 우리가 흔히 주변의 예를 들면서 '디지털화'라고 말하는 것은 **'디지타이제이션 + α(물리적 사물, 사람, 기업, 환경 등)'의 변화 혹은 그 과정**이라고 볼 수 있다. 즉, '디지털라이제이션(Digitalization)'은 디지털 기술로 인한 부분 혹은 전체 환경의 변화 과정을 광범위하게 일컫는 것이다. 디지털 기기 등을 활용한 디지털라이제이션 과정을 거쳐 우리의 물리적 세상의 일부가 디지털 데이터가 될 수 있다. 집 안에 홈카메라를 설치하는 디지털라이제이션을 통해, 디지트 형태로 전환된 집과 반려견의 모습을 스마트폰을 통해 언제 어디서나 볼 수 있는 것처럼 말이다.

디지털의 파급효과

디지털 파괴 & 디지털 전환

아마존, 구글 등 혁신적인 인터넷 기업들이 등장하고 이들의 디지털 서비스를 사용하는 사람이 늘면서 전통적인 기업들에 미치는 파급효과도 커지고 있다. '디지털 파괴(Digital Disruption)'니 '디지털 전환(Digital Transformation)'이니 하는 말들이 이를 대변한다.

디지털 파괴: 파괴할 것인가 파괴 당할 것인가

'디스럽트(Disrupt)'는 사전적으로 '(무엇인가가) 보통의 상태로 존재하는 것을 방해하다'라는 뜻이다. 즉, 현존하는 시장이나 그 시장의 주류 기업들이 **기존의 방식으로 사업을 하는 것을 파괴하고 이를 대체**한다는 뜻으로 이해하면 된다.

온라인, 오프라인 가리지 않는 무차별 포식자로 불리게 된 아마존이 디지털 파괴의 대표적인 예이다. '**파괴적 변화**'로 불리는 이 상황에서는 항상 '**파괴하는 자**'와 '**파괴당하는 자**'가 있게 마련이다. 시장조사 기관 리오그퍼스트데이(Reorg First Day)에 의하면 "세계 최대 장난감 기업이었던 토이저러스는 아마존 때문에 망한 27번째 대기업"이라고 한다. '**소매업의 종말**'이라는 말이 괜히 나온 게 아니다.

그런데 아마존의 사업과 직접적인 관계가 있는 기업들만 디지털 혁신의 영향을 받고 있을까? 아니다. 최근 들어 아마존의 영역 확장에 가속도가 붙고 사실상 거의 모든 영역으로의 진출이 가능해지면서 아마존의 진출 루머만으로도 해당 산업 기업들의 주가가 폭락하는 현상을 일컫는 '**아마존 이펙트(Amazon Effect)**'라는 신조어가 생겨났다. 미국이 '**United States of Amazon**'이 되었다는 탄식도 나온다. 결국 모든 산업 및 모든 기업이 언젠가는 혁신의 희생양이 되어 '파괴 당할' 수 있다는 걸 모두가 느끼고 있는 것이다.

이미 우리 삶의 모든 영역에서 디지털화가 가속화되고 있다. 이제는 업종에 관계 없이 모든 기업들이 디지털 기술을 활용해서 변화하고 혁신해야만 살아남을 수 있다. 그래서 나온 말이 디지털 전환이다.

디지털 전환: 디지털로의 근본적 변환

'트랜스포메이션(Transformation)'은 우리에게도 친숙한 영화 「트랜스포머」 시리즈를 통해서도 잘 알려진 단어다. 자동차가 로봇으로 변신하듯, 1993년 삼성의 이건희 회장이 신경영을 선언하며 '마누라와 자식만 빼고 다 바꾸자'고 했듯 무엇인가를 **'근본적으로 바꾸어놓는 것'**이 트랜스포메이션이다.

디지털 파괴처럼 아직까지는 디지털 전환이라는 용어는 주로 비즈니스와 관련해서만 쓰이고 있다. 일례로 컨설팅회사인 액센츄어는 세계경제포럼(WEF)과 공동 작업한 보고서를 통해 '디지털 시대의 성공을 위해 기업은 모든 비즈니스 측면을 디지털 관점에서 재정의하여 디지털 기업으로 변모해야 하며, 이러한 디지털 전환은 기존의 사업 방식은 물론 비즈니스 모델, 인재 확보, 성과 측정 등 모든 측면에서 이루어져야 한다'고 기술했다.

요컨대 디지털 전환은 디지털 형태로의 전환을 의미하는 '디지타이제이션'이 산업 전반에 확대되면서 디지털 기술을 활용한 다양한 변화 과정인 '디지털라이제이션'이 가속화되고, 이러한 영향을 받아 **'산업 전체가 근본적으로 변환'**해가는 것이다. 업종을 막론하고 정말로 산업 전체에서 근본적인 디지털 전환이 이뤄진다면 어떤 일이 생길까?

근본적인 변환은 단지 산업 안에만 머무르지 않는다. 우리의 삶이 영향을 받고, 경제 전체가 영향을 받고, 사회 전체가 영향을 받으며, 정치 체계마저도 영향을 받는다. 생명공학 영역마저도 디지털 변환과 융합의 영향을 받는다. 우리 인간 자체도 영향을 받는다는 말이다. 이것이 바로 **4차 산업혁명**이라고 불리는 '**총체적 대변혁**'이다.

문제는 이러한 산업의 변환과 그로 인한 총체적 변환이 우리가 적응하고 따라갈 수 있는 점진적인 속도로 진행되느냐, 아니면 보다 갑작스럽고 예측하기 힘든 속도로 진행되느냐다. 우리가 이미 어렴풋이 느끼고 있듯 '**디지털 진화(Digital Evolution)**'의 시대는 지나고 이제 '**디지털 혁명(Digital Revolution)**'의 시대가 시작되려 한다.

I ♥ to Summarize

앞서 읽었던 파트 I의 과거, 현재, 미래 세상의 모습과 연관도 지을 겸 아래 그림을 보면서 한 번 더 개념을 정리해보자.

인터넷이 없던 과거의 세상을 네모난 물리적 세상이라고 가정해보자. '디지트'로 변환할 수 있는 디지털 기술의 탄생과 인터넷의 등장으로 '디지타이제이션' 및 '디지털라이제이션'이 본격화되었다. 모바일 인터넷의 등장은 다양한 디지털 플랫폼을 통한 일상생활의 변화를 촉발했으며, 이로 인한 '디지털 파괴'가 확산되었다.

이제는 어떤 산업 분야, 어떤 기업도 '디지털 전환'을 피할 수 없는 세상이 되었다. 물리적, 생물학적 영역까지도 융합하는 다양한 디지털 기술의 발전은 결국 사회, 경제, 국가는 물론 우리의 삶 자체도 변환을 맞이할 수밖에 없는 '디지털 혁명'의 시대를 열 것이다.

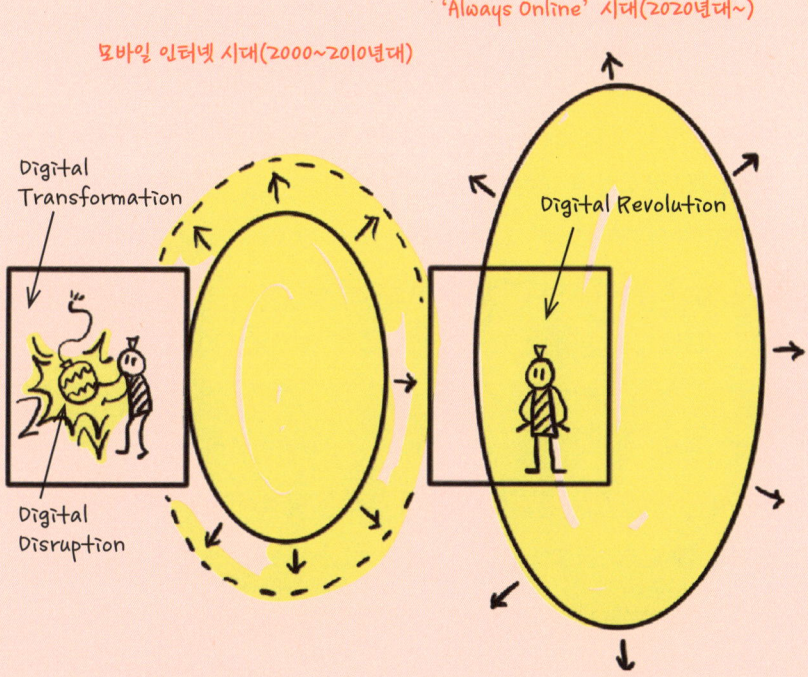

디지털 파괴 – 디지털이 불러온 파괴적 변화

이제부터 디지털 파괴에 대해 좀 더 깊숙하게 살펴보자. 앞서 '파괴(disruption)'라는 단어의 뜻은 간단히 살펴보았지만, 대체 **누가, 누구를, 왜, 어떻게 파괴하고 대체**한다는 것인지 잘 모르겠다. 솔직히 그렇지 않은가? 그나마 위로가 되는 것은 모르는 게 당연하다는 것이다. 많은 사람들이 디지털에 대해 이런저런 예시와 현상을 얘기하고 있지만, 대부분 **'정보'**로 끝나는 경우가 많다.

정해진 답이 없는 위의 질문들에 대해 (독자 여러분이 스스로 생각을 정리하는 데 도움을 주고자) 나름의 생각을 공유하고자 한다. 이견이 있다면 매우 환영한다. 그것은 당신이 스스로 생각하고 있다는 뜻이니 말이다.

주체 | 디지털 파괴의 행위자들

적어도 중등 수준의 영어 공부는 진작에 끝냈을 독자들에게 물어보겠다. **타동사인 'Disrupt'의 주어와 목적어는 무엇인가?** (영어는 영어로 푸는 것이 명쾌하다. '영알못' 독자라도 제발 여기서 책을 덮지는 말아주길 바란다.) 저자의 (현재로서의) 생각은 이러하다. '디지털 파괴'라는 **행위의 주체는 '디지털 세상'**이며, 우리가 살고 있는 **'물리적 세상'**이 그 영향을 받는 **객체**라는 것이다.

디지털 세상이 물러저, 세상을 파괴한다.
Digital World Has Disrupted Physical World.

Digital Disruption

그렇다면 이제 변화의 **주체**인 '**디지털 세상**'이 무엇으로 **구성**되어 있는지를 (다소 무리가 따르더라도 최대한 단순화하여) 정의해보겠다.

디지털 세상은 기본적으로 '비트(Bits)와 바이트(Bytes)'로 구성된 **인터넷 세상**이다. 그리고 인터넷 안에서 살아 움직이는 것은 **디지털 데이터**다. 말을 좀 바꿔보자. 결국 디지털 세상과 데이터를 만들고 키우는 것은 무엇일까? 그것은 (다양한 디지털 제품·서비스·기업 등을 포괄하는) **디지털 기술**과 **온라인 서비스 이용자**인 우리 포노 사피엔스다. 우리가 실시간으로 인터넷에 연결되어 **온라인 데이터**를 주고받으며 활동하는 주체인 것이다.

결국 **디지털** 세상은 '**인터넷 자체 + 디지털 데이터**'의 합이며, '**디지털 기술 + 온라인 서비스 이용자**'의 합이다.

디지털 세상 => 디지털 환경 + 디지털 데이터

=> 디지털 기술 + 온라인 서비스 이용자

=> 디지털 경제 + 디지털 사회 + 디지털 정치

* 디지털 구성: 비트와 바이트

그럼 이번에는 파괴적 변화의 영향을 받는 **객체인 '물리적 세상'**이 **무엇으로 구성**되어 있는지를 살펴보자.

원자와 분자로 구성된 물리적 세상은 **지구**라는 자연환경 자체와 이 행성의 주인이라 할 수 있는 우리 **사람**들의 합이다. 사람들을 분류하고 표현하는 방법은 많겠지만, 이 책이 초점을 두고 있는 경제적 관점에서 **'생산자 + 소비자'**로 정의하자. 그리고 이들 생산자와 소비자가 하는 행위들이 결국 **'경제 + 사회 + 정치'**다.

여기서 한 가지 매우 재미있는 점은 바로 우리들 **사람**의 위치이다. 앞서도 언급한 것처럼 **개인은 소비자이자 생산자**이다. 그리고 **'디지털 파괴'**의 주체인 동시에 객체이기도 하다.

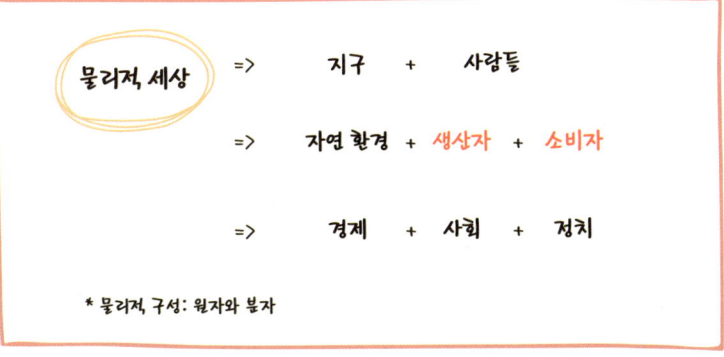

이유 | 왜 디지털 파괴가 일어났는가

디지털 세상이 왜 물리적 세상에 '파괴적 변화'를 가져올 수 있었는지를 이야기해보자.

답은 우리 '사람들'에게 있다. 즉, '**다수의 사람**'이 물리적 세상에서 하던 활동을 디지털 세상에서 하기 때문에 그 활동과 관련된 **물리적 세상의 객체**는 기존 방식대로 머무를 수 없어 **파괴**되기 때문이다. 디지털 세상과 물리적 세상 모두 우리 사람들의 활동 없이는 존재할 수 없다. 그렇기 때문에 우리가 어떤 세상에서 더 많은 시간을 보내고, 더 많은 활동을 하는지가 두 세계의 비중을 좌지우지한다.

그렇다면 앞서 살펴본 디지털 세상의 구성 요소인 '**디지털 기술**'과 '**온라인 서비스**'를 다수의 사람들이 실제로 수용하고 사용하게 되는 것은 어떤 경우일까?

새로운 디지털 기술은 계속 개발되고 있고, 기술을 활용한 제품과 서비스는 하루가 다르게 쏟아지고 있다. 온라인 서비스는 또 어떠한가? 앱 스토어에는 수십만 개의 애플리케이션이 있지 않은가? 그렇지만 우리는 그중 몇 개의 제품, 몇십 개의 애플리케이션만 주로 사용한다.

우리가 이렇게 선택적으로 디지털 기술을 받아들이고 소수의 온라인 서비스를 사용하는 이유는 바로 **'인지가치(Perceived Value)'**에 있다. 인지가치란 어떤 제품이나 서비스가 주는 기능적·감정적·물질적 혜택 등을 총합한 '인지혜택(Perceived Benefit)'에서 금전적 가격, 기회비용, 리스크 등 '인지비용(Perceived Cost)'을 뺀 나머지를 말한다.

즉, 우리는 디지털 세상을 통해 얻는 가치가 물리적 세상에서 얻을 수 있는 것보다 클 때 디지털 세상을 선택한다. 그리고 다수의 사람이 그런 선택을 할 때 그와 관련된 물리적 세상은 파괴된다. 요컨대 **디지털 파괴**는 다수의 사람들이 디지털 기술과 온라인 서비스 사용을 통해 얻는 인지가치가 물리적 세상의 기존 방식을 통한 것보다 크다고 느낄 때 일어나는 것이다.

방식 | 디지털 파괴는 어떤 식으로 일어나는가

사람들이 어떻게 디지털 세상의 기술과 서비스를 수용하고 사용하는지에 대해 좀 더 구체적으로 살펴볼 필요가 있다. 디지털 세상을 구성하는 두 가지 요소인 ①온라인 서비스와 ②디지털 기술로 나누어 설명을 해보겠다.

[1] 온라인 서비스 확산: 가치 있는 플랫폼 비즈니스 모델

당신이 생각하는 '온라인 이용자'는 누구인가? 좀 더 구체적으로 질문하면, '인터넷에 연결되어 다양한 활동을 하는 사람들'은 어떤 종류의 사람들인가?

우선 이 책을 읽는 대부분의 독자들처럼 앱을 통해 플랫폼 서비스를 이용하는 '**소비자**'들이 있다. 그뿐인가? 아니다. 온라인 서비스를 이용해서 무엇인가를 판매하는 '**생산자**'들도 있다. 또 그들을 연결해줌으로써 돈을 버는 '**플랫폼 운영자**'들도 있다.

이것이 **인터넷의 본질적인 '디지털 연결성'**이다. 인터넷은 모든 종류의 사람과 사물을 쉽게 '연결'할 수 있으며, 이러한 **연결성의 가치를 극대화하는 비즈니스 모델이 '플랫폼'**이다. 그렇기 때문에 **모든 온**

라인 이용자는 결국 플랫폼 비즈니스 모델(BM)의 영향을 받게 되고, 이는 곧 물리적 세상의 모든 기업, 모든 업종 역시 온라인 플랫폼의 영향을 받을 수밖에 없다는 것을 뜻한다.

플랫폼 BM이 낯선 독자들을 위해 잠깐 살펴보고 지나가자. 아래 그림은 2016년 「하버드 비즈니스 리뷰(HBR)」에 실린 내용의 일부이다. 이 그림은 구글의 안드로이드 플랫폼을 예시로 들어 생산자와 소비자, 그리고 그들을 연결하는 플랫폼의 관계를 보여준다.

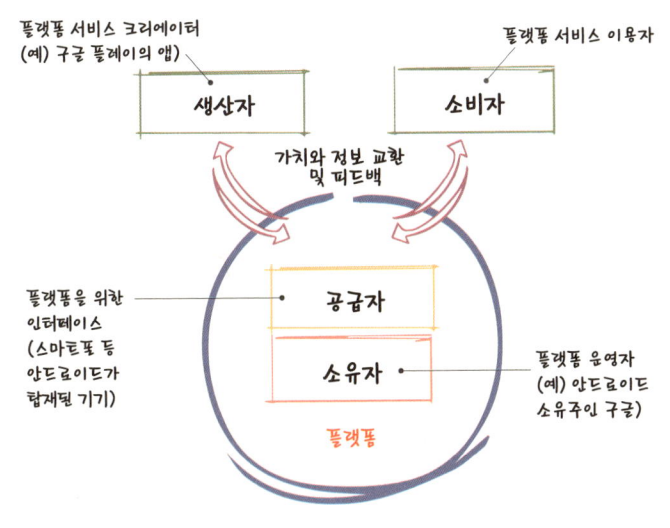

출처: HBR, 2016

아마존이 불러온 **유통** 혁신이나 애플과 구글이 가져온 **운영 체계(OS)** 혁신, 페이스북이 대변하는 **커뮤니케이션** 혁신과 유튜브가 바꿔버린 신세대 **미디어** 행태, 우버(Uber)가 시작한 **교통** 혁신이나 에어비앤비(Airbnb)가 확산시킨 **숙박** 혁신 등 다양한 산업 분야의 혁신 기업들이 모두 공통적으로 '**플랫폼 비즈니스 모델**'을 **활용**했다. 이미 인터넷과 스마트폰을 통해 모두가 연결된 세상이니 어느 업종에서든 누구든 지금 당장이라도 새로운 플랫폼 비즈니스를 시작할 수 있다.

그런데 소수의 기업들만이 다수의 이용자 확보에 성공할 수 있었던 이유는 무엇일까? 그것은 그들 기업이 생산자와 소비자를 막론하는 자사 고객들에게 확실한 가치를 제공했기 때문이다. 결국 어떤 **온라인 서비스가 다수의 고객을 확보할 수 있느냐 여부는 플랫폼 BM 자체가 아니라 이를 활용한 '확실한 인지가치 제공'에 있다.**

이렇게 확실한 인지가치 제공을 통해 지금의 온라인 세상을 독식하고 있는 인터넷 기업들이 있다. **FAANG**(Facebook, Amazon, Apple, Netflix, Google)과 **BAT**(Baidu, Alibaba, Tencent)로 불리는 기업들이 대표적인 예이다. 그리고 이들은 점점 더 많은 영역으로 확대함으로써 고객들이 자사의 서비스 안에서 더욱 오래 머물게 하는 데 총력을 다하고 있다. 왜냐하면 **플랫폼 BM으로 극대화된 디지털 연결성의 어마어마한 '기업 가치'**를 알기 때문이다.

검색 플랫폼 구글을 예시로 연결성의 힘을 가늠해보자. 구글과 그 계열사인 유튜브는 현재 미국 인터넷 검색 시장의 90% 이상을 독식하고 있다. 독점(Monopoly)을 뜻하는 '**구글로폴리(GOOGLE-OPO-LY)**'라는 신조어도 생겼다. 또 구글은 자사 서비스 간의 연결성을 극대화하여 안드로이드 OS는 물론 앱 스토어, 광고, 분석 서비스 등 다양한 영역에서 막대한 시너지를 내고 있다. 구글로폴리를 넘어 '**구글버스(GOOGLEVERSE, 구글만의 우주)**'를 만들고 있는 것이다.

출처: Visual Capitalist

디지털 연결성과 그 가치를 극대화하는 플랫폼 BM의 시너지에 대한 원리를 간략히 설명하면 이렇다. 파트 I에서 언급한 메트칼프의 법칙은 본래 하나의 네트워크에 대한 가치를 그 안에 서로 연결된 이용자의 수의 곱인 'N(N-1)'으로 추산했다. 그렇지만 플랫폼은 기본적으로 공급자와 소비자를 포함하는 '**양면 시장(Two-Sided Market)**'을 가지고 있으므로, 네트워크 효과 역시 두 면에서 모두 나타난다. 이를 '**양면 네트워크 효과**'라고 하며, 수요와 공급 측면에서도 '**양면 규모의 경제 효과**'가 있다.

기존의 거대 독점 기업들은 대부분 '**규모의 공급 경제(Supply Economics of Scale)**'에 기반해 생겨났으며, 이는 곧 대량생산을 통해 제품의 단위 비용이 낮아짐을 의미한다. 즉, 거대 기업이 되려면 엄청난 자본이 필요하다는 것이다. 하지만 현재의 인터넷 플랫폼 기업들은 자신이 직접 소유하지 않는 자원을 활용하여 양면 시장의 절반인 '**규모의 수요 경제(Demand Economics of Scale)**'에 의존한다. (자본이 아니라) 가치를 창출하는 연결과 교환에 초점을 두고 있다는 것이다.

실제로 우리가 온라인을 이용하는 행태를 보면 연동된 여러 플랫폼 서비스를 같이 사용하는 경우가 많고, 플랫폼 안에서 친구 등 나와 연결된 사람들과의 부수적인 상호작용을 많이 한다. 또 우리는 점점 더 많은 사람들과 연결되어 있고, 점점 더 많은 시간을 온라인 플랫폼 안에서 보내고 있다. 결국 **'이용자 확보와 이용 시간 확대'**는 물리적 세상의 계산으로는 측정할 수 없는 무한한 가치가 있다는 말이다.

특히 사물인터넷, 인공지능, 드론, 자율주행차 등 다양한 디지털 융합 기술로 인해 **우리 주변의 사물마저도 플랫폼 서비스 안으로 들어**오게 되면 그 **연결성의 효과와 이로 인해 발생되는 '데이터'의 규모와 '기업 가치'**는 가히 상상을 초월한다. 바로 이것이 FAANG과 BAT 기업들이 새로운 디지털 혁신 기술 개발에 막대한 자금을 쏟아붓는 이유이며, 유망한 기술을 가진 벤처·스타트업을 경쟁하듯 쓸어 담아 인수하는 이유다.

더 이상 새로운 시장 진입자가 아니라 **이미 시장을 지배하는 '기존 사업자'가 된 이들이 신기술 혁신을 주도**하는 상황이 되어버린 것이다. 이는 어쩌면 앞으로는 우리가 미처 인지하지도 못하는 사이에 우리가 매일 쓰는 익숙한 기업의 익숙한 서비스가 우리의 삶과 물리적 세상을 파괴하고 변화시킬 수 있게 되었다는 뜻이기도 하다.

[2] 디지털 기술 확산: 가치 있는 신기술, 제품, 서비스

이제 인터넷 세상을 만들고 키우는 '**디지털 기술**'을 **사람들이 어떤 식으로 수용하는지, 어떻게 다수의 사람들이 실제로 사용하게 되는지** 살펴보자. 이를 통해 향후 어떤 디지털 융합 신기술이 우리 삶을 바꿀지도 가늠해보자.

먼저 대표적인 디지털 기술인 **인터넷**과 **스마트폰**이 물리적 세상에 스며든 과정부터 살펴보자. 미국 여론조사 기관인 퓨 리서치 센터의 아래 자료는 미국 성인들을 대상으로 인터넷을 사용하는지, 집에서 브로드밴드 인터넷 서비스를 이용하는지, 스마트폰이나 태블릿을 가지고 있는지 등을 매년 조사하여 분석한 내용이다.

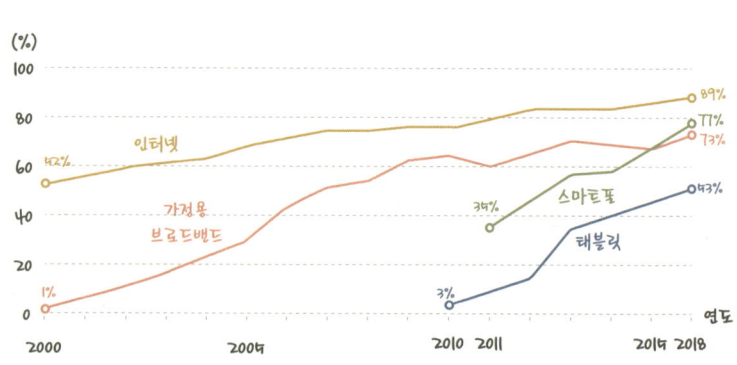

혁신 기술 수용도 비교 (미국, 2000~2018)

출처: Pew Research Center 재구성

이 조사 결과는 미국 성인들의 혁신 기술 수용 추이를 나타낸다. 서로 다른 기울기의 선에서 보듯, 브로드밴드 인터넷이 73%에 달하는 미국 가정에 보급되는 데 약 16년이 걸렸지만, 스마트폰이 이를 능가하는 데는 5년도 채 걸리지 않았다.

일반적으로 혁신적인 기술이 시장에서 수용되고 확산되는 것을 '**혁신 확산 이론(Diffusion of Innovation)**'으로 설명한다. 혁신 기술을 받아들이는 사람들의 유형을 크게 혁신자(2.5%), 조기 수용자(13.5%), 조기 다수자(34%), 후기 다수자(34%), 지체 수용자(16%)로 구분할 수 있으며, 아래 그래프처럼 대략 유사한 분포도를 보인다.

혁신 확산 이론

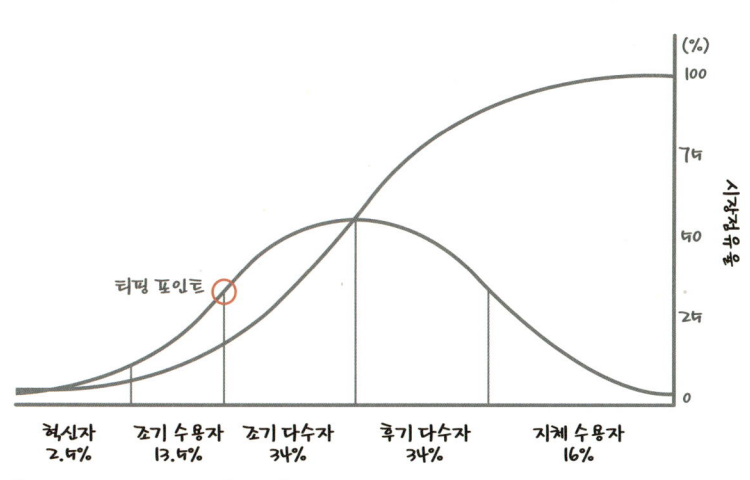

출처: Everett Rogers, 2003, Diffusion of Innovations

(수용 속도의 차이와 무관하게) 어떤 기술이든 **티핑 포인트를 넘어야만 대중화에 성공**하며, 이렇게 **다수의 이용자가 실제로 사용해야만 '파괴'가 일어난다**. 그럼 그 티핑 포인트는 언제 올까? 이론적으로는 대략 16%에 달하는 사람들이 해당 기술을 수용하고 이용하기 시작하는 시점이다. 혁신자와 조기 수용자의 합인 약 16% 말이다.

이 숫자의 의미는 혁신자보다는 훨씬 까다로운 조기 수용자군에게 그 가치를 인정받았다는 뜻이기도 하다. 그렇기 때문에 티핑 포인트를 넘게 되면 이후 조기 다수군인 34% 확보는 대체로 무난하게 이뤄지는 경우가 많다. 또한 이렇게 해서 총 시장 수용도 50%를 넘으면 생산성 및 효율성 증대가 부수적으로 따라와 더욱 순조롭게 후기 다수군까지 확보할 수 있다. 주류를 넘어 대세가 되는 것이다.

그렇다면 과연 '모든' 디지털 혁신 기술들이 티핑 포인트를 넘어 우리의 삶에 녹아들고 '디지털 파괴'로 이어졌을까? 물론 아니다. 어떤 혁신들은 티핑 포인트를 넘지 못하고 소위 '캐즘(Chasm)'에 빠져 허우적대다 사라지기도 한다. 영화 「아바타」와 함께 제품 출시 초기에 시장을 뜨겁게 달궜던 3D TV가 대표적인 예이다. 시장조사 기관 가트너의 **'시장 기대치 주기(Gartner's Hype Cycle)'**를 통해 이러한 차이를 이해해보자.

가트너의 시장 기대치 주기

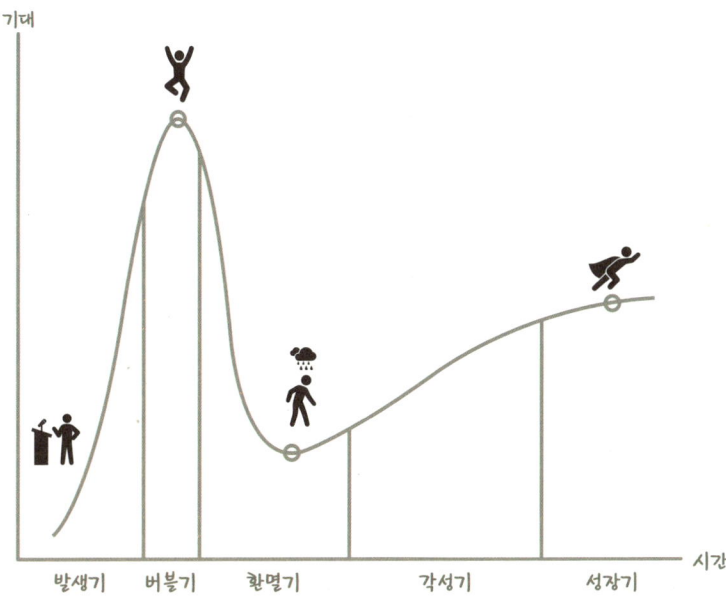

- 발생기(Technology Trigger)
  - 기술 발생 단계. 신기술이 알려지면서 언론이 관심을 갖기 시작함
- 버블기(Peak of Inflated Expectation)
  - 대중의 관심이 고조되면서 실제보다 부풀려진 기대가 정점을 이룸
- 환멸기(Trough of Disillusionment)
  - 실망스러운 결과와 실패 사례가 알려지면서 대중의 기대가 급감함
- 각성기(Slope of Enlightenment)
  - 초기 상품보다 개선된 제품이 등장하고 많은 기업들이 적용을 고민함
- 성장기(Plateau of Productivity)
  - 상용화한 기술이 상품성과 대중성을 인정받으면서 광범위한 시장이 형성됨

출처: Gartner 재구성

시장 기대치 주기를 간략히 설명하면 이렇다. 사람들은 (특히 약 2.5%의 혁신자들은) 새로운 '**기술 촉발(Trigger)**'에 열광한다. 그렇기 때문에 혁신적인 기술이 나오면 시장의 '**기대치(Hype)**'가 버블을 형성하며 단숨에 '**과도한 정점(Peak)**'으로 질주한다. 최근 비트코인을 비롯한 암호화폐 광풍을 통해 모두가 경험했듯이 매우 무모하리만큼 말이다.

그렇지만 아무리 우수한 기술이라 하더라도 초기 단계부터 시장의 과도한 기대치에 부응하기란 어렵다. 그렇기 때문에 대부분이 '**시장 실망(Disillusionment)**'을 겪으며 정체하게 되는데, 이 시기가 길어지는 것을 '**캐즘(Chasm) 상태**'라고 한다.

그러나 고객에게 확실한 '**인지가치**'가 있는 기술들은 다소의 시장 실망을 겪고 나서도 다시 일어선다. 시장의 과도한 관심은 꺾였지만 현실적인 재조정을 통해 오히려 내실이 다져진다. 이번엔 더 많은 기업들이 더 발전된 제품을 내놓는다. 그리고 드디어 티핑 포인트를 넘어 다수의 대중이 신기술의 '**가치 인지(Enlightenment)**'에 성공하면, 규모의 경제로 인한 '**생산성(Productivity)**' 향상이 뒤따르며 안정적으로 성장한다.

지금까지 살펴본 혁신 확산 주기와 가트너의 시장 기대치 주기는 모두 '**사람의**' 관점에서 **분석**한 것이다. 하나는 혁신 기술을 얼마나 많은 사람들이 실제로 '**수용**'하는지에 대한 단계와 주기를 나타내는 것이고, 다른 하나는 (특히 새롭게 떠오르는) 혁신 기술에 대한 사람들의 '**기대치**'에 대한 것이다. 그래서 아래와 같이 두 가지 그래프를 같이 보는 연습을 하는 것이 앞으로 **어떤 신기술이 티핑 포인트를 넘어 대중화에 성공할지**, **어떤 것이 캐즘에 빠져 사라질지**를 가늠하는 데 도움을 준다. (어려울 줄 안다. 그래도 자꾸 해보자. 미래를 가늠하는 게 어디 쉬운 일인가?)

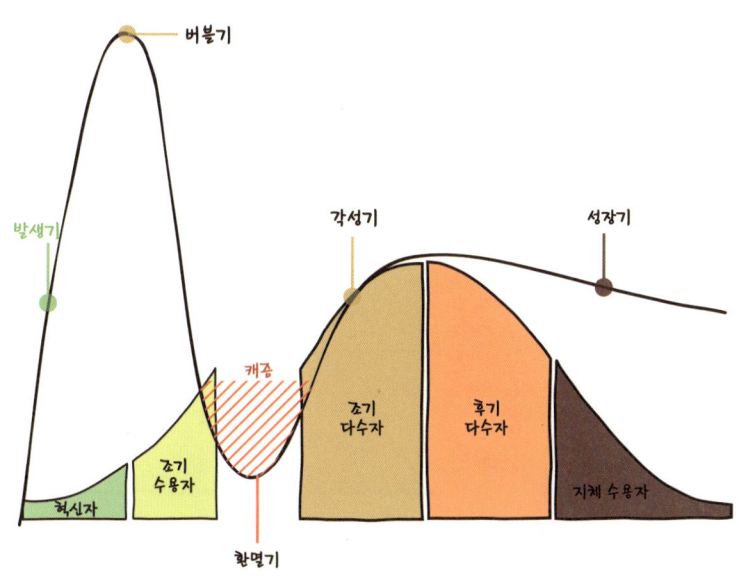

I ♥ to Learn

불현듯 파트 I의 '2027년'이라는 숫자를 떠올리며, 앞으로 어떤 디지털 기술들이 티핑 포인트를 넘어 주류 기술로 등극할지 궁금해하는 독자들이 있을 것 같다. 친절하게도 가트너는 매년 주요 디지털 신기술에 대한 시장 기대치 주기를 업데이트하여 발표한다.

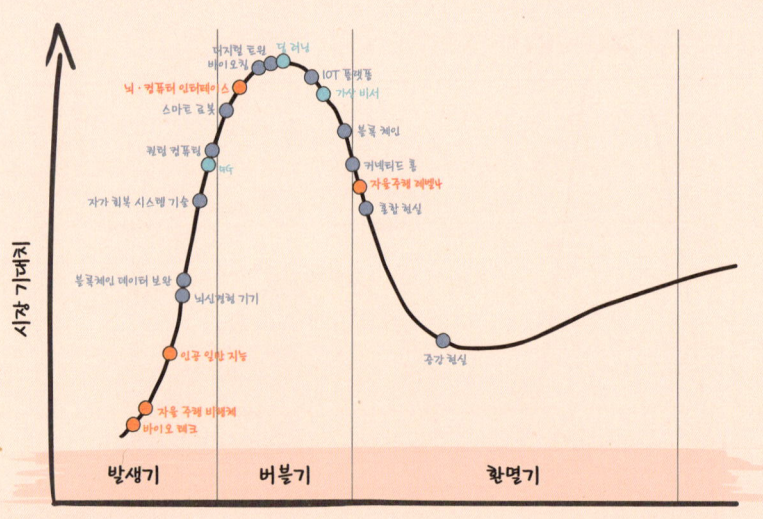

출처: Gartner, 2018

신기술에 대한 시장 기대치 주기

아래 그래프를 보면 가상현실(증강현실, 혼합현실 포함) 기술이 시장 실망 단계를 딛고 초기 주류 시장 진입 기로에 있음을 알 수 있다. 암호화폐로 과도한 기대를 받았던 블록체인은 지금 한창 심각한 시장 실망 단계를 겪는 중이고, 딥 러닝 인공지능은 지금이 피크다. 다만 인공지능 기술(딥 러닝, 가상 비서)과 5G는 향후 2~5년 내 빠르게 주류 시장을 잠식할 것으로 예상된다. (각 기술별로 대중화가 이뤄지는 시기도 예측되어 있으니 참고하자.)

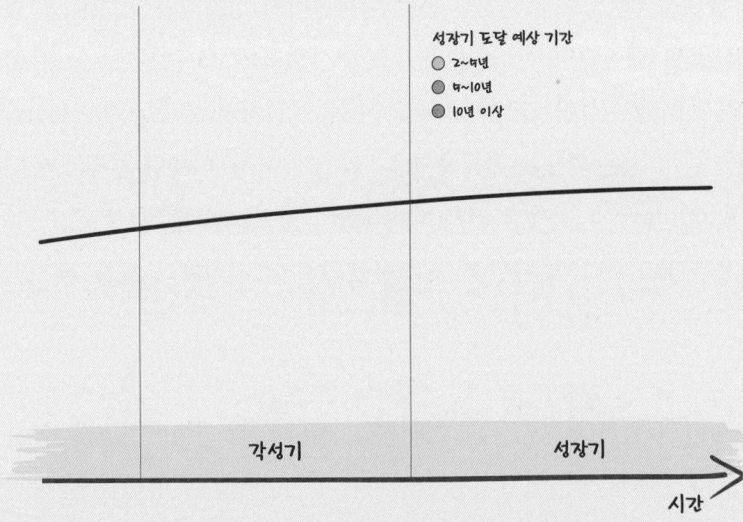

디지털 전환 – 우리 모두에게 닥친 변환

지금껏 살펴본 바와 같이 '**디지털 파괴**'는 '**디지털 기술의 확산**'과 '**플랫폼 BM으로 극대화된 온라인 이용자의 상호작용**'이 불러온 **범산업적 현상**이다. 다만 산업별로 디지털화의 속도가 다르고 플랫폼화의 용이성이 달라 가시화되는 데 시간차가 있었을 뿐이다. 최근 들어 많은 연구 보고서와 서적, 뉴스 등에서 '**디지털 경제(Digital Economy)**'와 '**플랫폼 경제(Platform Economy)**'를 외치는 것도 같은 이유에서다. 디지털 기술과 플랫폼은 이미 경제와 사회, 우리가 사는 방식 자체를 흔들고 있다.

결국 이 같은 현상은 아직 가시적인 '파괴자'가 등장하지 않은 모든 곳에 공포를 조성했다. '**누구든, 무엇이든, 언제든, 한순간에 훅 갈 수 있다**'는 공포 말이다.

이유 | 디지털 전환은 왜 일어나는가

이러한 공포와 생존에 대한 절박함이 **왜 지금 모든 기업이 '디지털 전환'을 외치는가에 대한 가장 큰 이유**이다. 파괴되지 않기 위해서, 그리고 살아남기 위해서 더 이상 물리적으로 남아 있으면 안 된다는 것이다.

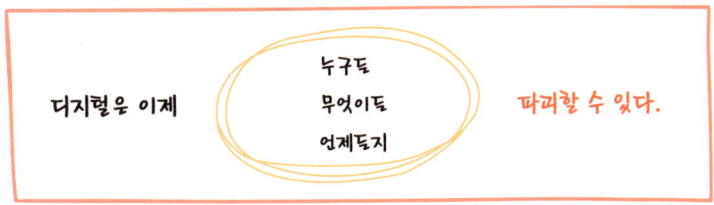

지금껏 진행된 디지털화와 디지털 파괴로 인해 산업 간 경계는 무너진 지 오래이고, 시장과 고객군을 나누는 것은 무의미한 일이 되었다. 또한 새로운 주류 인구인 밀레니얼과 Z세대가 추구하고 소비하는 가치는 매우 복잡해졌다. 게다가 새로운 융합 기술의 발전과 수용 속도를 정확히 예측하기도 매우 어려워졌다.

한마디로 '**더 이상 쉬운 성장은 없다.**' 이제 기업이 할 수 있는 확실한 일은 **디지털 기업으로의 변환을 통해** 보다 빠르게 '**기술과 고객의 변화에 대응**'하는 것뿐이다.

이렇듯 모든 기업이 디지털 전환을 외치는 두 번째 이유는 **'성장을 위한 몸부림'**이다. 알다시피 모든 기업은 수익을 내고 성장하기 위해 존재한다.

그런데 2018년 상반기 'S&P(스탠다드앤푸어스) 500 총수익지수'를 보면, 전체 500개 기업의 평균은 전년 대비 2.65% 상승하였지만, 실제로는 FAANG으로 불리는 5개사가 전체 수익의 대부분을 독식하며 3.38%p 성장했고, 그 외 495개 사의 평균은 오히려 0.73%p만큼 하락했다.

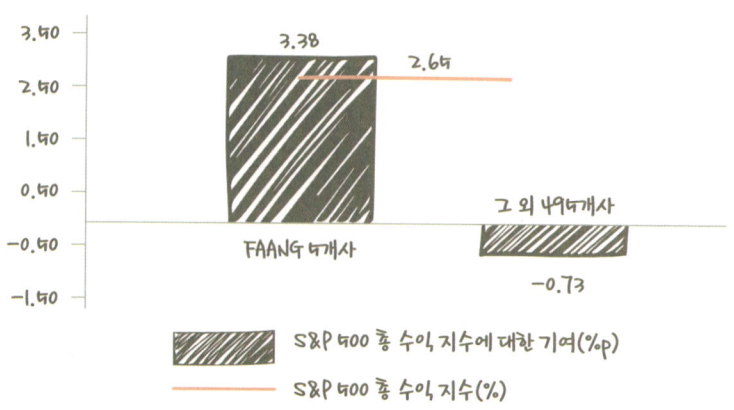

출처: Bank of America Merrill Lynch 재인용

이 같은 사실이 의미하는 바는 무엇인가? 그렇다. 이제는 업종을 막론하고 모든 기업이 **단순히 기존의 사업 방식과 자산을 '디지털화'하는 데 그치지 않고, FAANG 기업들과 같이 플랫폼을 구축하거나 활용하는 '플랫폼화'에 성공해야 성장하고 수익을 낼 수 있다**는 뜻이다.

그 이유 역시 우리가 이미 포노 사피엔스로 변모해버렸기 때문이다. 우리는 영화, 음악, TV, 동영상 등 다양한 '실시간 스트리밍 서비스'에 길들여져 있다. 점점 더 많은 사람들이 광고가 포함된 무료 서비스를 이용하거나 월정액을 내고서라도 원하는 때 무제한으로 즐기기를 원한다.

이뿐만 아니다. 과거와 같이 대량생산된 제품을 구매하고 낡으면 새로 구매하는 소비 행태에서 벗어나, 필요한 기간만큼만 빌려서 이용하거나 주변 사람들과 공유함으로써 제품 구매 비용을 줄이고자 한다. 지금 나열한 모든 예들은 **'온라인 플랫폼을 구축하거나 활용'**할 때 가능한 일이다.

요컨대 **'디지털 전환'**은 디지털 기술과 강력한 플랫폼으로 무장한 인터넷 기업들에게 파괴당하지 않고, **스스로 생존하고 성장하기 위한 물리적 세상의 모든 기업들의 불가피한 자구책**이 된 것이다.

주체 | 누가 무엇을 '디지털 전환'시키는가

그럼 '전환'의 주체와 객체는 무엇인가? 저자는 '전통 기업들'이 '스스로'를 디지털 기업으로 변환시켜 가고 있다고 생각한다. 아래 그림에 폭탄으로 표시된 '디지털 파괴자'를 제외한 모든 영역의 전통 기업들 말이다.

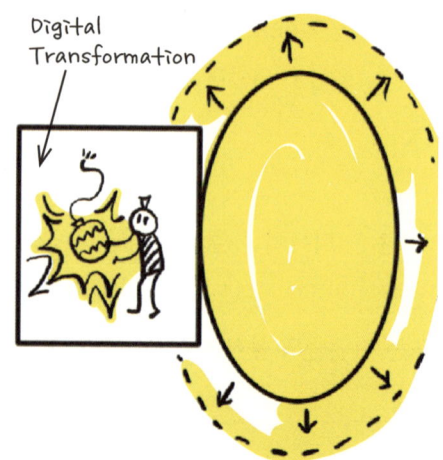

기업은 전통 기업에서 디지털 기업으로 스스로를 전환시키고 있다.
Companies are Transforming Themselves from a Traditional to a Digital Enterprise.

그렇다면 여기서 말하는 '**전통 기업들**'은 **무엇일까?** 결국 FAANG이나 BAT와 같은 인터넷 기업들을 제외한 나머지 모든 산업의 모든 기업들이다. 앞서 살펴본 글로벌 벤치마크 대표 지수인 'S&P 500 총수익지수'에 포함된 500개 기업의 업종 분포를 통해 그들이 누구인지에 대한 대략적인 감을 잡아보자. 아래 그림에서 보듯 그들은 우리가 먹고, 마시고, 입고, 쓰고, **소비하는 모든 것들을 만드는 '생산자'**이자 대부분의 사람들이 소득을 의존하는 '**직장**'이기도 하다.

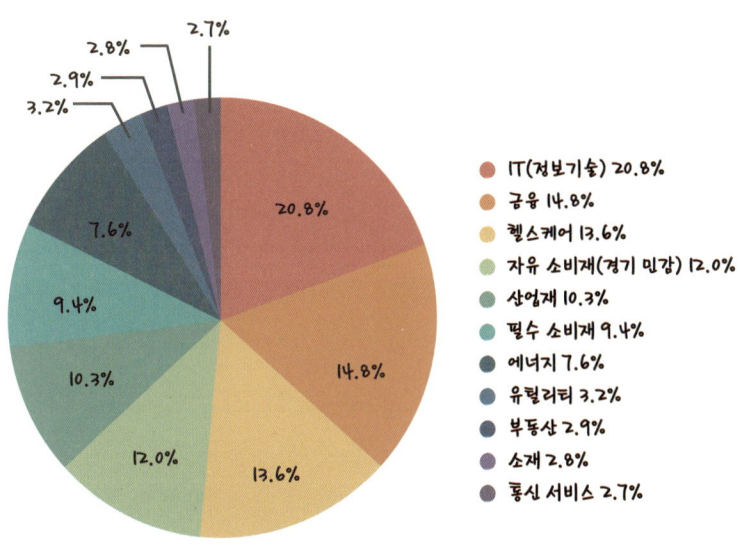

S&P 500 총수익지수 업종 및 비중

- IT(정보기술) 20.8%
- 금융 14.8%
- 헬스케어 13.6%
- 자유 소비재(경기 민감) 12.0%
- 산업재 10.3%
- 필수 소비재 9.4%
- 에너지 7.6%
- 유틸리티 3.2%
- 부동산 2.9%
- 소재 2.8%
- 통신 서비스 2.7%

출처: 키움증권 재인용

방식 | 어떻게 변화할 것인가

그렇다면 전통 기업들은 '**어떻게**' 눈물겨운 자구 노력을 하고 있는지 알아보자.

앞서 언급한 것처럼 디지털 기업으로 가려면 크게 두 가지가 필요하다. ①**디지털화**와 ②**플랫폼화** 말이다. 편의를 위해 디지털화는 기업의 '생산 방식 측면의 디지털 연결성'에 초점을 맞추고, 플랫폼화는 '고객과의 가치 연결성' 측면에 집중해 설명하겠다. 여기서 유심히 봐야 할 것은 전통 기업들이 어떻게 고객과의 연결점을 만들고 그들로부터 데이터를 얻기 위해 노력하는지이다.

[1] 디지털화: 물리 디지털 시스템 구축

사실 많은 기업들이 오래전부터 로봇과 자동화를 통해 사람의 노동력과 설비를 디지털로 대체해왔다. 그러나 이것은 기본적으로 인력과 장비의 '대체'에 불과하며 '디지털 간의 연결'을 가져온 것은 아니었다. 즉, 아무리 자동화된 공장에서 나온 물건이라 해도 파이프라인처럼 한 방향으로 흐르는 '**공급망**'을 통해 제품을 생산하는 형태는 그대로였다. 그리고 그렇게 생산된 제품이 소비자에게 또 다시 단방향으로 제공되었다.

그러나 디지털 트랜스포메이션에서의 디지털화는 기존의 **단방향 공급망**을 '디지털 공급 네트워크' 형태로 변환하고 연결하여 '지능형 생산 시스템'을 갖추자는 데 초점을 두고 있다.

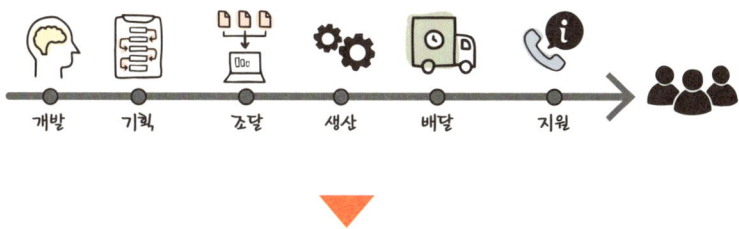

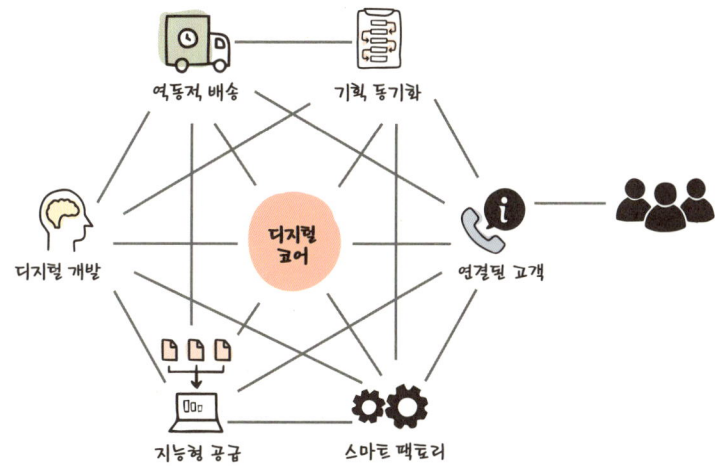

출처: Deloitte Insights, 2017

위와 같은 유기적인 공급 네트워크를 구현하려면 많은 노력과 투자가 필요하다. IoT, 빅데이터, 인공지능, 로봇, 3D 프린팅, 혼합현실(Mixed Reality, MR), 클라우드 컴퓨팅, 블록체인 등 온갖 디지털 융합기술이 적용돼야 한다.

그렇지만 막대한 전환 비용에도 불구하고 기업들이 공급망 변환을 서두르는 이유는 **생산성 향상**뿐 아니라 **고객을 자사의 생산 과정에 연결**시키려는 목적이 크다. 즉, 고객의 니즈에 부응하는 새로운 제품과 서비스를 개발하고, 이를 통해 고객이 제품을 사용하면서 양산하는 데이터를 활용하려는 것이다. 최근 들어 많은 제조사들이 '스마트 OO'이라는 이름으로 각종 홈·가전 제품은 물론 자동차, 의료, 보안 등 다양한 **'커넥티드 상품'**에 사활을 거는 것도 이 때문이다.

'천릿길도 한 걸음부터'라고 했다. 이런 유기적인 디지털 시스템을 갖추려면 우선 기업의 공급망은 물론 사업 방식, 유통 채널 및 마케팅에 이르기까지 모든 분야에서 **물리적 요소를 디지털로 전환하는 '디지털화'가 선행**돼야 한다. 그렇다면 현재 기업들의 디지털화 수준은 어느 정도일까?

글로벌 컨설팅 기업인 매킨지가 전 세계 주요국 2,000여 기업인을 대상으로 한 설문조사에 따르면, **2016년 기준 전 산업의 평균 디지털화 수준은 37%**라고 한다. 물론 산업별로는 편차가 커서 미디어·엔터테인먼트는 62%에 달하고 유통이나 하이테크도 50%를 훌쩍 넘는다. 아마존이나 알리바바, 유튜브나 넷플릭스, 텐센트 등의 기업을 떠올려보면 **디지털화가 빨리 진행된 산업을 중심으로 파괴가 선행**된 것이 이해가 된다. 반면 포장 소비재나 자동차 산업의 디지털화는 30%를 간신히 넘는 수준에 불과했다.

산업별 디지털화 수준

1. 소비포장재 (31%)
2. 자동차·조립 (32%)
3. 금융 서비스 (39%)
4. 전문 서비스 (42%)
5. 통신 (44%)
6. 여행, 교통, 물류 (44%)
7. 의료 시스템·서비스 (51%)
8. 첨단 기술 (54%)
9. 유통 (55%)
10. 미디어·엔터테인먼트 (62%)

출처: McKinsey Quarterly, 2017

그런데 여기서 주의할 것은 디지털 전환을 위한 모든 노력과 투자가 반드시 '생산성 향상'이나 '고객 연결' 등 성공적 결과로 이어지지는 않는다는 것이다.

2018년 10월에 추가로 발표된 매킨지의 조사 결과에 의하면, 지난 5년간 **'디지털 전환을 위한 노력'**을 한 전 세계 기업들 중 **'실질적 성과 향상'**으로 이어졌다고 응답한 비율은 **24%**밖에 안 됐다. 심지어 이 중 약 7%의 응답자는 성과 향상 결과가 단기에 그쳤을 뿐 지속적인 효과는 없었다고 평가했다고 하니, 전환이 얼마나 어려운 일인가를 미루어 짐작할 수 있다. 안타깝게도 성과 향상으로 이어지지 않았다고 답한 응답률은 76%나 된다.

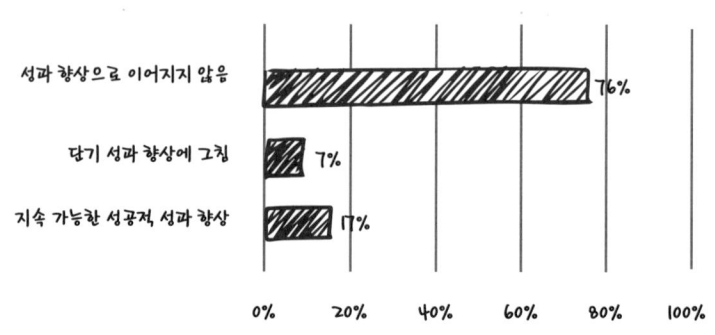

출처: McKinsey & Company, 2018

특히 **석유화학, 자동차, 인프라** 등 보다 전통적인 속성을 띠는 기업들의 경우 **'성공적 성과 향상' 응답 비율이 10%가 안 되는 경우가 대부분**이었다고 한다. 사실 이러한 결과는 현재 우리나라가 겪고 있는 많은 경제적 어려움을 대변하는 수치이며, 왜 제조업 위주인 독일에서 '인더스트리 4.0(Industry 4.0)'이라는 산업 정책이 제일 먼저 구체화되었는지를 이해할 수 있게 해주는 수치이다.

말이 나온 김에 한국의 산업 구조를 잠시 들여다보자. 우리나라는 지난 50여 년간 제조업 위주의 수출 중심 성장을 해왔다. 그렇다 보니 다른 선진국들에 비해 여전히 총부가가치 대비 서비스업의 비중은 낮고 제조업 비중은 높다. 특히 ICT, 자동차, 화학, 1차금속, 석유정제 등 물리적인 자산의 비중이 높고 에너지 소모가 큰 산업에 국가 전체가 여전히 많이 의존하고 있다.

상황이 이렇다 보니 전환을 향한 마음은 굴뚝 같아도 단기간에 큰 비용이 드는 투자를 하기가 쉽지 않다. 그나마 투자하고 노력한 것에 대해서도 기대하는 수준의 성과를 내기가 어렵고, 오히려 기업의 단기 수익성에 부담을 주기 일쑤다. 그렇다고 계속 미루자니 글로벌 경쟁력이 떨어질까 두렵다. 개별 기업 차원에서도, 국가 차원에서도 정말 고민되는 문제일 뿐 아니라 향후 고통스러운 변환이 예상되는 부분이다.

[2] 플랫폼화: 플랫폼의 구축 및 활용

지금까지 설명한 디지털화 노력은 **전통 기업의 BM과 고객과의 가치 관계를 '플랫폼화'하는 변환**에 비하면 오히려 쉬워 보일 수 있다. 앞서 언급했듯 수많은 인터넷 기업들조차 '성공한 플랫폼'을 만드는 데 실패하고 결국 우리가 아는 소수의 강자들만 시장에 남지 않았는가? 그런데 그동안 파이프라인 방식으로만 사업을 해왔던 전통 기업들이 무슨 수로 그 비결을 단기간에 터득할 수 있겠는가?

안타까움은 잠시 접어두고 **전통 기업에 있어 '플랫폼화'란 어떤 것**인지부터 살펴보자. 플랫폼의 기본적인 속성은 플랫폼 참여자 간의 **'상호작용을 활성화'**해 **'가치를 창출'**하는 데 있다. 즉, 플랫폼 기업이 하는 일은 보다 많은 참여자들 간의 자유로운 연결 시스템을 구축하고, 이러한 **연결을 통해 참여자들 간의 '가치 거래'**가 이뤄지게 하여 이에 대한 **'데이터를 생산'**하는 것이라 하겠다. 이는 전통적인 기업들이 **'제품이나 서비스를 생산'**하여 가치를 창출해 온 방식과는 DNA가 아예 다르다.

이렇게 서로 다른 방식을 그림으로 표현하면 다음과 같다. ①플랫폼 기업은 소수 인력의 운영자가 다면(Multi-Sided) 시장의 다수 참여자 간의 가치 거래를 창출하는 것이라면, ②소프트웨어 기업은 소수 인력이 소프트웨어 제품을 다수에게 파는 형태라고 볼 수 있다. 이에 비해 ③서비스 회사는 응대하는 고객에 비례하는 많은 인력이 필요하며, 고객을 따로따로 직접 서비스해야 한다. ④제조사의 경우 제품은 공장에서 대량 생산하지만, 결국 제품 단위로 개별 고객에게 판매하는 형태다. 아래 그림처럼 기업 유형별로 가치 전달 방식은 상당한 차이를 보인다.

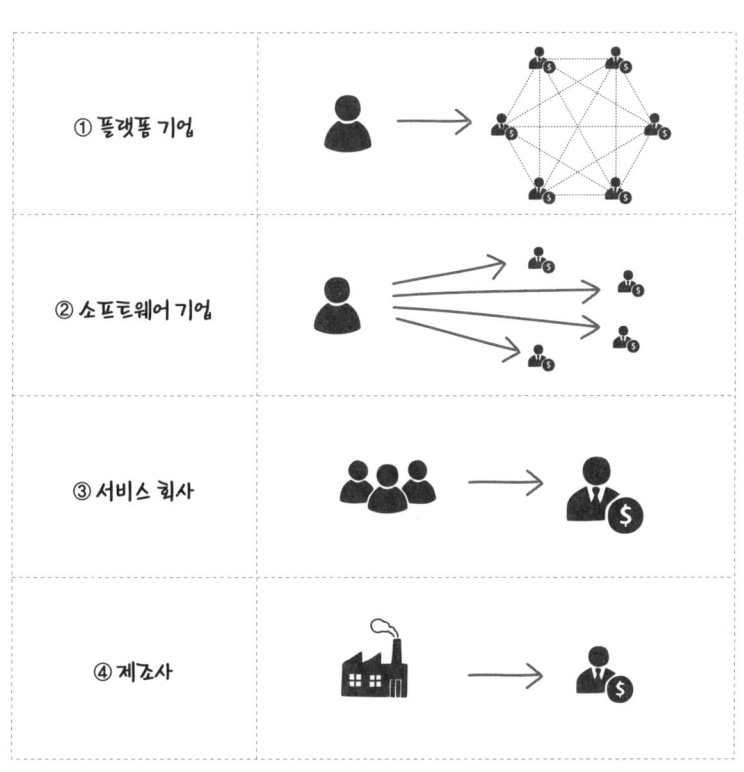

기업 유형별 가치 전달 방식 차이

이렇듯 가치 전달 방식이 다르기 때문에 굴지의 제조사는 물론이고 서비스 기업과 소프트웨어 기업조차 성공적인 플랫폼을 구축하기가 어려운 것이다. 삼성전자와 인텔 등이 공동으로 개발한 운영 체계(OS)인 타이젠(TIZEN)이나 마이크로소프트가 야심차게 출시했던 윈도우 모바일 운영 체계 등이 그 예이다.

전통 기업 혁신의 상징이었던 GE 역시 고전을 면치 못하고 있다. 2001년부터 16년간 GE를 이끌었던 제프리 이멜트는 재임 중 GE를 '디지털 제조업'으로 변모시키겠다고 선언했다. 이후, 디지털 트윈(Digital Twin)이나 프리딕스(Predix)같이 물리적 자산을 가상화하는 시스템과 플랫폼에 주력해왔다. 물론 방향은 바람직했지만 다른 부문의 적자를 감당하기엔 성과가 부족했다. 결국 실적 악화로 주가가 1년 새 55%나 떨어져 2018년 6월 다우존스산업평균지수에서 퇴출되는 수모를 겪었다.

수익을 내는 성공적인 플랫폼화란 그만큼 전통 기업에게 어려운 일이다. 하지만 앞서 보았듯 디지털 전환은 이제 생존과 성장을 위한 불가피한 선택이다. 첫술에 배부를 수는 없는 법. 대부분의 기업들은 묵묵히 **'디지털화'를 가속화**하고, **'IoT 제품·서비스'** 등을 통해 최대한 **많은 사물과 공간, 사람을 연결**하는 데 우선 집중하고 있다.

지금까지 우리는 이미 물리적 세상에 많은 변화를 가져온 인터넷 플랫폼 기업들 외에도, 모든 산업 분야의 많은 기업들이 자체적인 디지털화와 사람·사물과의 연결성 강화를 위해 뼈를 깎는 노력을 하고 있음을 보았다. 비록 아직까지는 FAANG과 BAT에 견줄 만한 플랫폼 사업 성과를 내지 못하고 있지만 말이다.

그러나 이들의 노력이 이미 우리가 사는 물리적 세상을 변모시키고 있음은 분명한 사실이다. 공장과 물류 창고에는 사람 대신 로봇과 첨단 기기만 가득하다. 학교나 학원을 가는 대신 온라인으로 공부하는 사람들이 늘고 있고, 가상현실 기술을 이용해 원격으로 협업하거나, 아바타 형태로 가상공간에 모여 즐거운 시간을 보내는 사람들도 늘고 있다. 거실에 있는 인공지능 스피커에게 말만 하면 미용실 예약이 되고 주차장에 세워둔 자동차에 시동이 켜진다. 사방에 보이지 않는 IoT 센서가 가득하고 드론과 자율주행차가 돌아다니기 시작했다.

요컨대 **산업 분야를 막론한 기업의 전환은 결국 소비자인 우리의 삶은 물론 경제와 사회 전반에도 변환**을 일으키고 있는 것이다. 기술경제학의 창시자 **조지프 슘페터**(Joseph Schumpeter)가 말하는 '**창조적 파괴**(Creative Destruction)'가 모든 곳에서 일어나는 듯 하다.

슘페터는 창조적 파괴를 '**기술이 발전하면서 기존의 것을 파괴하고 새롭게 정립하는 과정**'으로 정의했다. 그리고 그가 말하는 기술혁신은 단순히 제작 방법의 변화를 말하는 것이 아니라 신제품, 소재, 운송 방법, 사업 방식, 조직 혁신은 물론 시장 전체의 가치사슬 변화까지도 포함하는 광범위한 의미이다. 이는 (지금 우리 주변에서 일어나고 있는 것같이) **'혁신적 기술이 옛것을 파괴하고 새로운 것을 창조하여 경제구조 자체를 혁명하는 과정'**을 뜻한다.

또한 슘페터는 창조적 파괴와 혁신의 주체로서 **'기업가'**와 **'기업가 정신'**을 강조한 것으로 유명한데 디지털 기술로 인해 모든 것이 변환하고 있는 지금 시대에 주는 의미가 크다. 슘페터가 말하는 기업가는 단순히 돈벌이를 목적으로 하는 사업가나 노동자를 착취하는 자본가와 다른 개념이다. 그가 말하는 기업가는 **혁신을 일으키는 개인들**이며, **무엇인가를 창조해내고 재능을 발휘하는 데서 즐거움을 느끼는 창조자들**이며, **어려움을 피하지 않고 변화를 모색하는 모험가들**이다. 그렇기 때문에 이들 기업가들은 경제에 역동성을 불어넣을 뿐 아니라 노동자들을 기존의 방식과 다른 새로운 지평으로 유도할 수도 있다. 즉, 시장과 사람을 완전히 변환시키는 주체가 된다는 것이다.

그의 말처럼 결국 디지털 기술을 개발하고 활용하여 혁신과 파괴, 그리고 새로운 창조를 만들어내는 것은 우리들 **사람**이며 우리들 **개인** 모두가 **'기업가'**가 될 수 있다는 점을 잊어서는 안 된다.

우리는 지금 **'디지털이 모든 것을 전환시키는 과정'**에 있다. 그렇다면 **이 전환 과정의 끝에는 어떤 결말이 있을까?** 안타까운 사실은, 생존과 성장을 위해 노력하는 개별 기업이나 디지털 융합기술을 개발하고 소비하는 개인, 그리고 이들 모두를 이끌고 방향을 잡아줘야 하는 국가도 모두 이 과정의 끝을 알지 못한다는 것이다.

다만 세계경제포럼을 비롯한 여러 단체를 중심으로 '자본주의의 끝'을 고하는 새로운 시대로의 대변혁에 준비하자는 움직임이 일고 있다. '제로섬 게임'이 아닌 공동의 책임과 노력이 중요함을 강조하면서 말이다. 그래야만 **'인간 주도의, 인간 중심의 미래'**가 가능하다.

I ♥ to Learn

디지털 기술의 발전과 적용 속도가 너무 빨라서 뭐가 어떻게 바뀌고 있는지를 적시에 파악하기조차 어렵다. 다행스러운 것은 저자가 본문에 예시로 사용한 자료들처럼 분야별 전문가들이 고심해서 정리한 리포트들이 많다는 것이다. 그것도 무료로 말이다! 아래는 글로벌 통신사업자협회(GSMA)가 발표한 「모바일 경제 2018(The Mobile Economy 2018)」라는 보고서의 일부로, 2018년 가장 핵심적인 혁신 기술의 적용 분야와 대표 기업을 정리한 것이다.

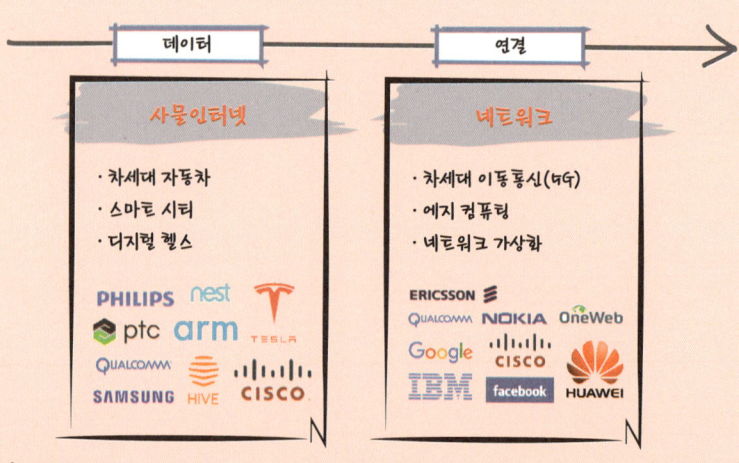

출처: GSMA, 2018

핵심 혁신 분야

저자의 해석을 더하자면, 아래 핵심 기술들은 **'데이터 – 연결 – 센싱 (Sensing) – 인지&행동'**이라는 흐름으로도 볼 수 있다는 것이다. 즉, 사람이 주변 정보를 감각기관을 통해 인지하고 사고하고 행동하는 것처럼 디지털 기술 역시 사람이 할 수 있는 모든 기능을 구현할 수 있게 되었다. 다만 디지털 기술은 사람과 같은 물리적 제약과 제한이 없고 무한정 연결이 가능하기 때문에 기술 간 시너지를 내며 광폭 발전을 할 수 있다는 차이가 있을 뿐이다.

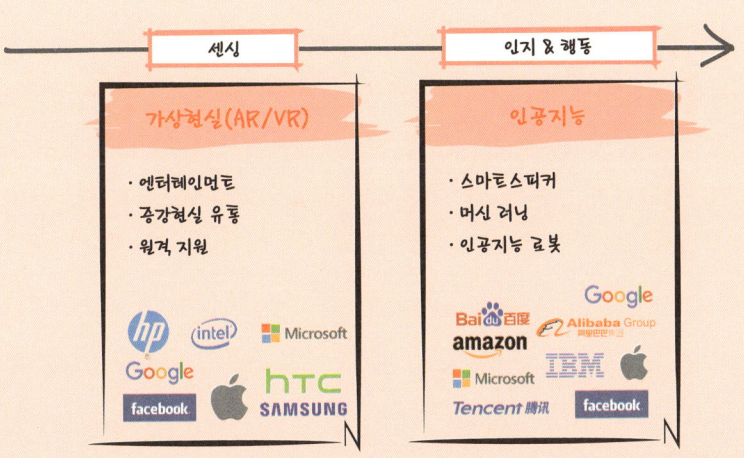

07 디지털 혁명 – 결국 불가피해질 대변혁

지금까지 살펴본 수많은 '**파괴적 변화와 근본적 변환의 복합적 결과물**'이라고 할 수 있는 '미래'를 얘기해보자.

기억해야 할 사실은, 모든 '**디지털 융합 기술(Digital Convergence Technology)**'은 '**디지털의 연결성**'으로 인해 모두 뒤엉켜 발전하고 있으며, 그 끝에는 항상 우리 '사람'이 있다는 것이다. 앞서 여러 번 언급했다시피 결국 다수의 사람이 받아들이고 사용해야 실제로 변화가 일어난다.

아직 티핑 포인트를 넘지 못한 경우가 대부분이긴 하지만, 앞으로 우리 삶에 깊숙이 자리할 것으로 예상되는 디지털 융합기술들을 한번 나열해보자.

우리 사람을 중심으로 봤을 때 기술의 속성에 따라 디지털, 물리적, 생물학적 영역으로 구분이 가능하다. 각 기술은 해당 영역에만 머무는 것이 아니라 (아래 그림과 같이) 둘 혹은 세 영역이 융합하여 발전하고 있다. 사람의 신경과 감각을 모사한 인공신경을 갖춘 인공지능 휴머노이드 로봇처럼 말이다. 이러한 디지털 융합 기술은 모두 당신이 수용하고 사용해주길 바랄 것이다. 이들은 때로는 대놓고 존재를 드러내기도 하고, 때로는 다른 서비스 뒤에 숨어서 당신의 삶에 은밀히 침투하기도 할 것이다.

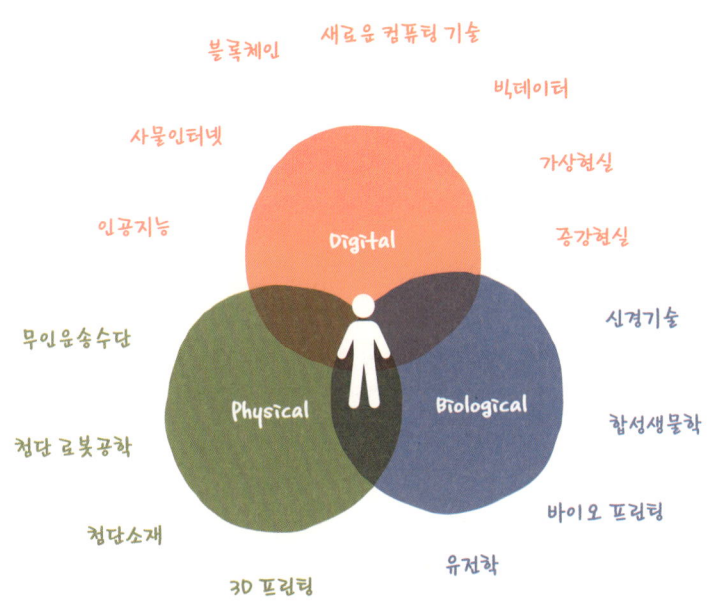

출처: John Grill Center for Project Leadership and Silicon Valley Innovation Center

주체 | 디지털 혁명의 대상과 행위자

미래에 '디지털'이 궁극적으로 '혁명'을 일으키는 대상은 대체 무엇인가? 저자는 궁극적으로는 '인간의 삶' 자체가 대변혁을 맞게 될 것이라고 생각한다.

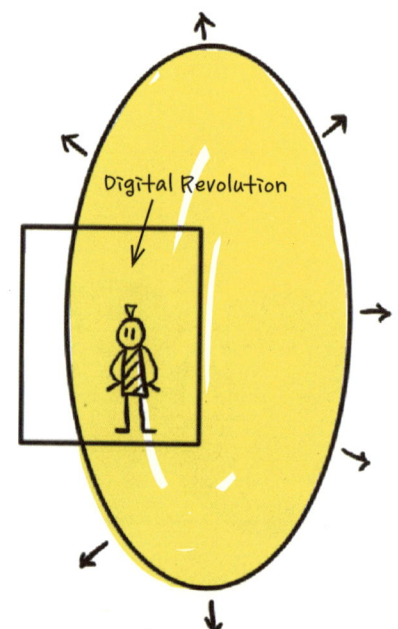

저자의 답이 '인간' 자체가 아니어서 다행이라는 독자도 있을 것이다. 맞다. 저자는 몸 자체에 '대변혁'을 맞이하고 싶지는 않다. 개인의 선택으로 건강상 필요한 부분을 디지털 기술로 보강할 수는 있지만, 영화 「매트릭스」나 「공각기동대: 고스트 인 더 쉘」의 주인공들처럼 엄청난 육체와 정신의 변혁을 맞고 싶지는 않다는 뜻이다.

그렇지만 '인간의 삶'은 다르다. 굳이 지난 몇만 년간의 호모 사피엔스의 '진화 과정'과 그 사이를 지나온 많은 '혁명 과정(농업혁명, 산업혁명 등)'을 대비하지 않더라도 말이다. 우리 인간의 몸은 진화해도, 우리가 사는 세상과 우리의 삶은 종종 혁명을 겪는다.

우리 인간의 삶은 어떤 요소들의 영향을 받을까?

흔히 기업에서 전략을 수립하거나 의사결정을 할 때 거시적 환경 분석을 위해 PEST 혹은 PESTEL이라는 방법을 쓴다. 환경을 Politics(정치), Economy(경제), Society(사회), Technology(기술), Environment(환경), Law(규제) 라는 요소로 나누어 분석하는 것이다. 생뚱스럽게 왜 이런 얘기를 하느냐면, 개인이 의사결정을 하며 삶을 살아갈 때 고려해야 할 외부 요인 역시 유사하기 때문이다.

다만 우리 사람을 중심에 놓고 보면 다음의 그림과 같이 표현할 수 있을 것 같다. **우리 삶의 가장 가까이에서 여러 외부 요인들에게 공**

통적인 영향을 미치는 것은 '디지털 융합 기술'이다. 그리고 그러한 디지털 융합 기술과 이를 활용한 제품·서비스를 우리가 얼마나 수용하고 사용하느냐가 경제, 사회, 정치, 환경에 영향을 미친다. 우리가 의도했건 의도하지 않았건 간에 말이다. 그리고 디지털 파괴나 디지털 전환으로 인해 우리의 경제, 사회, 정치, 환경은 이미 시스템적 변혁이 불가피한 상태다.

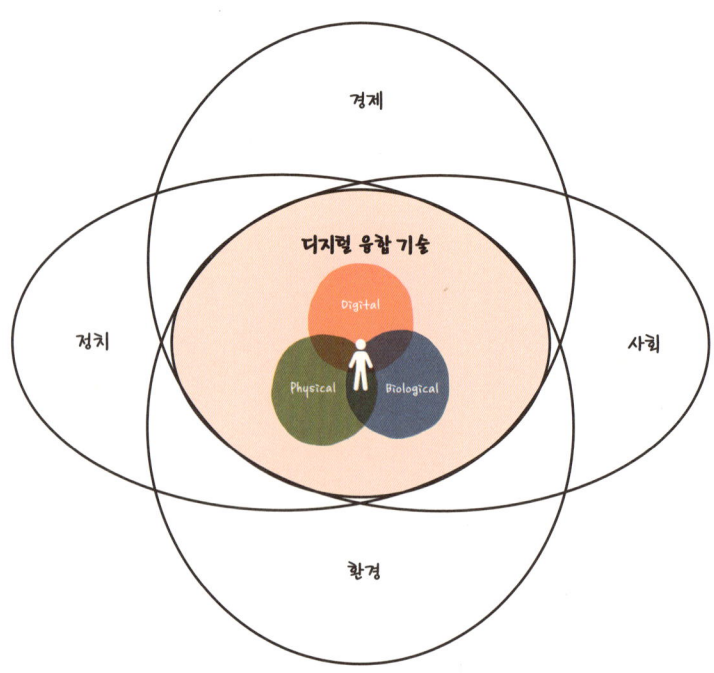

이유 | 디지털 혁명은 왜 일어나는가

이제 **디지털 융합 기술로 인해 인간의 삶이 왜 '대변혁'을 맞이할 수밖에 없는지**를 살펴보자. 기술별 발전 단계와 파급효과를 일일이 논하기보다는 디지털 융합 기술의 공통된 특징과 그것이 가져오는 시너지를 중심으로 단순화하여 설명하고자 한다. 그리고 우리는 이미 그 키워드를 가지고 있다. 이 대변혁을 일컫는 **4차 산업혁명**의 가장 큰 특징은 바로 ①'**초연결(Hyper-Connectivity)**'과 ②'**초지능(Hyper-Intelligence)**'이다.

[1] 초연결: 언제나 '온라인'인 상태

디지털로 연결된 모든 것들은 인터넷에 연결하여 **온라인화**할 수 있다. 그렇기 때문에 연결이 많아지면 많아질수록 온라인의 규모와 영향력은 가늠할 수조차 없이 커진다. 그렇다면 미래의 우리의 삶이 대체 얼마나 연결되어 있기에 '초연결'이라고 하는 것일까?

우선 쉽게 생각할 수 있는 것은 '**사물과 디지털의 연결**'이라 할 수 있는 디지털 기기와 사물 인터넷(IoT)이다. 물론 이것들을 통한 '**사람과 사람의 연결**'인 온라인 활동도 있다.

인공지능과 블록체인 등을 통해 '디지털과 디지털을 연결'하거나 신경 기술을 통해 '사람과 디지털을 연결'하는 것도 늘고 있다. 미래는 말 그대로 '사물-디지털-사람'이 초연결된 '만물만인 인터넷(Internet of Everything & Everybody)' 시대가 된다. 이제는 더 이상 다운로드, 업로드 등을 구분하기 힘들 만큼 모든 사람과 모든 사물이 실시간으로 연결되어 데이터를 주고받는 시대가 되는 것이다.

아직 **만물만인 인터넷**에 대한 명확한 정의는 없지만 구성 요소를 중심으로 나름의 정의를 해보면 아래와 같다.

IoEE는 결국 'IoD(Internet of Digital) + IoT(Internet of Things) + IoH(Internet of Humans)'로 분류될 수 있는 **다양한 디지털 기기들의 연결의 총합이자, 이를 통한 사람-사물-디지털 간의 복합적 연결에서 나오는 데이터와 프로세스까지도 통칭**한 말이다.

거대한 IoEE 연결에 대한 통계 수치를 알고 싶은 독자들을 위해 몇 가지 예시를 보여주겠다.

먼저 전 세계 '**모바일 인터넷 이용자 수**'와 '**IoT 기기 수**'부터 보자. 세계이동통신사업자협회(GSMA)의 자료에 따르면, 전 세계 모바일 인터넷 이용자 수는 2018년 36억 명에서 2025년에는 50억 명으로 증가할 것으로 전망된다고 한다. 또한 커넥티드 카와 스마트 홈 같은 IoT 기기의 숫자는 2018년 91억 개에서 2025년에는 252억 개로 증가할 전망이다. **두 수치만 합쳐도 300억이 넘는다.** 실로 어마어마한 숫자다.

그럼 이 300억 개의 개체가 만들어낼 수 있는 연결, 즉 온라인 데이터의 양은 얼마나 될까? 도대체 상상조차 되지 않는다! 다만 빙산의 일각이라 할 수 있는 현재의 온라인 활동 수치를 예시로 살펴 보자. 산업 자료 관련 웹 사이트인 비주얼 캐피탈리스트에 따르면, 2018년 인터넷 세상에서는 단 1분 만에 약 2억여 개의 이메일이 발송되고, 약 4,000만 개의 메시지가 오고 가며, 100만 여 페이스북 로그인이 이루어졌다고 한다. 또 약 4,000만 개의 구글 검색과 4,000만 유튜브 영상 재생이 행해졌다. '**단 1분**' 만에 말이다!

인터넷에서 '단 1분' 만에 일어나는 일들

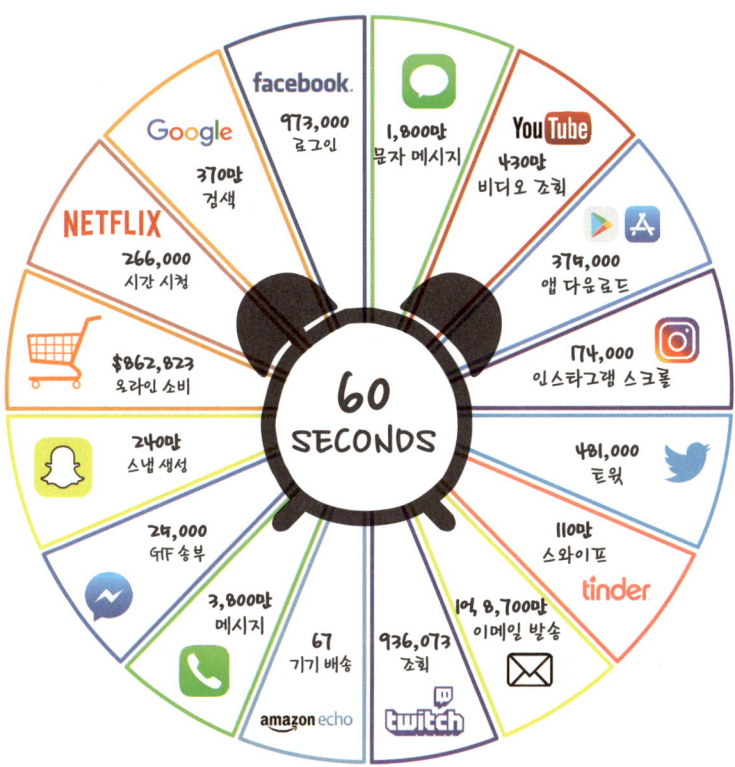

출처: Visual Capitalist, 2018

[2] 초지능: 인공지능 vs. 인간

미래의 '초연결' 세상에서, 상상조차 할 수 없는 규모의 데이터와 프로세스를 다룰 '초지능'에 대해 얘기해보자.

파트 I에서도 언급했지만, 우리 인간은 (적어도 우리가 알기엔) 그동안 지구의 최상위 종으로 군림해왔다. 각론으로는 이견이 있겠지만 가장 뛰어난 지능을 가진 종족이라고 할 수 있겠다.

그런데 앞에서 살펴본 인터넷상에서 일어나는 일들이나 디지털 전환에서 언급된 기업 내부의 공급망 네트워크 안에서 일어나는 일들, 즉, 데이터가 생성되고 처리되는 모든 과정과 결과를 사람이 얼마만큼 통제하고 예측할 수 있을까? 이미 우리는 이런 복잡한 처리 과정을 사람이 아닌 인공지능에 의존하고 있다. 물론 아직까지는 사람이 인공지능을 '통제할 수 있다'고 위안하면서 말이다.

그렇지만 점차 우려의 목소리가 커지고 있다. 테슬라와 스페이스X의 CEO인 엘론 머스크(Elon Musk)는 '창조주인 인간보다 더 강력한 지능'을 지닌 인공지능의 초지능성을 우려하며 "적어도 인간 독재자는 죽음을 피할 수 없지만 인공지능에겐 죽음이란 없다. 영원히 살 것이며 이는 인간이 피할 수 없는 불멸의 독재자를 접하게 된다는 것이다"라고 했다. 스티븐 호킹 박사는 "생물학적 두뇌와 컴퓨터 연산에서 성취되는 것 사이에 큰 간극이 있다고 보지는 않는다. 이론적으로 컴퓨터는 인간의 지능을 모방하고 초월할 수 있다"라고 말한 바 있다.

퀀텀 컴퓨팅(Quantum Computing)과 같이 기존 컴퓨팅 파워의 한계를 극복하는 기술이 나날이 발전하고 있고, 신재생 기술을 통해 화석연료의 제약에서 벗어나 에너지를 무한히 창출할 수 있는 세상이 도래하고 있다. 게다가 인공지능의 학습 능력을 좌우하는 디지털 데이터는 기하급수적으로 쌓여 이미 인간이 미처 처리할 수 없는 지경에 이르렀다.

인간의 지능과 능력을 벗어난 '초지능'이란 결국 이런 것을 우려하는 말이다. '사람-사물-디지털'이 초연결된 미래 세상에서 무수한 센서와 디지털 기기, 그리고 그것들과 연결된 사람들이 '실시간'으로 양산해내는 어마어마한 온라인 데이터를 처리하고 분석할 수 있는 능력 말이다. 결국 이러한 **초지능**은 '올웨이스 온라인(Always Online)'으로 불릴 수 있는 '미래 세상을 통제하고 예측할 수 있는 힘'이다.

'사람-사물-환경'의 초연결과 이들 간의 상호작용의 결과물인 '데이터', 그리고 그 모든 연결의 '디지털 프로세스'를 그림으로 나타내면 다음과 같다. 그리고 그러한 **'초연결'** 세상에서 하나하나의 모든 연결과 그에 따른 데이터를 **보고, 듣고, 분석하고, 통제하고, 예측**할 수 있는 힘은 **'초지능'**밖에 없다. 만물과 만인을 실시간으로 연결하는 방대한 데이터를 실시간으로 처리하는 것은 사람의 지능과 능력을 벗어난 일이지 않은가!

그렇다면 그 '초지능'을 가진 자들은 누구일까? 다행히 (아직은) 사악한 마음을 가진 독재자나 외계인은 아니다. 아직까지 그들은 인공지능 기술에 막대한 투자를 하고 있는 FAANG과 BAT, MS와 IBM 같은 인터넷 기업들이며, 미국, 중국, EU와 같은 국가들이다. 물론 전 세계 어디선가 불철주야 연구에 매진하는 개별 과학자들도 있다.

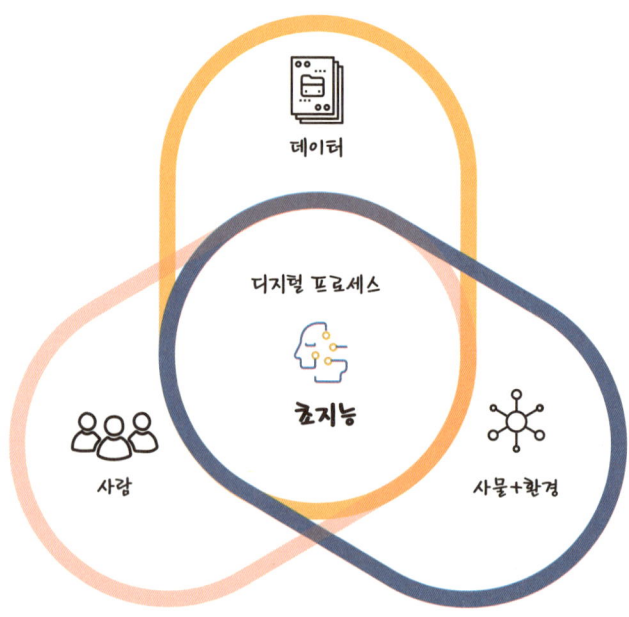

그러면 이들이 **우리 개개인의 삶에 왜 변혁을 가져올 수 있는지**를 예시를 통해 알아보자. 먼저 아래 표를 통해 미국 굴지 기업들의 주요 인공지능 사업 추진 현황을 살펴보자.

미국 주요 기업의 인공지능 사업 현황

		Google	Amazon	Apple	Facebook	Microsoft	IBM
칩	AI 칩	✓		✓			
애플리케이션	디지털 비서	✓	✓	✓		✓	✓
	챗봇	✓		✓	✓	✓	
	AI 서비스	✓	✓	✓	✓	✓	✓
	헬스 솔루션	✓					✓
	스마트홈	✓	✓			✓	
인프라 & 기술	커넥티드 카	✓					✓
	지능형 클라우드	✓	✓			✓	✓
연결성	AR/VR	✓	✓	✓	✓	✓	
	연결성	✓			✓		

출처: GSMA, 2018

표를 보면 가장 많은 영역에서 인공지능을 적용한 사업을 추진하고 있는 것은 '구글버스'의 주인인 구글이다. 겉으로는 '사악해지지 말자(Don't Be Evil)'를 모토로 내세우는 그 기업 말이다. 구글이 우리 개개인에 대해 얼마나 많은 것을 알고 있는지 아는가?

비주얼 캐피탈리스트의 자료를 빌리면, 구글은 자사 서비스를 이용하는 사람들의 데이터를 통해 아래와 같은 많은 정보를 가지고 있다. 구글을 사용하는 우리 개개인 모두에 대해서 말이다. 어쩌면 우리가 무의식적으로 하는 행동이라 미처 깨닫지 못하고 있는 세세한 것들조차 구글은 이미 알고 있을지도 모른다.

구글이 당신에 대해 알고 있는 것 (예시)

- **당신이 누구인지**: 외모, 음성, 정치·종교 성향, 건강, 가족
- **당신이 어디에 있는지**: 집, 직장, 방문·여행 장소 등
- **당신의 친구가 누구인지**: 메시지, 메일, 미팅, 통화 등
- **당신이 무엇을 좋아하고 싫어하는지**: 음식, 책, 영화, 매장
- **당신의 미래 계획**: 구매, 여행, 자녀 계획 등
- **당신의 온라인 활동**: 웹사이트, 앱스토어, 오픈랩, 북마크, 브라우저 세팅 방식 등

출처: Visual Capitalist

이러한 것이 왜 위험하고, 왜 우리의 삶을 변혁시킬 수 있는가?

'**지피지기(知彼知己)면 백전백승(百戰百勝)**'이라고 한다. 적을 알고 나를 알면 백 번을 싸워도 백 번 다 이긴다는 말이다. 누군가가 나보다 나를 더 잘 알면 당연히 나는 그 손아귀 안에 있을 수밖에 없다. 그것도 내가 의심하거나 인지하지도 못한 채로 말이다.

최근 전 세계를 시끄럽게 했던 페이스북 스캔들을 예로 들어보자. 이미 가짜 뉴스 여부를 개개인이 판단하기는 힘든 세상이 되었으니 이 사건의 진위를 논하기보다는 스캔들 자체를 놓고 얘기하자. 이 사건의 핵심은 데이터 분석 회사인 케임브리지 애널리티카(Cambridge Analytica)가 페이스북 사용자 수천 명의 데이터를 수집하고 분석하여 도널드 트럼프 대통령의 당선에 큰 도움을 주었다는 것이다.

그러니까 인공지능을 이용한 페이스북 사용자의 데이터 분석이 선거 결과에 영향을 미쳤다는 것이다. 당신의 일상생활의 데이터가 (당신이 전혀 의도하지는 않았겠지만) 인공지능을 가진 누군가에 의해 이용당하고, 그 결과가 (당신이 원했건 원하지 않았건) 당신의 삶에 영향을 미친다. 지금 트럼프 대통령이 연일 트위터와 뉴스를 달구며 추진하고 있는 강경한 정책들을 보라. 미국을 넘어 전 세계를 흔들어놓고 있지 않은가!

아직 구글이나 다른 기업들의 데이터 악용 사례는 발각되지 않았다. 그렇지만 때로는 발각되지 않는 것이 더 위험하다. 드러나지 않은 위험이기 때문에 우리가 의심 없이 받아들이고 자연스럽게 일상 속에서 사용하기 때문이다. 더 많이 더 오래 말이다. 그것이 어떻게 사용되고 활용될지도 모르는 채. 언젠가는 마치 영화 「트루먼 쇼」나 조지 오웰의 소설 『1984』처럼 나도 모른 채 내가 아닌 누군가의 의도대로 살게 되는 건 아닐까 하는 우려마저 든다.

우리는 스스로를 '합리적인 의사결정자'라고 생각한다. 그래서 **'인지혜택에서 인지비용을 뺀 인지가치'가 클 때 어떤 기술이나 서비스를 사용**한다. 물론 우리가 합리적인 의사결정을 하기 위해서는 혜택과 비용에 대한 정보가 충분해서 우리가 이를 '인지'할 수 있어야 한다.

그런데 점점 우리가 **어떤 기술이나 서비스에 대한 '비용'을 정확히 '인지'하는 것이 불가능**한 세상이 되고 있다. '무료'라는 구글 검색과 페이스북 서비스 뒤에 '이용자 데이터'라는 막대한 비용과 '데이터 악용'이라는 무서운 리스크가 도사리고 있을 줄 어떻게 알았으랴. 설사 그 비용과 리스크의 존재를 인지한다 한들, 무료로 누릴 수 있는 달콤한 혜택에 비해 그 비용이 얼마나 큰지를 과연 개개인이 제대로 파악할 수 있을까?

초지능 확보에 총력을 기울이고 있는 것은 비단 기업뿐만이 아니다.

미국, 중국, EU 등 **국가 차원의 인공지능 기술 경쟁이 치열하고, 인공지능을 활용한 국가 시스템 변화도** 이미 시작되었다. 이미 미국, 일본, 중국, 싱가포르, 영국, 독일, 프랑스, 캐나다, 한국 등 많은 나라들이 국가 차원의 인공지능 전략을 수립하여 추진하고 있으며, EU는 2018년 가을에 EU 차원의 광범위한 인공지능 전략도 발표했다.

일례로 EU는 공항의 혼잡도를 줄이고자 국제선 공항에서 입국자를 대상으로 '인공지능 거짓말 탐지기'를 도입하는 프로젝트를 진행 중이라고 한다. 2018년 11월부터 헝가리, 그리스 등 몇몇 국가에서 시범 테스트를 한다고 하는데, 의도한 대로 혼잡도가 줄었다는 명분만 있으면 대대적으로 확대할 기세다.

더 심한 예도 있다. 중국이다. 2017년 8월 '인공지능 국가 발전 계획(National Development Plan on AI)'를 공표한 중국 정부는 2030년까지 명실상부한 세계 최고 인공지능 국가로 자리매김하고, **중국 자체를 '지능 경제(Intelligent Economy)', '지능 사회(Intelligent Society)'로 변모시킬 것을 선언**했다. (왜 '지능 정치'가 빠졌는지는 설명 안 해도 다들 알 것 같다.)

그리고 그 일환으로 중국은 2020년까지 **'사회 신용 제도(Social Credit System)'**라고 불리는 새로운 개인 평가 제도를 도입한다고 한다. (마치 우버가 운전자 뿐 아니라 탑승객의 점수도 평가하여 공개하듯이 말이다.) 중국 정부의 계획에 따르면, 정부의 평가 결과 신용이 낮은 '나쁜 시민(Bad Citizen)'에게는 많은 제약을 가할 수 있다. 비행기나 열차에 타는 것도 제한을 받을 수 있고, 인터넷 속도도 저하될 수 있으며, 좋은 직장에 취업하거나 심지어 자녀가 최고 학교에 진학하는 것도 제한을 받을 수 있다고 한다. (중국 정부가 영화 「마이너리티 리포트」를 너무 진지하게 본 것이 아닌가 하는 생각이 들 정도다.)

다시 한 번 생각해보자. 결국 이 '사회 신용 제도'에서 개인의 신용을 평가하는 주체는 누구인가? 사람인가? 국가인가? 아니면 인공지능인가? 맞다. 인공지능이다. 미래의 어느 시점에선가 사람의 통제권을 완전히 벗어날지도 모르는 '초지능' 말이다.

이것이 우리가 우려하는 **'예측 불가한 미래'**이며, 인간이 **'자신의 삶에 대한 정확한 인지와 통제권을 잃어버릴 수도 있는 미래'**의 한 단면이다.

 **방식** | 디지털 혁명은 앞으로 어떻게 진행될까

설마 미래가 어떻게 바뀔지에 대한 완벽한 정리와 설명을 기대하는 독자는 없으리라 생각한다.

저자는 예언가도 아니고 소설가도 아니다. 다만 세상을 관찰하고 그에 대해 고민하는 것을 좋아하는 (다소 변태적인) '분석 덕후'이자, 그동안 대학원에서 학생들을 가르치며 생각하고 정리한 것을 독자들과 함께 공유하고 싶은 '오지라퍼'일 뿐이다.

저자가 지금 얘기할 수 있는 것은 **'미래가 어떻게 바뀌어 갈지'**는 결국 **'우리 사람들이 어떻게 의사결정을 하고 어떤 선택을 하는지'**에 달려 있다는 것이다.

결국 우리 사람들이 디지털로 인한 물리적 세상의 크고 작은 변화를 가져오는 **'주체이자 객체'**이고, 물리적 세상은 물론 디지털 세상의 경제·사회·정치를 좌지우지하는 **'소비자이자 생산자'**이다. 즉, 미래의 모든 일의 **'원인과 결과'**이자 **'가해자이고 수혜자'**이며 **'가해자이자 피해자'**는 바로 우리 자신인 것이다.

수많은 SF 영화들과 미래예측 서적들, 쉴 새 없이 쏟아지는 수많은 전문가들의 기대와 우려는 결국 **미래가 유토피아가 될 것인지, 아니면 디스토피아가 될 것인지**에 대한 것이라고도 볼 수 있다. 그리고 그 결과는 '**우리 개개인이 일상에서 무수히 부딪히는 수많은 의사결정과 선택이 야기한 결과의 총합**'이 될 것이다.

우리 개개인이 '더 나은 의사결정과 더 나은 선택'을 하기 위해서는 어떻게 해야 할까? 사람은 엄청나게 복잡한 생명체다. 게다가 개인별 성향과 특성의 차이는 '공통'이나 '균질'이라는 단어를 무색하게 만들어버린다. 고로 '**더 나은 의사결정과 선택**'의 기준은 철저히 개인의 인지와 판단에서 시작되어야 한다. 그렇기 때문에 앞서도 우리 사람은 '인지가치'에 따라 새로운 기술과 서비스를 선택적으로 받아들인다고 하지 않았는가?

다행히도 우리는 이미 '**합리적 의사결정**'을 위한 '**공통된 도구**'를 가지고 있다. 바로 '**경제학**'이나 '**경영학**'과 같은 학문이다. 이 두 학문은 개인과 기업, 또는 정부가 더 나은 의사결정을 위해 수백 년간 공들여 다듬고 또 다듬은 학문 아닌가? 우리는 이러한 학문을 우리 개인의 의사결정과 선택을 위해 보다 적극적으로 활용해야 한다. 개인이 기업과 사회와 국가를 이루는 핵심 요소이니 말이다.

그런데 경제학 원론이나 경영학 개론과 같은 학습 도구들은 주로 물리적 세상에 근거하여 쓰여졌기 때문에 앞으로 우리가 살아갈 '**디지털 융합, 올웨이스 온라인, 초연결·초지능 세상**'에 그대로 적용하기는 어렵다.

대학에서 경제학이나 경영학을 공부했던 독자라면, 지금 인터넷이나 IT 관련 회사에서 근무하며 경제·경영학에서 배운 것들을 적용해보고자 시도했던 독자라면, 또 혹시라도 경제·경영학에서 배웠던 것들을 개인의 진학이나 취업, 이직 등 인생의 의사결정에 적용해보고자 했던 독자라면 아마도 그 차이를 느껴본 적이 있으리라 생각한다.

이것이 (다소의 괴로움과 지루함이 예상됨에도 불구하고) **당신이 다음의 두 파트를 열심히 읽고 같이 고민해야 하는 이유다!**

I ♥ to Think

지금껏 우리는 디지털이 야기한 변화와 변혁을 차근차근 훑어보았다. 앞서 보았던 판도라의 상자 저 아래에서 '디지트'라는 씨앗이 뿜어내고 흩뜨린 것들이 이미 우리의 삶을 온통 뒤덮고 있는 것을 이제는 피부로 느끼고 있으리라 생각한다.

자, 여기서 **디지털 기술이 구현하려고 하는 것은 무엇일지** 잠시 생각해보자. 결국 무수히 많은 디지털 기술을 개발하고 적용하고 확산시키고 있는 것은 우리 사람이다. 우리는 왜, 무엇을 위해 기술을 개발하고 사용하는 것일까? 우리는 왜 디지털 세상을 물리적 세상으로 가져와 생물학 등 다양한 학문 영역과 융합하여 더욱더 광범위하게 디지털 기술을 활용하고자 하는 걸까?

여러 가지 답이 가능하겠지만, 저자는 우리 인간의 무한한 욕망에 비해 부족하기 짝이 없는 **세상의 많은 것들을 디지털 기술을 통해 '인공적으로(Artificially)' 만들어내고자 하는 것**이 근본적인 동인의 하나라고 생각한다. 이름부터 대놓고 '인공적으로 만들었음'을 드러내고 있는 '인공지능(Artificial Intelligence)'나 '인공현실(Artificial Reality(VR/AR)'처럼 말이다.

이외에도 다양한 형상의 로봇들은 결국 '**인공신체(Artificial Body)**'라고 할 수 있으며, (좀 단순화하여 말하자면) 블록체인 기술은 다양한 거래나 계약, 신용 등 '신뢰' 요소가 필요한 곳에 쓰이는 '**인공신뢰(Artificial Trust)**'라고 볼 수 있다. (블록체인 기술을 활용한 암호화폐는 '**인공화폐(Artificial Money)**'이며, 그중 비트코인은 '**인공금(Artificial Gold)**'이라고 할 수 있다.) 최근에는 생명공학과 연계한 '**인공생명(Artificial Life)**' 연구도 속도를 내고 있으며, 날이 갈수록 인공적으로 만들어낼 수 있는 것들 또한 계속해서 늘고 있다. 어쩌면 앞으로는 '인공적으로 만들어낼 수 없는 것'을 세는 것이 더 빠를지도 모르겠다.

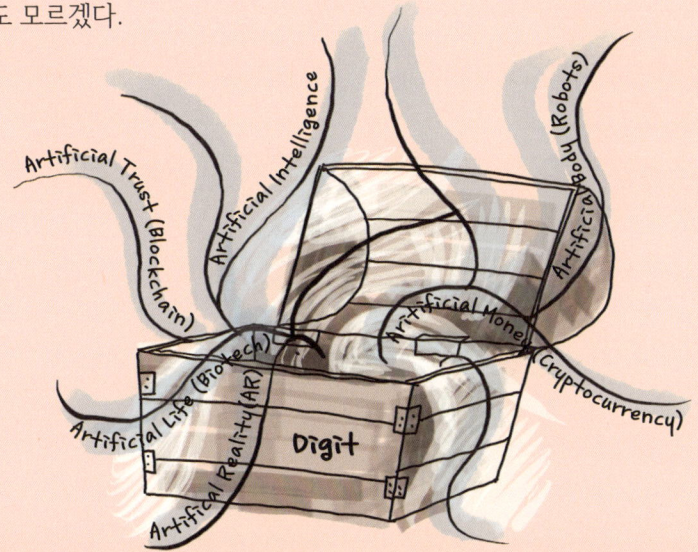

PART III

'인간 중심'으로 생각하면 달라지는 것들

무엇이 '희소'한가
사람들은 어떤 '가치'를 원하는가
가치를 어떻게 '창출'할 것인가
가치는 어떻게 '소비'되는가

08 무엇이 '희소'한가

일단 이 페이지를 펼친 당신을 격하게 칭찬하고 싶다. '더 나은 선택과 의사결정'을 위한 고민의 필요성에 공감하고 다소의 지루함과 괴로움을 감수하기로 한 당신이지 않은가! 다행스럽게도 저자가 이 책을 통해 다루고자 하는 것은 기존 경제학의 시시콜콜한 이론과 계산식이 아니다. 우리가 같이 고민하게 될 것은 **경제학의 근간을 이루는 원리와 원칙들이 미래의 '올웨이스 온라인' 세상에서는 어떻게 바뀌고 달라지는가**에 대한 것들이다. 그것에 대해 알아야만 바뀌는 세상을 보다 잘 이해하고, 그에 맞는 선택과 의사결정을 할 수 있기 때문이다.

19세기의 위대한 경제학자 앨프리드 마셜(Alfred Marshall)은 '경제학은 인간의 일상생활을 연구하는 학문'이라고 했고, 그레고리 맨큐는 '경제학은 한 사회가 희소 자원을 어떻게 관리하는지 연구하는 학문'이라고 했다. 결국 **경제학이란 우리가 희소 자원을 일상생활에서 어떻게 다루는지에 대한 연구**이다.

만약 자원이 희소하지 않았다면 선택의 어려움도 없었을 것이며 이를 연구하는 학문도 필요하지 않았을지도 모른다. 경제학의 근간은 '**자원의 희소성(Scarcity)**'에 있다. 그렇다면 이러한 **상대적 희소성**으로 인한 불가피한 선택으로는 어떤 것들이 있을까? 또 물리적 세상과 디지털 세상이 겹쳐진 '올웨이스 온라인' 세상에서는 무엇이 희소할까?

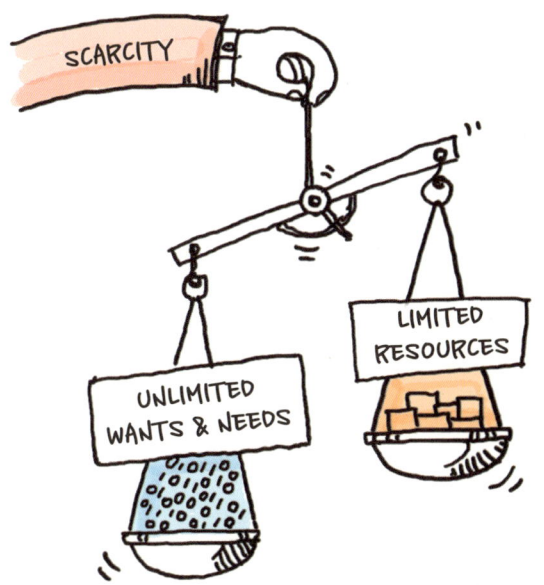

의사결정 | 생산자와 소비자가 마주하는 선택이라는 고민

이제부터 자원의 희소성이 경제를 구성하는 두 축인 생산자와 소비자의 어떠한 의사결정에 영향을 주는지 간단히 살펴보자. 먼저 기업으로 대변되는 경제의 **'생산자'**가 마주한 선택의 고민을 보자. 흔히 생산의 3대 요소로 불리는 토지, 노동력, 자본이 물리적 세상의 대표적 유한 자원이다. 그리고 이에 비해 기업의 욕구는 무한하므로 기업은 **'무엇을 생산할지'**, **'어떤 방식으로 생산할지'**, **'어떤 고객을 위해 생산할지'**에 대한 선택을 해야 하며, 이를 위해 포기한 모든 것은 기회비용이 된다.

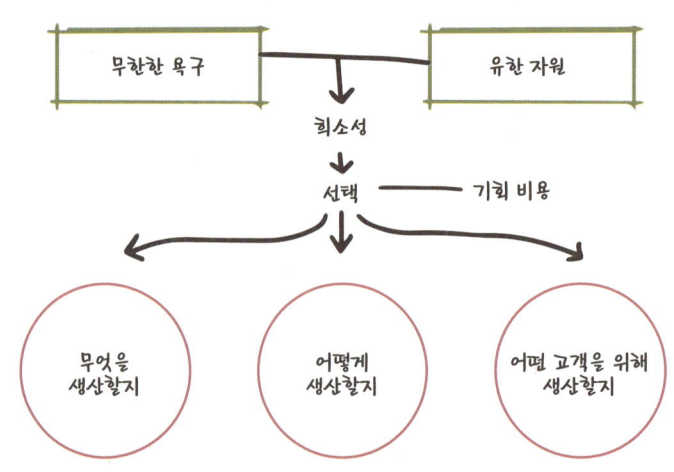

출처: Paul A. Samuelson, Economics 참고 재구성

선택의 기로에 놓인 것은 비단 '생산자'뿐이 아니다. 우리 **'소비자'** 역시 마찬가지다. 당신이 갖고 싶고, 하고 싶고, 먹고 싶은 것들을 모두 떠올려보자. 아마도 당신의 리스트는 끝도 없이 계속될 것이다. 인간의 욕구는 끝이 없기 때문이다. 문제는 이 모든 것들이 절대 '거저' 생기지 않는다는 것이다. 기업과 마찬가지로 우리 소비자에게도 자원의 한계가 있으니 말이다. 소비자에게 있어 한정된 자원이란 돈, 시간, 그리고 (돈을 벌 수 있는) 능력과 체력 등일 것이다. 그리고 우리는 자원의 희소성 때문에 **'무엇을 소비할지'**, **'어떻게 소비할지'**, **'누구로부터 소비할지'**를 선택해야 한다.

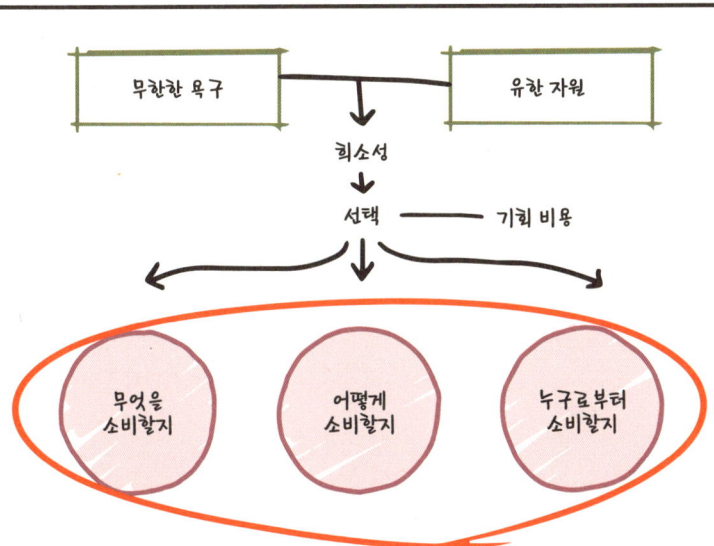

소비자의 주요 의사결정

자원

| '올웨이스 온라인' 시대에 희소한 자원은?

이제 '올웨이스 온라인'으로 대변되는 미래 세상의 희소 자원은 무엇인지 살펴보자. 설명의 편의를 위해, 물리적 세상의 대표적 유한 자원인 토지, 노동력, 자본을 직접 다루던 '생산자' 측면에 초점을 맞춰 얘기하고자 한다.

미래 세상은 물리적 세상과 디지털 세상이 오버랩된 세상이므로 (물리적 세상에만 초점을 두었던 기존의 경제학과 달리) 우리는 두 세상의 자원을 모두 고려해야만 한다. 이제 두 세상의 자원을 놓고 무엇이 더 희소하고 가치 있는가를 냉정하게 생각해보자.

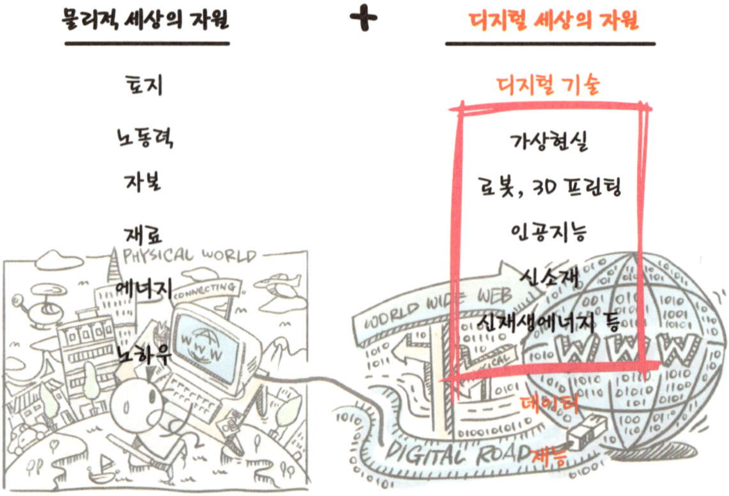

물리적 세상의 자원
토지
노동력
자본
재료
에너지
노하우

+

디지털 세상의 자원
디지털 기술
가상현실
로봇, 3D 프린팅
인공지능
신소재
신재생에너지 등
데이터
지능

이미 우리는 로봇과 인공지능이 노동력을 대체하고, 가상현실과 3D 프린팅을 통해 점점 더 적은 토지와 설비로 생산이 가능해지는 세상을 살고 있다. 그리고 물리적 세상의 가장 가치 있는 자원 중 하나였던 석유 가치의 하락과 함께 대표적 산유국들조차 태양광 등 재생에너지 사업에 열을 올리는 것을 목도하고 있다. 또한 지식에 기반한 노하우보다 '실시간 데이터'와 '디지털 기술' 그리고 이를 활용하는 '사람의 재능'을 필요로 하는 기업이 늘고 있다. 이미 **디지털 기술로 물리적 세상의 유한 자원을 상당 부분 인공적으로 만들어내거나 대체할 수 있기 때문이다**. 미래는 지금보다 더 많은 것들을 디지털 기술로 만들어낼 것이 분명하다. 그리고 **상대적으로 풍족해진 것은 희소가치가 떨어지게 마련**이다.

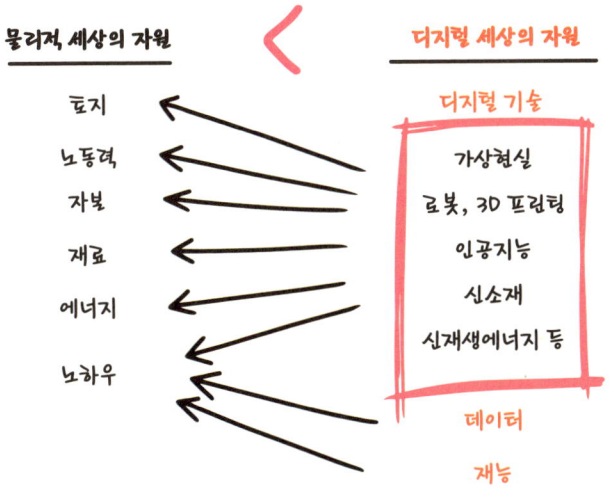

데이터 | 어떤 데이터가 희소하고 가치 있는가?

결국 미래 세상에서 가장 희소하고 가치 있는 자원은 **'데이터'**와 이를 만들어내고 활용할 수 있는 **'사람의 재능'**이라고 할 수 있다.

여기서 한 가지 분명히 하고 넘어가야 할 것은 **'어떤 데이터가 희소 가치가 있는가'**이다. 생각해보면 우리는 이미 무료로 다양한 뉴스, 검색, 날씨, 지도, 대중교통, 고속도로 상황 등 수많은 디지털데이터를 이용하고 있다. 물론 어느 기업의 어떤 서비스를 이용하는지는 개인마다 차이가 있지만 말이다. 이런 데이터들은 사실상 누구든지 언제든 사용할 수 있는 공공재처럼 여겨지고 있으며, 실제로 정부나 시 차원에서 공익 서비스로 제공하고 있는 것들도 상당하다. 그리고 정보의 홍수라는 말이 나올 만큼 풍부하고 누구나 얻을 수 있는 데이터는 희소가치가 없다.

그렇다면 '희소한 데이터'는 과연 어떤 것일까? 다양한 대답이 가능하겠지만, 저자는 구글, 페이스북, 아마존, 바이두, 알리바바, 텐센트 등 거대 인터넷 기업들이 각종 무료 온라인 서비스를 앞세워 실제로 얻고자 하는 데이터라고 생각한다. 그렇다. 그건 바로 **당신에 대한 데이터**, 즉 **'이용자 데이터'**다.

왜 그럴까? 모든 생산자에게 있어 이용자 데이터란 결국 **'잠재적 소비자 데이터'**이기 때문이다. 그리고 이는 당신에 대한 **'개인 데이터'**이기 때문에 다른 개인정보와 마찬가지로 당신의 동의하에서만 제한된 용도로 사용될 수 있는 희소한 데이터이다.

사람의 수는 (특히 소비할 여력이 되는 사람의 수는) 한정되어 있다. 그리고 사람이 소비할 수 있는 돈과 시간 역시 유한하다. 그렇기 때문에 모든 생산자들이 예비 소비자인 당신에게 조금이라도 더 가까이 다가가 당신의 일상생활과 머릿속을 들여다보고 싶어서 안달인 것이다. 모든 것이 실시간 온라인으로 연결된 세상에서는 더욱 그러하다. 그래야만 시시각각 변하는 당신의 마음을 알아채고 당신의 다음 행동을 미리 예측하여 그에 맞는 상품·서비스와 광고를 제시할 수 있을 테니 말이다.

당신이 유한 자원인 '시간'을 소비하여 만들어낸 '이용자 데이터'가 어떻게 기업의 희소 자원으로 둔갑하여 매출을 일으키는 '재화와 서비스'가 되는지를 한번 살펴보자.

대표적 무료 인터넷 서비스 기업인 구글과 페이스북의 예를 보자. 이용자에게 단 한 푼도 받지 않는 두 기업은 무엇으로 돈을 벌까? 바로 광고다. 시장조사 기관인 스태티스타에 따르면, 2017년 **전 세계 온라인 광고 시장에서 구글(44%)과 페이스북(18%)이 차지하는 비중은 무려 61%**나 된다고 한다. 그렇다면 두 기업의 총매출에서 광고 수익이 차지하는 비중은 얼마나 될까? 아래의 그림을 보자.

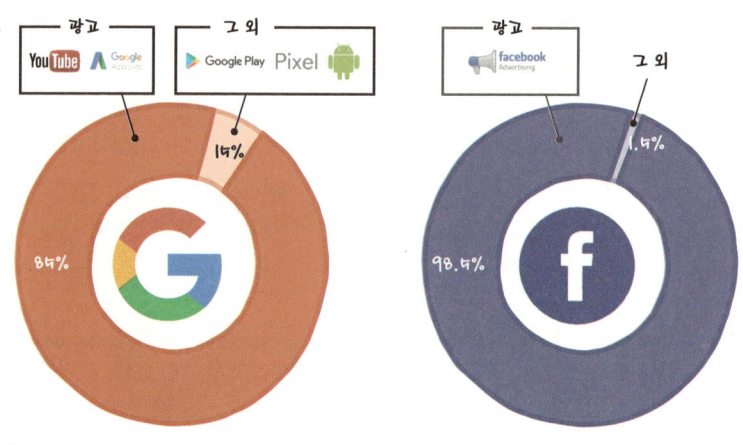

구글과 페이스북의 매출원 비교 (2018년 말 기준)

출처: 각 사 IR 자료 재구성

좌측 그림에서 보듯 구글의 2018년 총매출의 85%가 광고 수익이었다. 구글의 모회사인 알파벳(Alphabet) 그룹 차원에서 봐도 숫자는 크게 달라지지 않는다. 구글을 제외한 나머지 모든 자회사 매출을 다 합쳐도 그룹 총매출의 1% 수준에 불과하기 때문이다.

페이스북의 경우는 더 심하다. **2018년 페이스북 총매출의 무려 98.5%는 광고 수익**이었다. 메리 미커 보고서에 따르면, (2018년 1분기 기준) **페이스북의 연간 수익을 전체 이용자수로 나눠서 계산하면 온라인 유저 1명당 광고 매출 효과가 약 34달러**(한화 약 3만 7,000원)에 달한다고 한다. 당신이 무료라고 생각했던 서비스의 대가는 사실상 당신의 '개인 데이터'였던 것이다. 그것도 연간 34달러씩이나 되는!

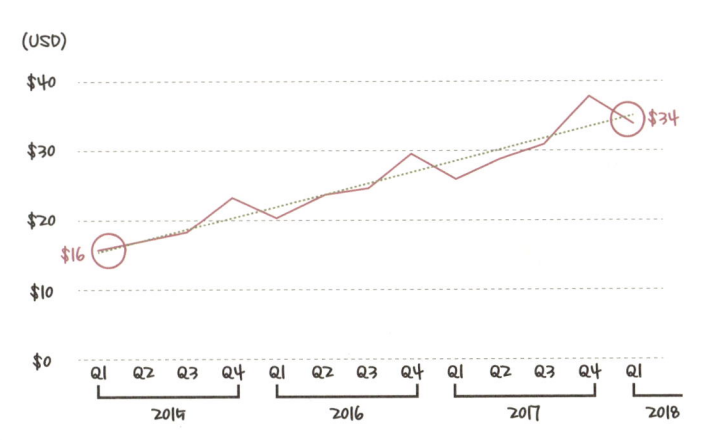

출처: Mary Meeker, 2018

이용자 데이터, 즉 개인 데이터는 비단 기업에게만 희소한 자원이 아니다. 지금은 **데이터 자원과 이를 활용하는 능력이 국가 경제에서도 가장 중요한 부의 창출 수단**이 되고 있다. 이용자 데이터를 기반으로 인공지능 등 다양한 디지털 신기술 혁신이 이뤄지고, 이를 무기로 하는 기업과 국가가 시장 기회를 선점하고 독점할 수 있기 때문이다.

인터넷이 상용화되고 데이터 시대가 열린 지는 30여 년에 불과하다. 짧다면 짧은 그 30여 년 동안 인터넷은 물리적 세상의 오래된 규칙을 송두리째 뒤흔들어놓았다. 이미 세상은 이용자 데이터를 가진 GAFAM(Google, Amazon, Facebook, Apple, Microsoft)과 BAT 같은 기업들의 차지가 되었고, 이러한 기업들을 가진 미국과 중국 간의 패권 다툼이 치열하다.

유럽도 이대로 포기할 수는 없다며 EU 차원에서 반격에 나섰다. 2018년 5월 25일부터 시행된 '**일반개인정보호규칙(General Data Protection Regulation, GDPR)**'이라는 무기를 내세운 것이다. 유럽위원회, 유럽의회, EU의사회 간 협상을 통해 최종적으로 채택된 GDPR은 규칙으로서 EU 전역에서 직접적으로 적용된다. 원칙적으로 EU 회원국 간 개인정보보호의 법적 차이가 제거된다.

GDPR은 많은 전문가들로부터 '인터넷이 생긴 이래 가장 강력한 개인정보보호규정'이라고 평가받는다. 관련 조항만 99개에 달할 정도로 적용 범위와 내용이 광범위해서 대응하기가 매우 까다로울 뿐 아니라 EU 내 거주자의 개인정보를 처리하는 기업이면 전 세계 어디에 있든 상관없이 적용되기 때문이다.

가장 무서운 것은 GDPR을 위반한 기업에 부과되는 과징금이다. 위반 사항의 경중에 따라 **위반 기업은 전년도 전 세계 매출의 4% 또는 2,000만 유로(약 260억 원 상당) 중 '더 높은 금액'을 과징금**으로 내야 할 수도 있기 때문이다! (전 세계 매출의 4%라니! 이쯤 되면 대놓고 누군가를 타깃으로 한 덫이라고 볼 수도 있을 것 같다.)

재능 | 가치를 창출하는 사람의 재능

'이용자 데이터'이자 '개인 데이터'는 이미 우리가 사는 세상의 가장 희소하고 가치 있는 자원이 되었다. 이는 '잠재적 소비자 데이터'이기 때문에 그 자체로도 막대한 광고 수익을 가져다줄 만큼 가치가 있다.

그러나 **이용자 데이터의 진가는 모든 디지털 기술의 '혁신'과 '대중화'를 가능케 하는 핵심 경쟁력**이라는 데 있다. 마치 지난 세기에 석유가 모든 산업을 일으키는 경제의 젖줄이었듯이 말이다. 그렇기 때문에 **데이터 자체와 함께 이를 활용하여 가치를 창출해내는 '사람의 재능'** 역시 희소하고 가치 있는 자원이 되었다.

이런 이유에서 최근 '재능주의가 새로운 자본주의다(Talentism is the New Capitalism)'라는 말이 심심치 않게 들린다. 세계경제포럼의 창립자인 클라우스 슈밥 회장은 지난 2012년 세계경제포럼에서 물리적 세상의 가장 중요한 생산요소였던 **자본이 점차 '창의력'과 '혁신 능력' 같은 사람의 재능으로 대체**되고 있다고 지적한 바 있다. 그리고 만약 사람의 재능이 가장 결정적인 경쟁력을 갖는 요소라면, 그것이 바로 **자본주의가 재능주의로 대체**되고 있는 증거라고도 언급했다.

재능으로 대체되는 것은 자본뿐만이 아니다. 과거의 지식도 상당 부분 그러하다. 그동안 우리는 물리적 세상의 희소 자원을 어떻게 활용하여 가치를 창출하는지에 대한 지식, 즉 노하우를 배우기 위해 오랜 시간 학습해왔다. 그런데 앞으로 다가올 세상은 예측이 불가능한 불확실한 세상이다. 생산요소와 수요·공급의 변화를 미리 알 수가 없는데 과거의 노하우가 무슨 소용이랴. 이제는 **시시각각 변화하는 불확실한 환경에 유연하게 대응하며, 카멜레온같이 적재적소에서 가치를 창출해내는 '창조적 재능'**이 필요한 시대이다.

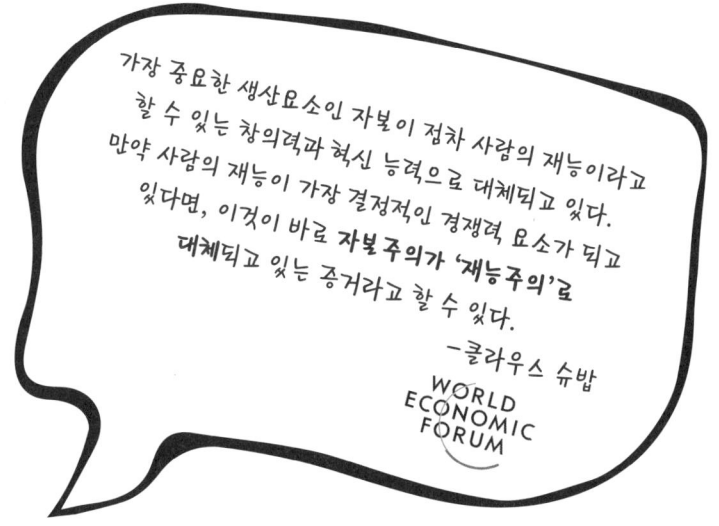

가장 중요한 생산요소인 자본이 점차 사람의 재능이라고 할 수 있는 창의력과 혁신 능력으로 대체되고 있다. 만약 사람의 재능이 가장 결정적인 경쟁력 요소가 되고 있다면, 이것이 바로 **자본주의가 '재능주의'로** 대체되고 있는 증거라고 할 수 있다.

— 클라우스 슈밥
WORLD ECONOMIC FORUM

재능은 말 그대로 '**어떤 일을 하는 데 필요한 재주와 능력**'을 말한다. 재능은 타고난 능력도 있고, 훈련에 의해 획득된 능력도 있다. 특히나 '**희소한 재능**'이란 사회적 수요에 비해 공급이 상대적으로 부족한 것을 말하니, 기술의 발전과 사회의 변화 양상에 따라 계속해서 변할 수밖에 없다. 즉, 인공지능과 로봇으로 대변되는 디지털 기술이 사람의 재능을 얼마나 빠르게 '자동화'하는지에 따라서도 희소한 재능은 그때그때 다르게 정의될 수 있다는 것이다.

예를 들어보자. 한때 희소한 능력의 하나로 꼽히던 변호사의 법률 전문성도 이제는 인공지능 알고리즘에 밀리는 신세가 되었다. 최근 인공지능 스타트업 기업인 로긱스(LawGeex)는 미국 최고 변호사 20명과 자사 인공지능 알고리즘 중 누가 더 정확하게 계약서를 검토했는지를 비교하는 실험을 진행했다. 실험에 참여한 로긱스의 인공지능 알고리즘은 실험 전 수만 건의 계약 문서를 학습했고, 이에 대항하는 인간 변호사는 미국 유수의 기업과 로펌에서 수십 년간 계약서 검토 업무를 해온 전문가들이었다.

총 5건의 기밀유지협약(NDA, Non-Disclosure Agreement) 계약서를 검토해 오류나 수정 사항을 찾는 실험을 한 결과, 인공지능은 94%의 정확도로 계약서를 분석했다. 반면 인간 변호사 20명의 평균 정확도는 85%에 그쳤다. 그리고 인공지능은 단 26초 만에 5개 문서를 검토했지만, 인간 변호사의 경우 평균 1시간 32분이 소요되었다.

(그것도 인공지능이 물 한 방울 안 마실 때 인간 변호사는 무려 12잔의 커피를 소비하면서 말이다!)

이렇듯 인공지능 기술이 인간의 능력을 대체하는 현상은 비단 법률 분야만의 일이 아니다. 의료, 회계, 재무 등 다른 전문 분야는 물론이고, 음악, 미술 등 예술 분야까지 사실상 인공지능의 범위가 닿지 않는 영역이 없다. 세계경제포럼은 최근 「직업의 미래(The Future of Jobs)」라는 보고서를 통해 **2022년에는 인간 노동력의 42%가 기계로 대체**될 것이라고 예측했다. **2025년에는 그 비율이 52%에 육박**할 것이라는 암울한 전망과 함께 말이다.

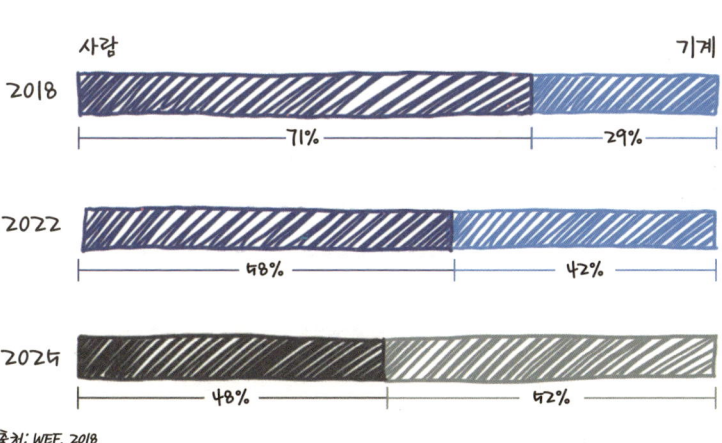

출처: WEF, 2018

결국 미래의 희소한 재능이란 '디지털 기술이 대체할 수 없는 재능'이며, '기술과 데이터를 활용해 고객 가치를 창출하는 재능'이 아닐까? 특히 잠재적 소비자인 이용자 데이터가 희소한 것과 같은 이유로, 이들의 **미래 소비를 좌우할 수 있는 창조적인 지혜를 찾는 능력**은 **여전히** 희소할 것이다. 아래 'DIKW(Data-Information-Knowledge-Wisdom) 피라미드'에서 알 수 있듯 지식을 넘어선 '**논리적 직관(지혜)**'은 사람도 쉽게 도달하기 어려운 희소한 재능이다. 그렇기 때문에 당연히 인공지능으로 알고리즘화하기는 매우 어렵다.

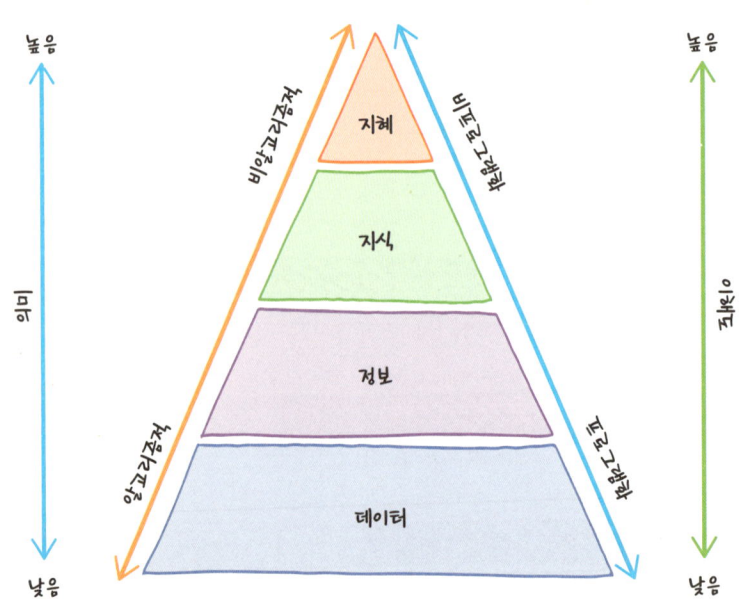

DIKW 피라미드

출처: Jennifer Rowley, The Wisdom Hierarchy 참고 재구성

왜 그럴까? 지혜를 얻기 위해서는 다양한 지식, 정보, 데이터에 대한 포괄적인 이해가 선행되어야 하기 때문이다. 정보가 단순히 데이터 간의 '상관관계'를 파악하는 것이라면, 지식은 정보 사이의 '패턴'을 파악하는 것이다. 이에 반해 지혜는 현상을 꿰뚫는 근본적인 '동인'과 '미래 방향성'을 제시한다. 또한 지혜는 종합적인 이해 능력에 기반한 논리적이면서도 창의적인 '직관'을 요한다. 그렇기 때문에 '**미래의 고객 가치**'에 대한 희소한 직관과 지혜가 있는 소수의 개인과 기업이 혁신을 주도하고 시장을 독식하는 것이다.

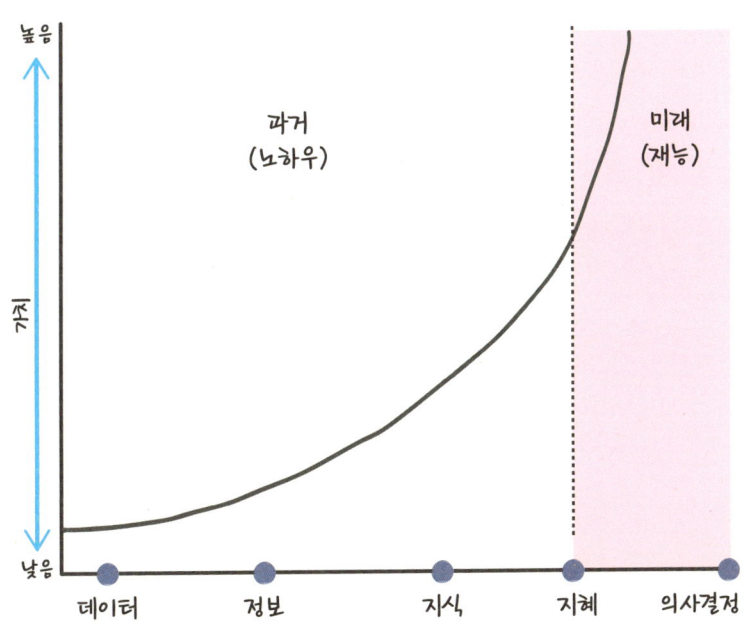

여기까지 읽고 나면 다들 궁금증이 생겼을 것이다. **잠재적 소비자의 마음을 좌우할 '고객 가치'란 대체 무엇인가** 하는 궁금증 말이다. 그것도 티핑 포인트를 넘어 다수의 고객에게 어필할 수 있는 대중성 있는 고객 가치란 과연 무엇일까?

다음 페이지를 펼치기 전에 우선 잠재적 소비자의 한 명인 당신 자신에게 물어보자. 당신이 돈과 시간이라는 한정된 자원을 소비할 때 가장 중요하게 생각하는 가치는 무엇인지를, 그리고 당신의 무한한 욕구를 최대한으로 충족시킬 수 있는 현명한 의사결정에 어떤 가치들이 영향을 미치는지를 말이다.

무엇을 소비하건 간에 당신이 중요하게 생각하는 공통된 가치가 있다면 옆의 빈칸에 적어보자. 아니면 지금 가장 소비하고 싶은 어떤 것을 정하고, 이와 관련된 여러 가지 옵션들을 비교할 때 당신이 어떤 가치들을 놓고 고민하는지를 적어보자.

I ♥ to Summarize

희소성이란 우리가 무엇인가를 원하는 만큼 다 가질 수 없다는 것을 의미하며, **경제학**이란 결국 희소한 자원을 어떻게 관리하고 활용할지에 대한 선택을 연구하는 것이라고 할 수 있다. 그렇기 때문에 **미래 세상에서 무엇이 희소하고 가치 있는가**를 생각해보는 것이 매우 중요하다.

 다가오는 '올웨이스 온라인' 세상에서는 무엇이 희소한가?

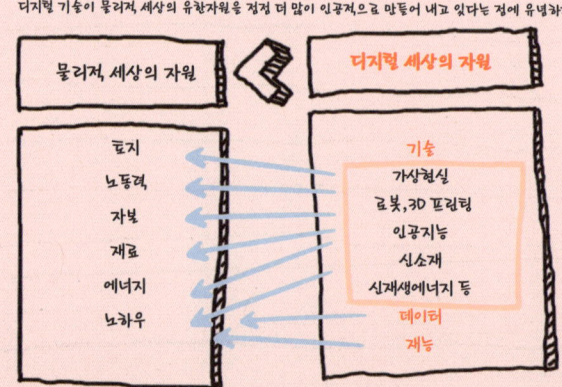

결국 '올웨이스 온라인' 세상에서 가장 가치 있는 희소 자원은 **데이터**와 이를 만들어내고 활용할 수 있는 **사람의 재능**이라고 할 수 있다. 과연 어떤 데이터, 어떤 재능이 희소한 것일까? 디지털 기술이 점점 많은 것을 대체하는 미래에서는 단순한 정보나 지식을 넘어서는 **지혜**가 필요하다!

09 사람들은 어떤 '가치'를 원하는가

당신이 적어둔 '가치 리스트'와 저자의 설명을 비교해보고 싶어 마음이 급하겠지만, 잠시 **경제학의 '수요'의 개념과 우리가 앞으로 얘기할 '고객 가치(Customer Value)'의 차이**부터 짚어보자. 그래야만 과거 물리적 세상의 시장 원리가 디지털 세상과 혼재되면서 어떻게 달라지고 있는지를 좀 더 명확히 알 수 있다.

본격적인 설명에 앞서 한 가지 양해를 구하자면, 본 책은 저자가 전달하고자 하는 메시지를 중심으로 과감하게 단순화하였다는 점이다. 수세기에 걸쳐 발전해온 '경제학'이라는 방대한 학문을 단 몇 페이지로 (갑론을박의 여지 없이) 요약하는 것은 불가능하다. 이 책에 기술한 저자의 관점과 설명은 앞으로 독자 여러분 자신만의 이해와 관점을 만들어가는 참고 자료로서 봐주길 바란다.

수요와 공급 | 구매와 판매를 전제로 하는 재화의 양

수요(Demand)와 공급(Supply)은 경제학에서 가장 자주 쓰는 용어다. 그런데 **경제학에서는 기본적으로 소비자가 상품을 '구매'하는 것을 전제**로 하기 때문에 사실상 '수요량'과 '공급량'을 얘기하는 경우가 대부분이다. 여기서 **수요량이란 '소비자들이 대가를 지불할 의사와 능력이 있는 재화의 양'**을 말하며, **공급량은 '판매자가 팔 의사와 능력이 있는 수량'**을 말한다. 그렇기 때문에 가격의 상승과 하락에 따라 수요량과 공급량이 달라지고, 이 둘이 만나는 지점에서 '시장 균형'이 발생한다. 그리고 이 지점의 가격과 수량이 균형 가격, 균형 거래량이 된다. 어디선가 본 기억이 있는 아래 그래프처럼 말이다.

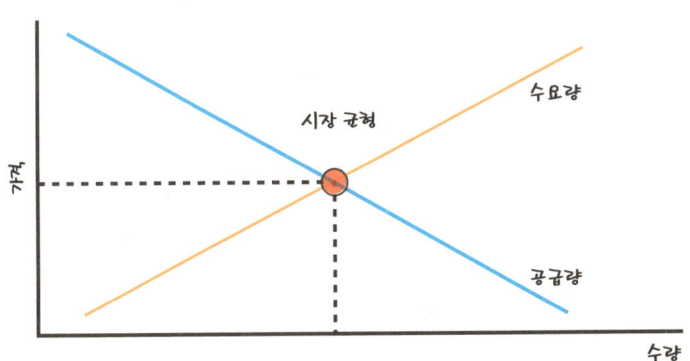

출처: N. Gregory Mankiw, Principles of Economics

사람들은 어떤 '가치'를 원하는가   173

아마도 지금쯤 스마트폰을 만지작거리며 고개를 갸우뚱 하는 독자들이 있을 것이다. 당신의 스마트폰 안에는 (수량도 가격도 없는) '무료 디지털 스트리밍 서비스'가 잔뜩 있으니 말이다.

대부분의 경제학 이론들은 인터넷이 등장하기 이전인 물리적 세상의 원리에 기반해 만들어졌다. 이 시기는 희소한 물리적 자원의 한계 속에서 최선의 선택을 통해 재화와 서비스를 생산했기 때문에 **경제학에서 수요와 공급을 바라보는 관점은 다분히 '생산자'에 초점**이 맞춰져 있다. 아래 그림처럼 제품의 **시장 가격**은 당연히 생산자가 제품을 만드는 데 쓴 **비용**보다 높아야 하며, 가격에서 비용을 뺀 차이가 **생산자 잉여**로도 불리는 기업의 이익이 된다.

이 시절에는 소비자에게 주어진 선택지가 그다지 많지 않았다. 인간의 욕구는 그때나 지금이나 무한하지만, 실제로 우리가 시간과 돈을 들여 소비할 수 있는 재화와 서비스의 종류는 물리적인 것들로 제한되어 있었기 때문이다. 그리고 소비자인 우리가 할 수 있었던 선택은 대개 '어떤 제품에 대해 주어진 가격을 받아들이고 구매할 것인가 말 것인가'의 여부뿐이었다.

요컨대 기존 경제학의 수요 개념은 사실상 우리 인간의 다양한 욕구와 이것이 충족될 때 소비자가 느끼는 가치에 중점을 둔 것이 아니다. 즉, 기존 경제학은 **생산된 제품의 가격 대비, 소비자가 해당 제품에 대해 느끼는 '지불 용의'에** 초점을 둔 것이다. 그리고 지불 용의와 제품 가격의 차이를 **소비자 잉여**로 정의했다.

디지털 재화 | 한계비용 제로의 풍족한 재화

그렇다면 기존 '생산자 관점'의 경제 패러다임에 지금처럼 소비자가 중심이 되는 '**소비자 관점**'이 더해지게 된 계기는 무엇일까? 가장 큰 이유는 인터넷의 확산과 디지털 기술의 발전일 것이다.

특히 디지털 재화는 (물리적 재화와 달리) 무제한으로 복제가 가능하며 고정비 외에 추가 비용이 거의 없다. 그렇기 때문에 **디지털 재화는 무수히 많은 사람들이 동시에 소비할 수 있는 '풍족한 재화'**이다. 물리적 재화와 디지털 재화의 고정비와 판매 가격이 동일하다고 가정한 아래의 그래프를 한번 살펴보자. 생산량 증가에 따른 매출은 동일해도 총비용 추이는 확연히 다르다.

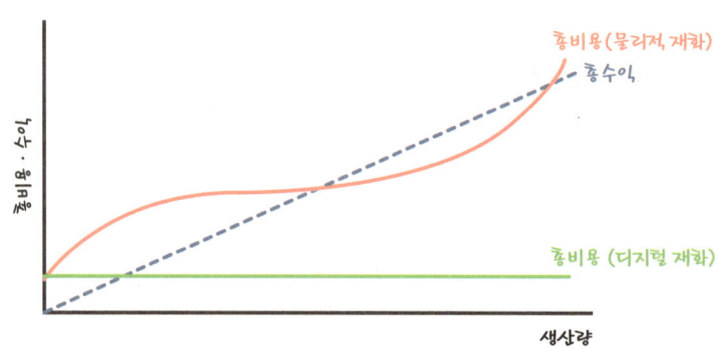

물리적 재화와 디지털 재화의 비용·수익 비교 (예시)

이해를 돕기 위해 예시를 구체화해보자. 어떤 '휴대용 게임기'와 '온라인 유료 게임'을 만드는 고정비가 같고, 게임기의 가격과 게임 다운로드 가격이 같다고 하자. 이 경우 게임기는 생산량이 늘면 이에 따른 비용도 계속해서 증가하지만, 온라인 게임은 아무리 많은 사람이 다운로드를 해도 추가 비용이 거의 들지 않는다.

이러한 '한계비용'의 차이만 따로 떼어 표현하면 아래와 같다. 즉, 물리적 제품은 생산량이 한 단위 늘어날 때마다 한계비용이 들지만, **디지털 재화의 한계비용은 제로**에 가깝다. 이는 곧 재화와 서비스가 거의 무료가 될 수 있다는 뜻이며, 더 이상 희소한 물리적 자원과 생산수단이 경제의 중심축이 아니라는 것을 의미한다.

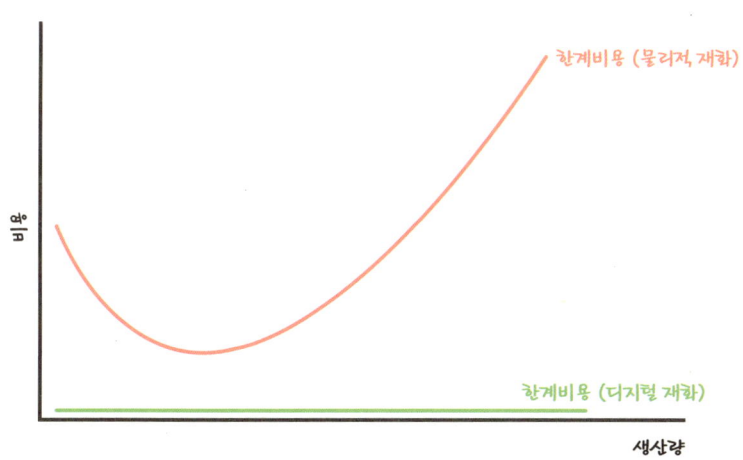

물리적 재화와 디지털 재화의 한계비용 비교 (예시)

고객 가치 요소 | 당신이 가치 있다고 생각하는 요소는 무엇인가

더 이상 우리 소비자는 주어진 선택지 안에서 구매 여부 만을 고민하지 않는다. 한층 풍족해지고 다양해진, 심지어 무료로도 이용할 수 있는 무수한 선택지를 놓고 무엇을 어떻게 소비할지를 고민한다. 이제 희소한 것은 유한한 수입과 시간을 가진 우리 소비자이며, 소비자의 선택이다.

이처럼 **소비자가 왕**인 시대가 되었고, 전통 기업이든 디지털 기업이든 너 나 할 것 없이 소비자의 간택을 갈망하고 있다. '**당신의 복잡한 욕구**'는 과연 어떤 것들인지, 그리고 '**당신이 가치 있다고 생각하는 요소**'는 과연 어떤 것들인지를 고민하면서 말이다.

드디어 당신이 작성했던 '가치 리스트'를 꺼내 볼 때가 되었다! 우측의 그림은 컨설팅 회사인 베인 앤 컴퍼니가 오랜 기간 동안 고객의 행동을 연구하고 분석하여 도출해낸 '**30개의 고객 가치 요소**'이다. 2016년 「하버드 비즈니스 리뷰(HBR)」를 통해 널리 알려지게 된 **고객 가치 핵심 요소는 '기능적', '감정적', '생활 변화적', '사회적 영향'이라는 4가지 피라미드 계위로 표현**된다. 앞서 당신이 작성한 리스트에 있던 가치 요소가 이 중에 몇 개나 있고, 또 어디에 속해 있는지 한번 찾아보고 비교해보자.

고객 가치 핵심 요소 피라미드

사회적 영향

생활 변화적

감정적

기능적

출처: HBR, 2016(© 2015 Bain & Company)

베인 앤 컴퍼니가 30개의 고객 가치 요소를 이처럼 4가지 계위의 피라미드로 표현한 것은, 우리에게도 널리 알려진 미국의 심리학자 에이브러햄 매슬로(Abraham Maslow)의 5단계 욕구론에 기반한 것이라 할 수 있다. 아래와 같이 매슬로의 5단계 욕구와 베인 앤 컴퍼니의 가치 요소를 나란히 놓고 보면 대략적으로 겹쳐진다.

즉, 사람은 가장 기본적인 생리적 욕구와 안전 욕구를 충족시키는 기능적 가치를 당연히 우선시하지만, 사랑이나 소속감과 같은 감정적 욕구와 그보다 더 상위 욕구인 자아 실현, 사회 변화 욕구를 충족하는 가치 역시 중요시한다는 것이다.

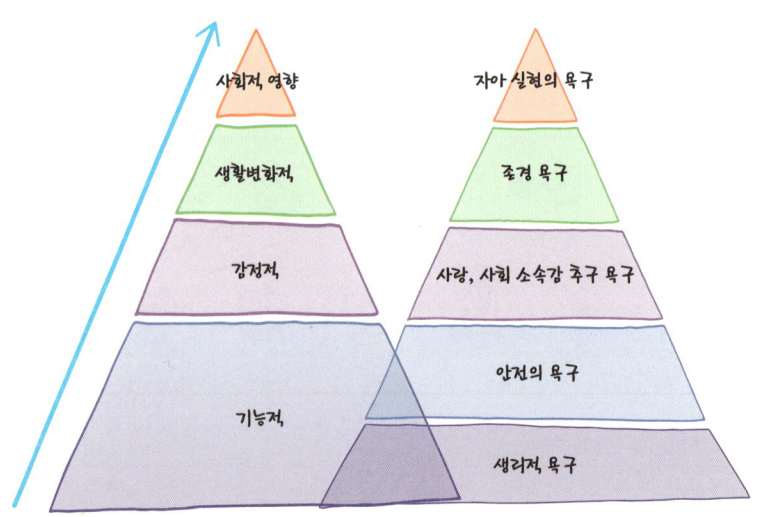

고객 가치 피라미드와 매슬로의 5단계 욕구 비교

보다 다양한 가치 요소를 충족시켜 주는 제품과 서비스, 기업이 더 높은 고객 만족과 충성을 끌어낸다. 그리고 그러지 못하는 경쟁사와의 차이는 점차 커질 수밖에 없다.

'고객 가치'와 '고객 경험'을 최우선으로 삼는 **아마존**이 대표적 예이다. 제프 베조스가 아마존의 사업 모델을 처음 구상할 때 냅킨 1장에 그렸다고 해서 유명해진 **아마존의 성장 모델 '플라이휠(Flywheel)'** 은 아마존의 고객 중심 전략을 뚜렷하게 보여준다. 소비자와 판매자라는 양면 시장의 고객 모두에게 비용을 낮춰 고객 경험을 향상시키게 되면, 이로 인해 더 많은 고객이 지속적으로 유입되어 비용 절감은 물론 선택의 폭도 저절로 넓어진다는 강력한 선순환 전략이다.

아마존의 선순환에 대한 제프 베조스의 냅킨 스케치

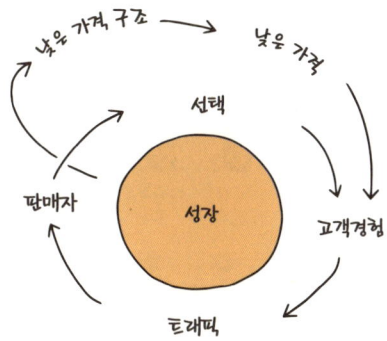

출처: Amazon

베인 앤 컴퍼니의 고객 가치 조사 결과를 보면, 가격과 선택 등 고객 경험에 집중하는 아마존의 플라이휠 전략이 얼마나 성공적인가를 알 수 있다. 2018년에 베인 앤 컴퍼니는 4만 5,000명이 넘는 고객을 대상으로 한 설문을 통해 고객 충성도에 영향을 주는 가치 요인들의 중요도를 2015년과 비교하여 분석하였다. 그 결과 아래 그래프와 같이 2018년에 중요도가 증가한 6개의 모든 고객 가치 항목(비용 절감, 다양성, 시간 절약, 수고 절감, 번거로운 상황 방지, 접근성 제공)에서 아마존이 다른 대형 유통사에 비해 우위를 보였다.

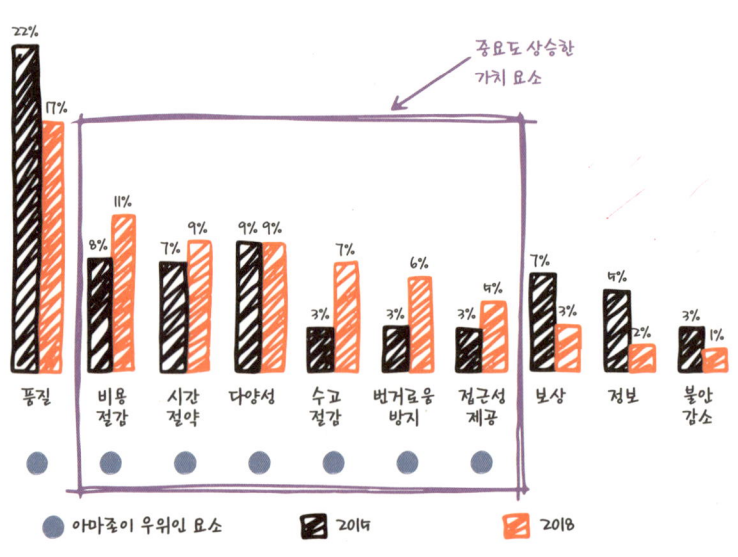

또한 아마존처럼 **다수의 확실한 고객 가치 요소를 제공하는 기업들은** 업종에 관계없이 높은 **고객 충성도**를 보인다는 결과도 증명되었다. 아래 그래표와 같이, 고객 충성도를 가장 잘 보여주는 지표의 하나인 '**순수고객추천지수(Net Promoter Score, NPS: 동료에게 추천할 의향이 있는 추천 고객에서 비추천 고객의 수를 뺀 점수)**'는 더 많은 고객 가치를 제공할수록 높아졌다. 또한 2015년에 비해 고객 가치 요소가 1개 줄어든 기업의 경우는 NPS가 5.4%p 감소한 반면 2개 이상 늘어난 경우는 NPS가 5.7%p 증가하였다.

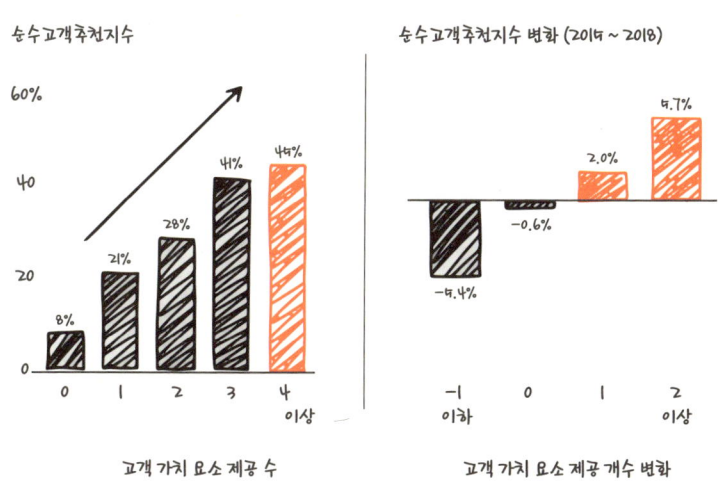

고객 가치 요소 제공 수에 따른 순수고객추천지수(NPS)

출처: Bain&Company, 2018

고객 인지가치 | 인지가치 = 인지혜택 + 인지비용

그럼 '고객의 인지가치(Perceived Customer Value)'를 종합적으로 **정리**해보자. 경제학, 경영학, 심리학 등 다양한 지식을 버무려서 말이다.

인지가치란 어떤 제품이나 서비스가 주는 기능적·감정적·물질적 혜택 등을 총합한 '인지혜택(Perceived Benefits)'에서 금전적 가격, 기회비용, 리스크, 감정 소모 등 '인지비용(Perceived Costs)'을 뺀 나머지를 말한다. 사실 이는 경제학에서 정의하는 소비자 잉여와 산식은 동일하다. 차이점은 경제학에서 단순히 **'지불 용의와 제품 가격'**만을 비교하던 것을 확대하여 '혜택과 비용'이라는 **'다양한 객관적·주관적 요소를 포괄'**해 비교하는 것이라고 할 수 있다. 쉽게 말하면 가성비(가격 대비 성능)에서 '가밸비(가격 대비 밸류)'로의 변화라고도 할 수 있다.

소비자 잉여 = 지불용의 − 가격

인지가치 = 인지혜택 − 인지 비용

그리고 앞서 베인 앤 컴퍼니의 자료에서 보았듯이 고객이 느끼는 가치는 성능이나 품질과 같은 기능적 요소뿐 아니라 인간의 5단계 욕구에 걸친 다양한 감정적·이상적 요소들도 있다. 게다가 개개인이 인지하는 가치의 중요도와 척도는 저마다 다르다. 그렇기 때문에 **'다수의 고객'에게 어필하는 '확실하고 다양한 인지 가치 제공'은 그만큼 어려운 일**이다.

그렇다면 소비자이자 생산자인 우리 모두는 앞으로 무엇에 집중해야 할까? 그건 바로 **'어떻게 하면 고객에게 더 나은 인지가치를 제공할 것인가'**를 찾아내는 일이다. '어떻게'에 대한 답을 찾기 위해서는 가격을 중심으로 생각하기 보다는 앞서 본 30개의 가치 요소를 활용하는 편이 쉽다. 따라서 수식을 이렇게 바꿔보자. 마이너스(−)와 마이너스(−)가 만나면 결국 플러스(+)가 된다는 것을 이용해서. 아래에서 보듯, 중요한 것은 고객을 위한 혜택을 창출하고 불만은 해결해 주는 것이다.

인지가치 = 인지혜택 − 인지비용

고객 가치 제고 => 인지 혜택 향상 + 인지 비용 절감
　　　　　　 => 혜택 창출 + 불만 해결

결국 앞서 살펴본 30개의 가치 요소는 아래 그림처럼 **23개의 '혜택 창출(Gain Creator)'** 요소와 7개의 '**불만 해결(Pain Reliever)**' 요소로 나눌 수 있다. 흥미롭게도 **가장 우선적으로 충족돼야 할 기능적 요소의 절반 정도가 '불만 해결'과 관련**되어 있다. 앞서 182쪽의 베인 앤 컴퍼니의 조사에서도 2018년에 중요도가 증가한 항목 6개 중 무려 5개가 불만 해결 요소였다. '파랑새는 집에 있었다'는 동화처럼, 고객 가치 제고는 의외로 우리가 무심하게 지나치는 작은 불만 요소들을 개선하는 데서 시작될 수 있다.

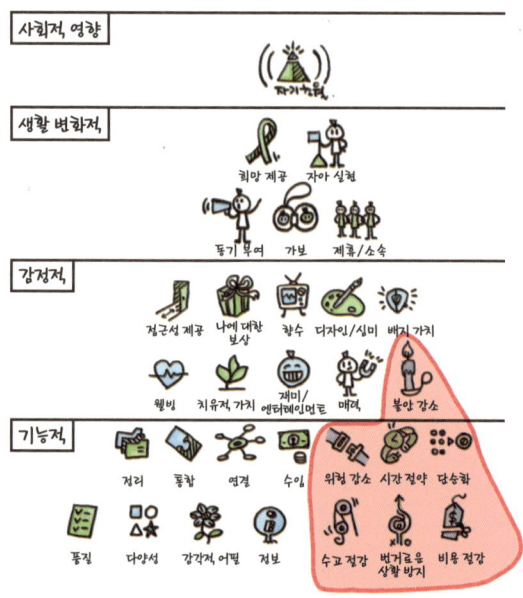

고객 가치 혜택 요소 vs. 불만 해결 요소

출처: HBR, 2016 (ⓒ Bain & Company, 2017) 재구성

고객 가치 제안 | 혜택을 창출하고 불만을 해결하는 법

요컨대 '어떻게 하면 고객에게 더 나은 인지가치를 제공할 것인가'에 대한 답은 '**고객에게 필요한 혜택을 창출해주고 불만은 해결해주는 것**'이라고 할 수 있다. 물론 고객이 어떤 일을 하고 어떤 것을 필요로 하는지에 따라 그때그때 혜택 요인과 불만 요인은 달라진다.

이렇듯 **복잡한 고객의 마음을 사로잡기 위한 '가치제안(Value Proposition)'**을 연습하는 좋은 방법이 있다. 2014년에 출간된 스트래티자이저(Strategyzer) 시리즈의 하나인 『가치 제안 디자인(Value Proposition Design)』이라는 책에 소개된 방법론에 따르면, **모든 것은 '고객 관찰'로부터 시작**되어야 한다. 당신이 가치를 제공하고자 하는 특정한 그룹의 특정한 니즈가 있는 고객군에 대한 면밀한 관찰 말이다. 이들의 '**고객 활동**'이 무엇인지에 대한 정의와, 이에 따른 '**혜택**'과 '**불만**'이 어떤 것인지를 파악하기 위한 관찰과 분석이 필요하다.

출처: Strategyzer, 2014 재구성

이해를 돕기 위해 '택시를 타고 이동'해야 하는 고객 활동을 예로 들어보자. 고객 활동은 택시 예약, 택시 찾기, 길 알려주기, 지불하기 등이 있을 수 있다. 그렇다면 이 고객 활동에 대해 고객이 느끼는 혜택과 불만은 어떤 것들일까? 택시의 빠른 도착, 제 시간에 목적지에 도착, 낮은 비용, 편리한 지불 절차, 친절한 기사 등이 **혜택 요소**가 될 것이다. 반면 택시 픽업에 걸리는 시간과 번거로운 지불 절차, 비싼 비용, 불친절한 기사 등은 **불만 요소**가 된다.

이러한 불만은 해소하고 혜택은 창출한 기업이 있다. 바로 우버다. 전 세계적으로 '우버화(Uberization)'라는 신조어까지 유행시킨 그 기업 말이다. 설명이 필요 없는 우버의 성공 모델에 대해 기업 SNS 서비스 야머(Yammer)의 창립자인 데이비스 삭스(David Sacks)가 아래와 같은 냅킨 스케치로 명쾌하게 설명한 적이 있다.

우버의 선순환에 대한 데이비스 삭스의 냅킨 스케치

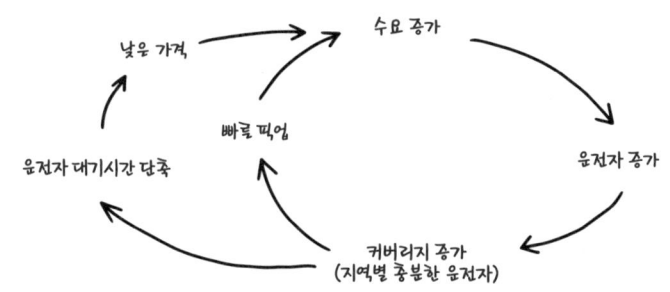

출처: Twitter

우버는 고객의 대표적인 불만 요소인 픽업 시간과 요금 문제를 모두 해결한 비즈니스 모델이다. 또한 플랫폼의 장점을 살려 소비자를 운전기사라는 '생산자'로 끌어들임으로써 수입을 창출하는 혜택 요소까지 더했다.

우버 운전자가 늘어나면 더 넓은 지역에 더 많은 차가 운행되고, 이는 곧 승객 입장에서는 픽업 시간이 빨라짐을 의미한다. 또한 빠른 픽업으로 인해 승객이 늘어나면 운전자 입장에서는 빈 차로 도는 시간이 줄어든다. 그리고 당연히 운전자가 많아지면 요금이 낮아지고, 요금이 낮아지면 승객이 더 늘어난다. 더 많은 승객을 태워 운행 횟수가 늘면, 운전자 입장에서도 요금을 좀 덜 받더라도 수입을 유지할 수 있게 된다. 결국 운전자와 승객이라는 양면 시장의 고객 모두가 불만은 해소하고 혜택은 더하는 선순환을 지속할 수 있다. 아마존의 플라이휠 전략처럼 말이다.

여기서 한 가지 암울한 마무리 말을 하자면, 갈대처럼 변하는 복잡한 고객의 마음을 한 번 사로잡았다고 해서 영원히 이를 유지할 수 있는 기업은 없다. 그렇기 때문에 아마존도, 우버도, 우리가 앞서 보았던 유수의 인터넷 기업들도 모두 스스로가 **스스로를 파괴하고 혁신하는** '**재창조**'와 '**셀프튜닝**'을 **지속**할 수밖에 없다.

I ♥ to Learn

베인 앤 컴퍼니 덕분에 명확하게 알게 된 30개의 고객 가치 요소를 활용하여 스트래티자이저의 **고객 가치 제안 캔버스**(Value Proposition Canvas)를 그리는 연습을 해보자. 많이 해보면 해볼수록, 또 이를 연습하기 위해 당신의 잠재적 고객을 관찰하면 관찰할수록 당신의 '**가치 창출 재능**'은 향상된다!

출처: Strategyzer.com 재구성

고객 가치 제안 캔버스

먼저 아래 그림처럼 타깃 고객군과 이들의 특정 고객 활동을 정하고, 이들을 면밀히 관찰하면서 세부 활동과 혜택, 불만 요소들을 정의해 보자. 그러고 나서 좌측과 같이 **가치 생산자로서 고객의 혜택은 늘리고 불만은 해결해주는 상품 및 서비스를 어떻게 제공할지**를 생각해 보자. (안다. 당연히 쉽지 않다. 쉬웠으면 '재능'이라고 칭했겠는가? Strategyzer.com에 가면 참고자료가 잔뜩 있다.)

I ♥ to Summarize

바야흐로 **소비자가 왕**인 시대다! 전통 기업이든 디지털 기업이든 너나 할 것 없이 누구나 **소비자의 간택을 갈망**하고 있다. 복잡하기 짝이 없는 고객의 욕구와 고객이 인지하는 가치 요소들을 파헤치려 골머리를 앓으면서 말이다.

 사람들은 어떤 '가치'를 원하는가?

 사람은 욕구가 충족될 때 가치를 인지한다. 매슬로의 5단계 욕구 피라미드와 베인 앤 컴퍼니의 가치 요소를 참고하자.

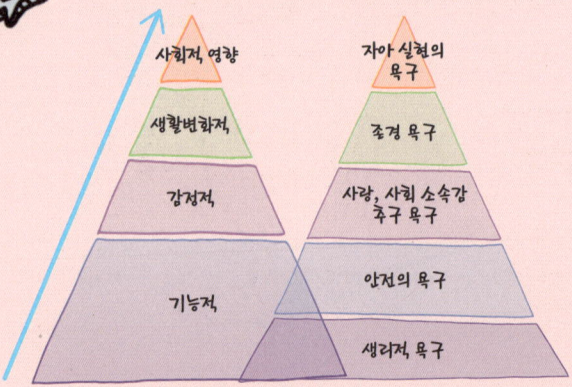

비단 기업들뿐 아니라 소비자이자 생산자인 우리 모두에게 **'어떻게 하면 고객에게 더 나은 인지가치를 제공할 것인가'**는 중요한 고민이다. 복잡하고 다양한 고객 가치 요소를 단순화하면 결국 **'혜택'**과 **'불만'** 요소로 나뉜다.

'혜택'을 창출하고 '불만'을 해결하자!

기존 경제학의 '지불 용의 – 제품 가격,' 개념을 확대하여, '인지 혜택 – 인지 비용'이라는 고객인지가치 관점에서 봐야한다.

| 소비자 잉여 | = | 지불용의 | − | 가격 |
| 인지가치 | = | 인지혜택 | − | 인지 비용 |

| 고객 가치 제고 | => | 인지혜택 향상 | + | 인지비용 절감 |
| | => | 혜택 창출 | + | 불만 해결 |

가치를 어떻게 '창출'할 것인가

지금까지 우리는 다가오는 '올웨이스 온라인' 시대의 희소 자원은 무엇이며, 고객이 어떠한 가치 요소를 원하는지를 살펴보았다. 그리고 이 과정에서 아마도 많은 독자들이 같은 생각을 했을 것이다. 디지털 기술이 모든 것을 지배할 것만 같았던 미래 경제 활동의 중심에는 역설적으로 우리 사람이 있다는 것 말이다. **희소한 것도 '사람의 데이터와 재능'이요, 경제의 중심도 결국 '복잡한 가치 요소를 가진 사람'** 이지 않은가!

몇 번이고 반복해서 강조하지만 우리는 모두 소비자이자 생산자이다. 따라서 '어떻게 가치를 소비할 것인가'에 대해서뿐 아니라 **'어떻게 가치를 창출하고 고객에게 전할 것인가'**에 대해서도 끊임없이 고민하고 연습해야 한다. 앞서 고객 가치 제안 캔버스에서 보았듯이 고객을 관찰하고 고객의 활동과 관련된 다양한 불만과 혜택 요소를 파악하는 것이야말로 이러한 연습의 시작이다. 물론 '구슬이 서 말이라도 꿰어야 보배'라는 말처럼 고객의 가치 요소를 파악하는 것에서 끝나서는 안 된다. **다양한 가치 요소를 꿰어서 상품 혹은 서비스로 만들어 고객에게 실제로 전달하는 것이 중요**하다.

그런데 사람이 하는 활동이 워낙 다양하고, 그 활동마다 개인이 인지하는 가치 요소는 매우 다양하다. 또한 디지털 기술의 발전으로 인해 이러한 복잡한 가치 요소를 충족시킬 방법도 날로 다양해지고 있다. 그렇기 때문에 '어떻게 가치를 창출하고 전할 것인가'에 대한 답도 천차만별일 수밖에 없다. 최첨단 스마트폰과 스마트 가전을 만드는 것이 가치 창출 방법인 사람도 있고, 자율주행 전기차와 로켓을 만드는 것이 방법인 사람도 있으며, 유튜브에 재미있는 동영상을 올리며 가치를 만드는 사람도 있다. 공통점이 있다면 **모두 다 저마다의 방식으로 저마다의 가치를 창출하여 고객에게 전달하고자 한다**는 것뿐이다.

고객에게 향하는 다양한 방법을 모두 다 살펴보면 좋겠지만, (책 분량을 고려해서) **물리적 세상의 대표적 생산자인 '제조업'을 중심으로 '가치를 생산하고 전달하는 방식'이 어떻게 달라지고 있는지를 설명**하고자 한다. 디지털 세상의 도래로 인해 가장 큰 변화를 겪고 있는 분야가 바로 제조업이기 때문이다.

전통 제조업 | 전통적인 제조업의 생산방식

먼저 전통적인 제조업의 생산방식을 살펴보자. 그동안 많은 제조업체들이 취해온 방식은 물리적 자원을 채취하여 제품을 생산하고, 다양한 유통망을 통해 고객에게 전달하는 것이었다.

대형 마트에 진열되어 있는 각종 식품, 의류, 학용품, 주거용품 등을 떠올려보자. 모두 이러한 방식으로 생산 및 유통되어 저마다의 가치를 뽐내며 우리의 선택을 기다리고 있다. 아래 그림처럼 말이다.

자원과 노동력이 희소했던 과거에는 '**전문화**'를 통해 '**비교우위**'를 **극대화**하는 것이 제품 가치를 높이는 최선의 선택으로 여겨졌었다. 이에 따라 산업, 업종, 노동자의 역할도 세분화되었고, 상대적으로 저렴한 노동력과 자원을 활용하기 위해 생산 업무의 일부를 해외 기업에 위탁하는 '**역외 아웃소싱**'도 급증하였다.

이는 제품을 생산하여 고객에게 전달하는 과정이 매우 복잡하고 길어졌다는 뜻이기도 하다. 이렇게 **원자재부터 시작되어 제품을 생산하고 유통하여 고객에게 전하는 생산 흐름을 '공급망'**이라고 한다. 아래 그림의 예시와 같이 많은 단계와 업체들이 있으며, 분업화된 각 단계를 거치면서 제품의 가치가 증가한다.

전통적인 공급망 예시

공급망 구조를 보다 잘 이해하기 위해 어느 패스트 패션(Fast Fashion) 기업이 티셔츠를 생산하는 과정을 한번 가정해보자. 미국 본사에서 세심한 고객 조사를 통해 고객 가치에 부합하는 새로운 소재와 디자인의 티셔츠를 제작하기로 했다고 하자. 여기까지는 사무실 안의 일이다. 실제 티셔츠가 만들어지는 긴 여행은 미국 텍사스의 면사 농장에서 시작된다. 엄선된 면사는 배를 타고 중국을 거쳐 옷감 형태로 가공되고, 방글라데시에 이르러서야 실제 티셔츠로 대량생산된다. 그리고 이 티셔츠들은 다시 태평양을 건너 미국 캘리포니아의 유통 허브에 도착한 뒤 검수 과정을 거쳐 전 세계 고객에게로 퍼져 나간다.

티셔츠 생산 과정 예시

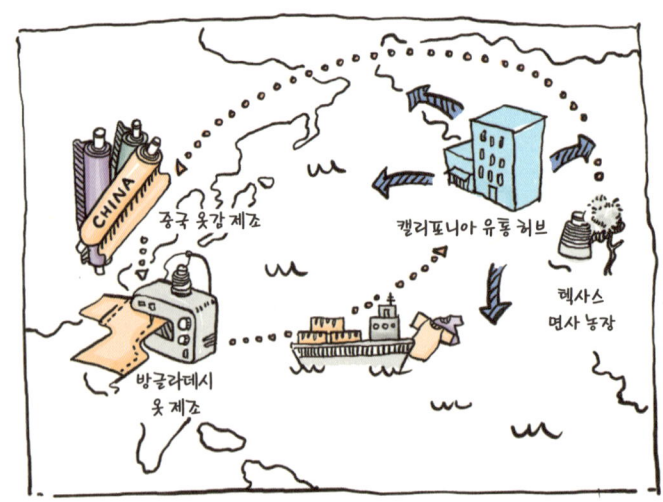

그렇다면 이렇게 글로벌한 과정을 거쳐 생산된 29달러(한화 약 3만 2,000원)짜리 티셔츠의 원가 구조는 어떻게 될까? 다소 극단적인 예가 될 수 있겠지만, 한 비영리단체가 몇 년 전 조사한 비용 구조를 아래 그림을 통해 살펴보자. 가장 큰 비율을 차지하는 것은 무려 59%에 달하는 유통 비용이었다. 이에 비해 면사와 옷감 등 재료비는 12%, 브랜드 비용이 12%, 운송비는 8%, 중개비와 방글라데시 공장 운영비는 각각 4% 수준이었으며, 방글라데시 노동자에게 지불한 비용은 단 0.6%에 불과했다. 왜 태평양을 두 번이나 건너는지 이해가 되는가?

티셔츠 원가 구조 예시

출처: cleanclothes.org 재구성

디지털 전환 | 디지털화로 인한 생산방식의 변화

앞 페이지에서 다룬 티셔츠의 예시를 이어가면서 다시 본론인 **디지털 관점**으로 돌아가자. 다른 많은 산업들과 마찬가지로 패션업계가 마주한 디지털 충격은 '**유통 단계**'에서 먼저 나타났다. 아래 그림을 살펴보자. 똑같은 티셔츠가 생산되고 소비되지만 그것이 고객에게 전달되는 과정에서 '**디지털 파괴**'가 일어났다.

유통 단계의 변화: 온라인 유통 활성화

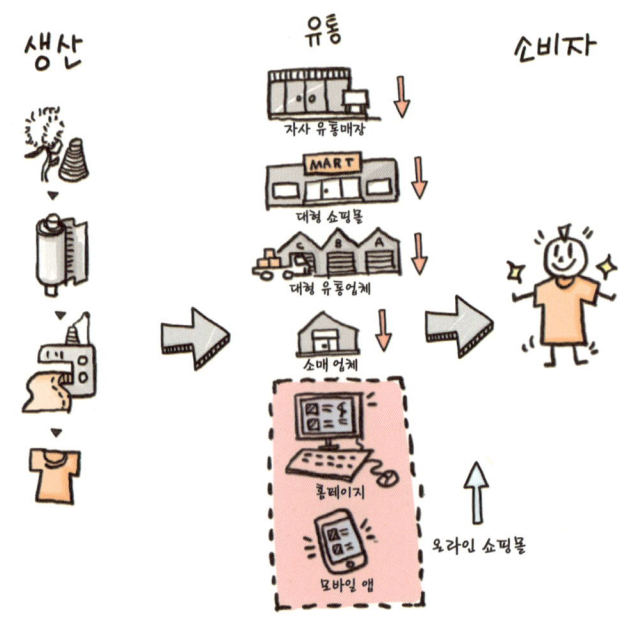

전 세계의 티셔츠를 클릭 한 번에 집까지 배송해주는 온라인 유통 거인들 덕분에 많은 오프라인 유통업체들이 문을 닫았다. 또한 자체 유통 매장을 많이 거느리고 있던 패션업체들 중 다수가 파산신청을 했다. 나인 웨스트, BCBG, 트루 릴리전 등이 대표적이다. 살아남은 패션업체들 역시 대부분 자사 매장 판매는 감소 추세다.

더 나아가 이제는 '**디지털 전환**'이 패션업체의 불가피한 선택이 되었다. 다른 많은 전통 기업들처럼 비효율적인 일방향의 공급망 구조에서 탈피하여 물리와 가상을 연결한 **디지털 공급 네트워크로 변환**하고 있다. 드디어 '**생산 단계**'의 변화가 온 것이다. 그 내용을 이제 살펴보자.

생산방식의 변화는 실로 큰 의미가 있다. 기본적으로 **산업혁명이란 생산방식의 혁명**을 일컫기 때문이다. 과거 최초의 기계식 방적기의 등장이 '기계화'를 가능케 한 '제1차 산업혁명'이었고, 컨베이어 벨트의 등장은 '대량생산'을 가능케 한 '제2차 산업혁명'으로 불렸다. 또한 PLC(Programmable Logic Controller)의 등장은 '제3차 산업혁명'으로 불리는 '생산 자동화'를 가져왔다. 그렇기 때문에 **지금 우리가 마주하고 있는 생산방식의 변화인 '생산 지능화'는 곧 '제4차 산업혁명'**을 의미한다.

물리와 가상, 그리고 고객과의 연결이 강화될수록 생산 효율성이 증가하는 것은 물론 **대량 맞춤형 생산**도 가능해진다. 전 세계적으로 현재 가장 두드러지게 나타나고 있는 '생산 지능화' 움직임은 **스마트 팩토리**를 통한 지능적 생산 효율화다. 최첨단 로봇과 시스템으로 무장한 스마트 팩토리는 앞서의 그림처럼 전 세계에 퍼져 있던 복잡하고 세분화된 생산 과정을 통합하여 단순화한다. 최근 몇 년 사이 **리쇼어링(Reshoring)** 혹은 **온쇼어링(Onshoring)**으로 불리는 본국 회귀가 부쩍 많아진 것도 이러한 이유에서다.

독일의 스포츠의류 다국적 기업인 아디다스의 예를 보자. 1993년에 독일 공장을 폐쇄하고 중국과 베트남 등으로 공장을 이전한 바 있던 아디다스는 23년만에 다시 독일 안스바흐에 공장을 세웠다. 로봇이 모든 공정을 담당하는 최첨단 **스피드 팩토리(Speed Factory)**로 환골탈태한 것은 두말하면 잔소리다. 연간 수십만 켤레의 운동화를 생산하는 안스바흐 스피드 팩토리의 직원은 160여명으로 알려져 있다. 기존 중국이나 베트남 공장의 인력이 500명에서 1,000여명 수준이었던 것을 생각하면 괄목할 만큼 인력을 줄인 것이다. 또한 원자재 조달에서 제품 생산까지 몇 달이 걸리던 복잡한 절차와 시간도 주단위로 단축되었다. 최종 소비자인 고객과의 물리적인 거리, 시간적인 거리 모두 획기적으로 줄어든 셈이다.

이 같은 생산 지능화를 앞서의 티셔츠 예시로 비교하면 다음의 그림과 같다. 즉, 똑같은 티셔츠가 생산되고 소비된다 해도 **생산방식과**

절차는 스마트 팩토리를 통해 지능적으로 바뀐 것이다. 물론 유통 단계는 더욱 더 단순화·온라인화되고 있다.

생산 단계의 변화: 스마트 팩토리를 통한 생산 지능화 예시

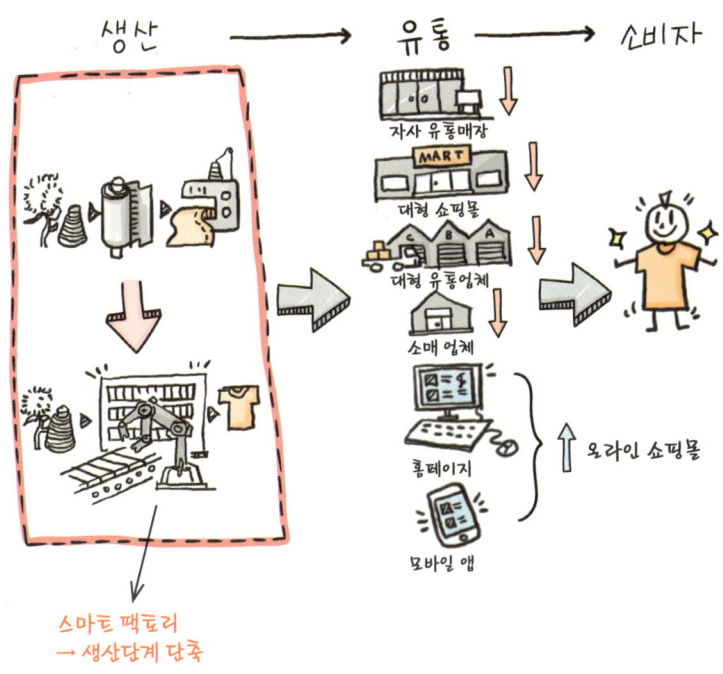

이뿐만 아니다. 많은 제조사들이 자사의 생산 과정과 고객을 직접 연결함으로써 대량 맞춤형 생산을 시도하고 있다. 물론 과거에도 '맞춤형 생산'은 존재했었지만, 많은 비용과 긴 시간이 소요되었기 때문에 대중화되기는 어려웠다. 그렇기 때문에 아직도 전 세계 대부분의 사람들의 발 사이즈나 발볼 등 개인의 특성이 반영된 맞춤형 신발이 아닌 기성화를 신으며 '새 신발 증후군'에 시달리고 있는 것이다.

그러나, 로봇과 3D 프린터로 무장한 스마트 팩토리가 고객과 연결되면 기존의 대량생산 제품에 준하는 낮은 비용으로 고객 맞춤형 제품 생산이 가능해진다. 실제로 아디다스, 나이키, 유니클로 같은 브랜드사는 물론 많은 스타트업들이 신발, 의류 등 다양한 3D 프린팅 패션 제품 개발에 열을 올리고 있다. 내게 꼭 맞는 나만의 운동화나 옷을 스마트폰으로 주문하면 하루 이틀 만에 배송받아 착용하는 게 가능해지는 것이다.

이처럼 제조사와 소비자가 직접적으로 연결되는 것은 곧 **제품 생산과 소비가 직결**됨을 의미한다. 그러니까 **'맞춤형 제품 생산 + 판매'가 가능**해지는 것이다. 제조사 입장에서는 대량생산을 위한 고정비와 재고 부담을 덜면서 적시에 고객이 원하는 맞춤형 제품을 제공할 수 있다면 일석이조가 아닐 수 없다. 그것도 비용이 많이 드는 복잡한 유통 단계를 다 생략하고 말이다!

생산과 판매 통합: 3D 프린터를 통한 지능형 맞춤 생산 예시

가치를 어떻게 '창출'할 것인가

패러다임 전환 | 제조업 가치 창출 방식의 패러다임 변화

디지털화로 촉발된 제조업의 패러다임 변화를 좀 더 깊이 들여다보자. 다소 어렵고 지루하게 느껴질 수도 있겠지만, 과거 물리적 세상의 경제학 패러다임과 살짝 비교를 하면서 말이다. ('올웨이스 온라인' 시대에 생산 방식이 어떻게 바뀌는지를 명확히 이해하려면 불가피하게 마주해야 할 괴로움이다.)

앞서 우리는 이미 '올웨이스 온라인' 시대의 **이용자 데이터와 고객 인지 가치의 중요성**을 귀에 딱지가 앉게 들었다. 제조업의 패러다임 변화를 시시콜콜 논의하자면 끝이 없을 테니, 저자가 중요하다고 생각하는 위의 관점에 초점을 맞춰 크게 세 가지로 설명하고자 한다.

첫째, **일방향의 '가치사슬'에서 고객과 연결된 '가치서클'로의 구조 전환**
둘째, **투입 대비 산출의 '생산 효율성'에서 물리와 가상이 연결된 '생산성 서클'로 진화**
셋째, **공급자 간 '경쟁'에서 고객 가치 창출 '능력'으로 전략 중심점 이동**

다소 주관적인 관점과 해석이라는 점 양해를 미리 구하며, 이제부터 하나씩 간단히 살펴보자.

[1] 가치사슬에서 가치서클로의 구조 전환

먼저 가치사슬 개념부터 짚고 가자. **가치사슬(Value Chain)**은 제품이 생산되어 고객에게 도달하기까지의 과정을 표현한 것이라는 점에서 기본적으로 공급망과 유사한 개념이다. 다만 이 과정을 설명하는 관점과 중심을 '생산자와 생산 비용'에 두는지, 아니면 **'소비자와 인지가치'**에 두는지가 다를 뿐이다.

아래 그림과 같이 공급망(Supply Chain)은 원재료의 조달과 구매로부터 시작된 생산과정을 공급자의 눈으로 설명하는 것이라면, 가치사슬은 고객의 욕구와 이를 충족하는 제품의 인지가치로부터 시작하여 이것이 만들어지는 과정을 역으로 설명하는 것이라고 할 수 있다.

공급망 vs. 가치사슬

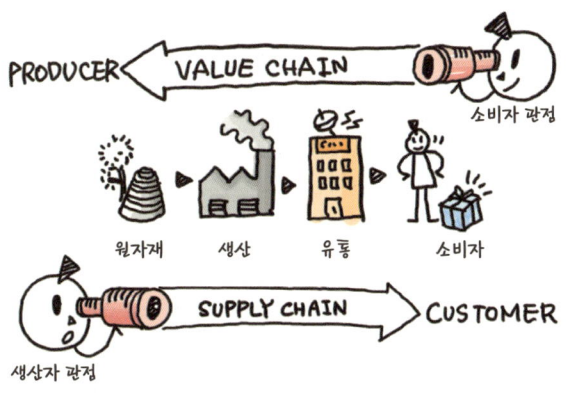

이런 이유에서 가치사슬은 종종 '기업이 고객에게 가치를 전달하기 위해 수행하는 주요 활동'으로 설명된다. 대표적 가치사슬 모형을 개발한 하버드대 마이클 포터(Michael Porter) 교수는 기업이 가치를 생산하고 전달하는 활동을 크게 주활동과 지원 활동으로 나누어 설명한다. 주활동은 원재료의 입고부터 생산, 출고, 마케팅 및 판매, 그리고 고객 서비스라는 순차적인 흐름으로 연결되어 있어 공급망의 개념과 유사하다. 반면 지원 활동은 고객 가치 향상을 위한 일반적인 기업의 경영 활동이라고 할 수 있는데, 조달 프로세스, 기술 개발, 인적자원 관리, 재무·회계·경영 등 경영 인프라 활동 등이 그것이다. 이 같은 활동은 모두 '가치를 향상시키기 위한 과정'이다. 가치사슬은 이러한 과정을 분석하여 경쟁력을 확보하고 수익성을 높이기 위한 것이다.

마이클 포터의 가치사슬 모형

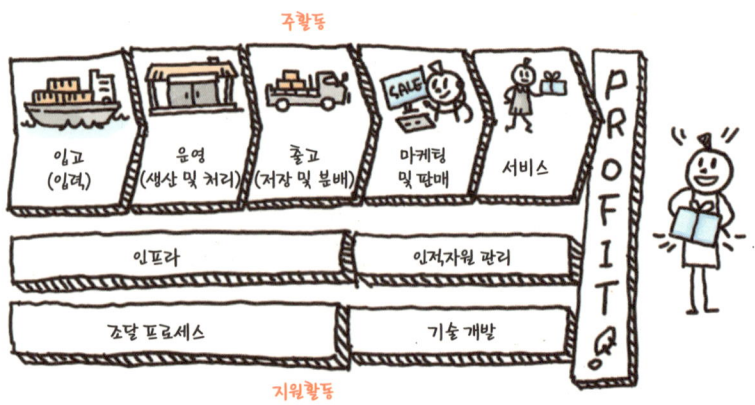

출처: Michael Porter, Competitive Advantage, 1985

자, 중요한 것은 이미 몇십 년 전 개발된 가치사슬 모형 자체가 아니다. 체계적인 설명을 위해 짚고 넘어간 것이니 혹 이해가 안 되었다면 건너뛰고 지금부터 얘기할 '변화'에만 집중해도 된다.

결국 기존의 가치사슬 모형을 최대한 단순화하면 아래와 같이 일방향 흐름인 '인풋(생산요소)-프로세스(기업 활동)-아웃풋(제품·서비스)'으로 표현할 수 있다. 그리고 과거 생산자에서 소비자로 일방으로 흐르던 가치사슬은 생산과정을 통해 제품 가치를 극대화하여 소비자가 '구매'하게 하는 데 목적을 둔다고 할 수 있다.

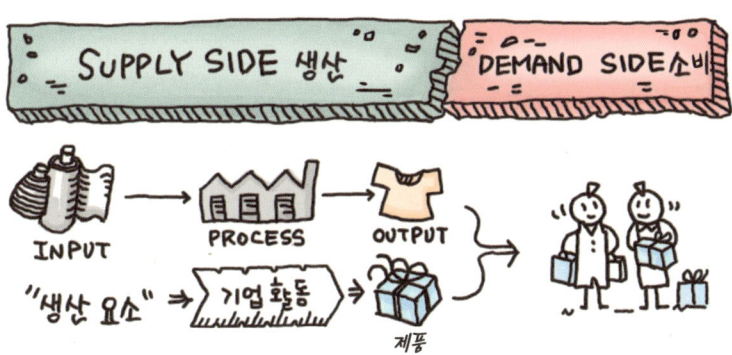

전통 제조업의 가치사슬 구조

그렇다면 이제 모든 것이 연결된 '올웨이스 온라인' 세상에서의 가치 사슬은 어떻게 달라져야 하는지를 생각해보자.

최근 출시되는 많은 '스마트 ○○' 제품의 하나인 스마트 스피커를 예로 들어보자. 우선 한 가지 물어보고 싶다. 스마트 스피커는 '제품'인가? 아니면 '서비스'인가? 답은 '둘 다'이다. 스마트 스피커는 '제품 + 서비스'이다. 지금까지 대부분의 제조업들이 '제품'을 생산하여 '판매'하는 데 집중한 반면, 최근에는 **고객과 연결된 이용자 데이터를 활용하는 '제품 + 서비스'**가 점점 많아지고 있다.

그렇다면 실시간으로 이용자 데이터가 흐르는 '제품 + 서비스'의 가치 구조를 생각해보자. 소비자는 '제품'을 매개로 다양한 '실시간 온라인 서비스'를 생산자(혹은 파트너사)로부터 제공받고 있다. 이러한 구조는 일방향의 선형이 아닌 양자가 연결된 원형 구조이다.

온라인 서비스의 핵심인 **'데이터의 흐름'**을 기준으로 도식화하면 그림과 같다. 스마트 스피커를 예로 들면, 고객의 요구는 '인풋 데이터'가 되고 이것이 '적용(Application)' 과정을 거쳐 고객에게 제공되는 '아웃풋 서비스'가 된다. 그리고 다시 고객의 반응이 '인풋'이 되는 순환을 반복한다. 앞으로는 이렇게 제품을 매개로 **고객과의 데이터 순환 구조를 만드는 것이 가치 구조의 핵심**이 될 것이다.

데이터 기반의 가치서클 구조

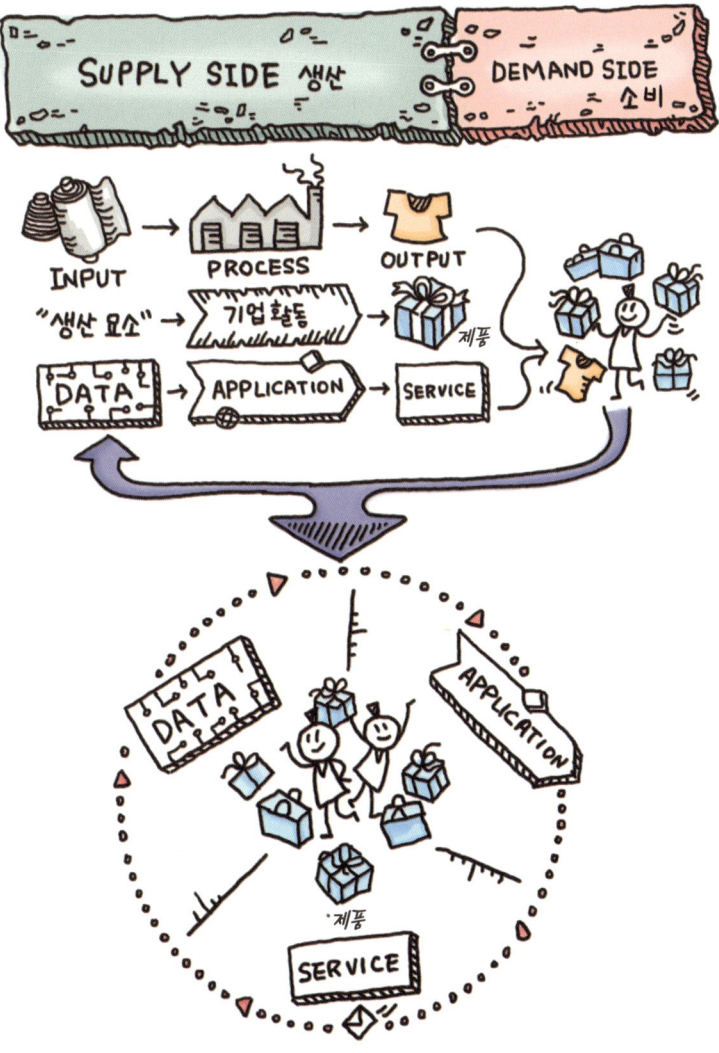

가치를 어떻게 '창출'할 것인가

[2] 생산성 서클로의 진화

생산요소와 생산성을 '인풋-프로세스-아웃풋' 과정에 매핑시켜 보면, 생산요소는 크게 인풋으로 이해하고 생산성은 전체 생산과정과 기업 활동 프로세스의 효율성이라고 볼 수 있다.

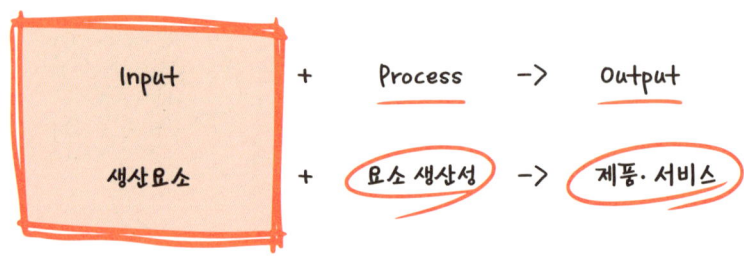

그럼 인풋에 해당하는 생산요소의 변화를 먼저 얘기해보자. 앞서 물리적 세상과 디지털 세상의 자원을 논의했던 만큼 생산요소의 변화는 이해하기 쉬우리라 생각한다. 기존 물리적 세상의 대표적 생산요소는 **토지, 노동, 자본** 등이었다. 디지털 세상이 확대되고 물리적 세상과 오버랩된 지금은 '**데이터**'와 '**재능**' 역시 주요 **생산요소로 고려**되어야 한다. 물론 **기존 자연 자원을 대체할 수 있는 '신소재'**와 함께 말이다.

그렇다면 **생산성**은 어떻게 이해해야 할까? 본래 생산성이란 '**생산의 효율을 나타내는 지표**'로서 노동생산성, 자본생산성, 원재료 생산성 등이 있다. 제품과 생산량이라는 명확한 산출물이 있던 시절에는 '투입 대비 산출'이라는 간단한 산수로 계산할 수 있었던 수치였다. 예를 들어 가장 많이 사용되는 '노동생산성'의 경우 일정 기간 동안의 생산량을 노동량으로 나누어 표시한다.

그리고 (여러 사람들과 함께 일해본 경험이 있는 독자들은 아마도 격하게 공감하겠지만) 추가된 노동량에 따른 생산량 증분은 어느 시점이 지나면 오히려 감소한다. **노동의 한계 생산성 체감 법칙(Law of Diminishing Marginal Productivity)**이 그것이다. 당연한 얘기지만 사람이 개입된 경우는 사실 '법칙'이라는 말이 무색하리 만큼 다양한 경우의 수가 있다. 다만 사람은 기계가 아니므로 노동량의 증분이 생산량의 증분과 정확히 비례하지는 않는다는 정도로 이해하면 되겠다.

노동의 한계 생산성 체감 법칙

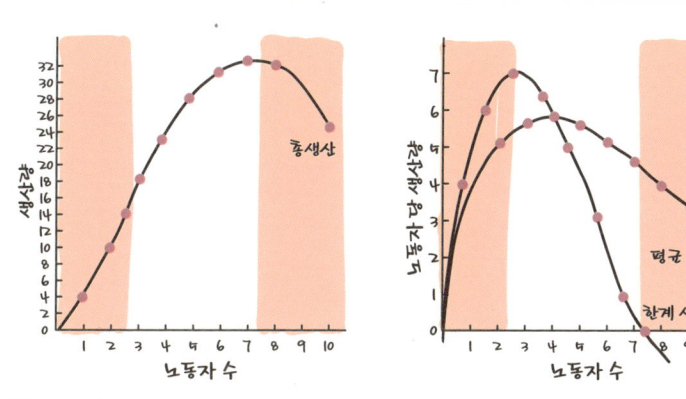

출처: David colander 외, Microeconomics

가치를 어떻게 '창출'할 것인가

그렇다면 이제 **물리와 가상이 결합된 스마트 팩토리나 인공지능 스마트 스피커의 경우로 돌아가** 생각해보자. 일단 노동생산성이라는 지표 자체가 무의미하다. 완전 무인 스마트 팩토리가 속속 등장하고 있고, 사람이 아닌 인공지능이 고객을 응대하는 세상이 아닌가! 먹지도, 쉬지도, 딴생각도 하지 않는 로봇만 있는데 한계생산성이 감소하겠는가?

문제는 노동량만이 아니다. 이제는 제품과 생산량처럼 물리적 산출물의 시대가 아니다. 스마트 제품을 매개로 한 서비스 전달이 우선이고, 이를 통한 이용자 데이터 확보가 최우선이다. 이용자 데이터가 있어야만 지속적인 제품·서비스 혁신이 가능할 뿐 아니라 고객 경험도 향상되기 때문이다. 이제는 생산성의 개념 역시 아래 그림과 같이 **'생산성 서클(Productivity Circle)'** 로 바뀌어야 한다. 따라서 **'물리-가상의 연결 능력'**과 **'데이터 활용 능력'**이 중요하다.

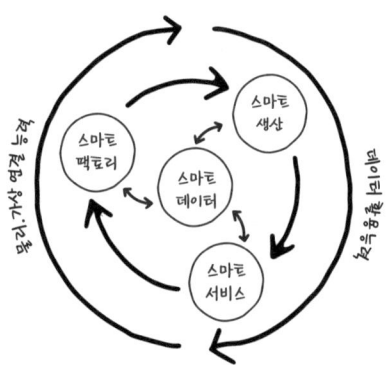

지금까지 설명한 생산성의 변화를 하나의 도식으로 요약해보면 아래 그림과 같다. 기존 물리적 세상의 생산성 기준이 생산요소의 '**효율성(Efficiency)**'이었다면, 이제 디지털 세상으로 인해 새롭게 더해진 데이터와 재능을 적용하고 활용하는 '**응용력(Application)**'이 생산성을 좌우하는 새로운 척도가 되어가고 있다. 그리고 이러한 물리적 생산요소와 디지털 생산요소를 연결하는 '**물리-가상 연결 능력**'이 무엇보다 필요한 시대가 되고 있다.

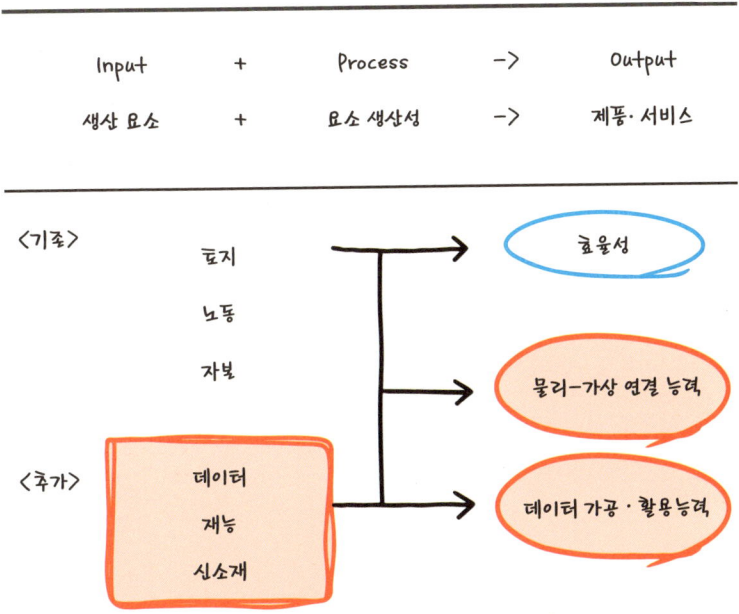

[3] 경쟁에서 능력으로 전략 중심점 이동

마지막으로 가치를 만들고 전달하는 생산자의 전략에 대한 얘기를 덧붙이고 싶다. 전략이란 기본적으로 **'어떻게 목표를 달성할 것인가'**를 말한다. 따라서 전략은 '어떻게 원하는 직장에 취직할 수 있을까'와 같은 지극히 개인적인 것에서부터 '어떻게 실업률을 낮출 수 있을까'와 같은 국가적인 문제까지 광범위하게 적용된다. 지금 독자 여러분이 (지루함을 감수하고) 이 책을 읽고 있는 이유는 무엇인가? 다양한 이유가 있겠지만, 아마도 공통적으로 '어떻게 미래를 준비할 것인가'에 대한 답을 얻고자 함이 아닌가?

그렇다면 **기업에 있어 전략이란 어떤 것인가?** 작게는 '어떻게 제품 불량률을 낮출 것인가'와 같은 기능 전략이 있고, 크게는 '장기적 성장을 위해 어떻게 기업의 포트폴리오를 짤 것인가'와 같은 기업 전략이 있다.

그리고 아마도 전략이라는 글자를 보자마자 많은 독자들이 떠올렸을 사업 전략이 있다. **사업 전략**이란 특정 산업 영역에서 많은 생산자들이 서로 **'어떻게 경쟁할 것인가'**를 놓고 고민하는 것을 말한다.

그렇다면 과거 물리적 세상의 전형적인 사업 전략은 무엇이었으며, '올웨이즈 올라인' 시대의 전략은 무엇이 달라질까?

과거 물리적 세상은 자연 자원과 인간의 노동력이 유한한 세상이었다. 따라서 토지, 노동력, 자본과 같은 생산요소를 어떻게 활용하고, 제품 가격을 어떻게 할 것인지가 **공급자 간 경쟁**의 핵심이 되는 경우가 많았다. 마이클 포터 교수의 '본원적 전략(Generic Strategy)'을 그림과 같이 살펴봄으로써 긴 설명을 대신하겠다. 마이클 포터 교수는 기업들은 경쟁 우위를 확보하기 위해 전반적 **원가 우위**, 전반적 **차별화**, 그리고 틈새 시장(Niche Market)을 집중적으로 공략하는 **집중화**라는 세 가지 본원적 전략을 선택하는 경우가 많다고 설명했다.

또한 그는 이와 같은 3가지 본원적 전략 중 한 가지도 제대로 구축하지 못한 어중간한 기업들은 매우 불리한 상황에 놓이게 되며 수익성도 낮을 수 있다는 점을 지적했다. 이는 곧 전사적 역량 집중과 조직 정비를 통해 어느 하나의 전략이라도 효율적으로 수행하는 것이 중요하다는 것을 의미한다.

마이클 포터의 본원적 경쟁 전략

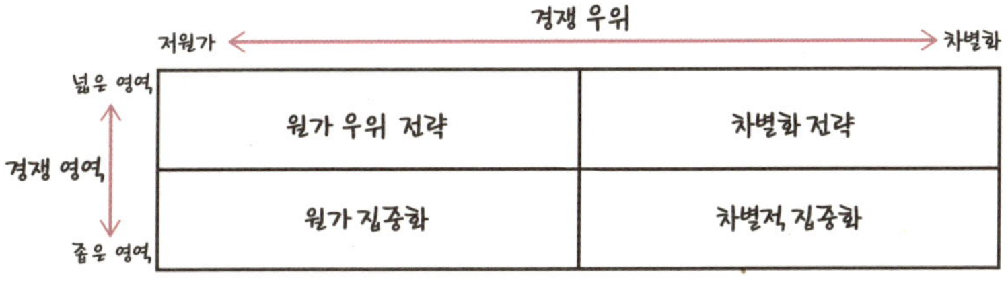

	저원가 ← 경쟁 우위 → 차별화	
넓은 영역	원가 우위 전략	차별화 전략
좁은 영역	원가 집중화	차별적 집중화

경쟁 영역

출처: Michael Porter, Competitive Strategy, 1980

마이클 포터의 본원적 경쟁 전략을 앞서 챕터 9에서 살펴본 고객의 인지 가치 체계와 함께 설명하면 아래와 같다. 소비자의 가장 큰 인지 비용이라 할 수 있는 가격을 낮추는 데 집중하는 것이 원가 우위 전략이고, 차별적인 혜택을 높여 지불 용의를 높이는 데 집중하는 것이 차별화 전략이다.

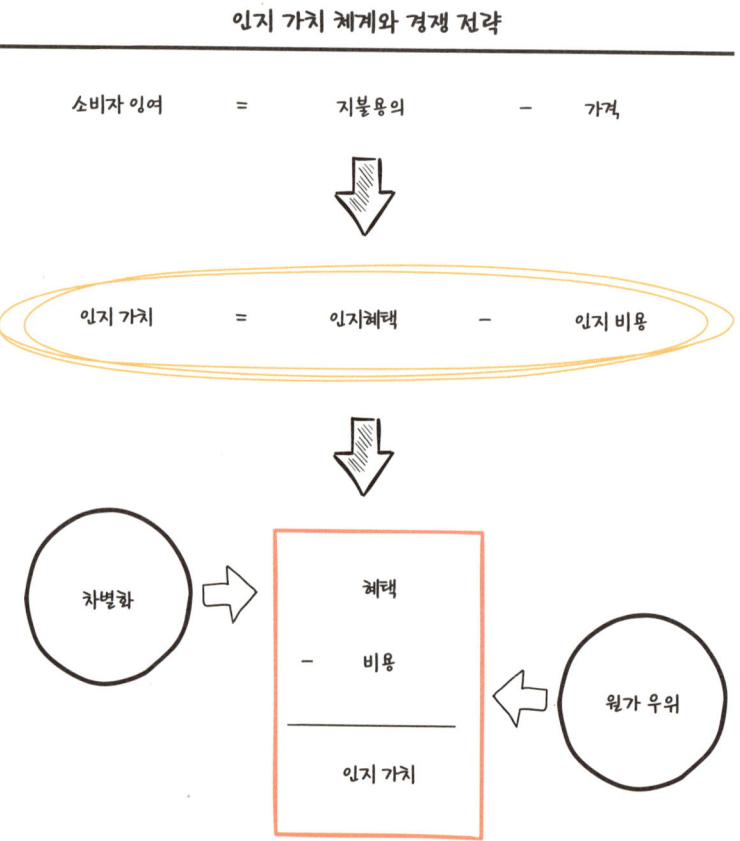

여기서 우리가 기억해야 할 것은 고객의 인지가치 요소는 무려 30여 개로 정의될 만큼 다양하고 복잡하다는 점, 그리고 **창의력과 기술력을 바탕으로 기발한 '혜택 창출 및 불만 해결' 방법을 고객에게 제시하는 혁신적인 서비스가 언제 어디서 튀어나올지 모르는 시대**가 되었다는 점이다. 또한 이제는 더 이상 산업과 업종의 구분이 유지되기 힘든 시대이다. 설사 어떤 기업이 원가나 차별화 등 경쟁 우위를 획득했다 해도 이것이 지속되는 기간은 점점 더 짧아져 가고 있다. 이른바 **'초경쟁 시대'**가 된 것이다.

이러한 변화는 결국 무엇을 의미하는가? 저자는 이것을 동종 업계의 '공급자끼리의 경쟁' 즉, 원가와 차별화를 기반으로 한 '업종 내 상대 평가'의 시대는 끝났다는 것을 의미한다고 생각한다. 이제는 오로지 우리들 소비자, 소위 '고갱님'의 마음을 사로잡기 위한 '무한 경쟁', 즉 '절대 평가'의 시대라 할 수 있다.

그렇다면 새로운 시대가 필요로 하는 전략, 즉 **어떻게 고객의 마음을 사로잡을 것인가?**'의 중심에는 무엇이 있을까? 더 이상 공급자 간 경쟁이 아니다. 앞서 희소한 자원으로 설명한 바 있는 것처럼 이제는 **고객이 원하는 가치를 창출할 수 있는 '재능'과 '능력'이 중심인 시대다!**

I ♥ to Summarize

우리 사람의 활동이 다양하고 각각의 활동에 대한 가치 요소 또한 다양하고 복잡한 만큼 **가치를 창출하여 고객에게 전달하는 방식** 역시 천차만별이다. 다만 이 장에서는 물리적 세상의 대표적인 생산자인 **제조업을 중심으로 제품이라는 가치를 생산하고 전달하는 방식이 어떻게 달라지고 있는지**를 중점적으로 살펴보았다.

 가치를 어떻게 '창출'할 것인가?

- 제조업과 같은 전통기업들의 일방향의 가치창출 방식이 '이용자 데이터'가 중요해짐에 따라 순환형으로 변화하고 있다.

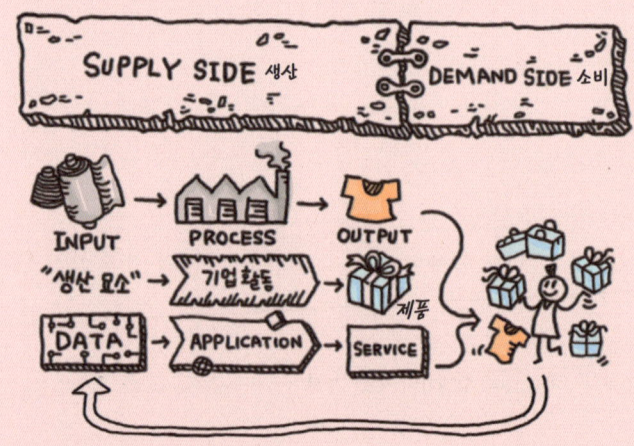

'디지털 전환' 혹은 '제4차 산업혁명'으로도 불리는 **전통 기업의 생산방식 변화**의 중심에는 **이용자 데이터와 고객 가치**가 있다. 제조업을 비롯한 전통 기업의 **가치 창출 방식 패러다임 변화**를 크게 **구조, 생산성, 전략**이라는 세 가지 관점에서 정리해보았다.

가치 창출 방식의 패러다임 변화에 주목하자!

물리·가상, 생산자·고객이 연결을 강화하는 순환형 변화는 이용자 데이터와 고객 가치를 최우선으로 해야 한다.

구조
▶ 일방향의 '가치사슬' => 고객과 연결된 '가치서클'

생산성
▶ 투입대비산출의 '생산 효율성' => 연결·응용의 '생산성서클'

전략
▶ 공급자 간 '경쟁' => 고객가치 창출 '능력'

가치는 어떻게 '소비'되는가

지금까지 우리는 다양한 가치 요소를 상품과 서비스 형태로 만들어 고객에게 전달하고자 하는 생산자의 노력과 변화를 제조업을 예로 들어 살펴보았다. 이 과정에서 상당수의 독자들이 지루함을 느꼈을 지도 모르겠다.

이제 좀 더 가볍고 즐거운 얘기를 해보자. 생산자가 힘겹게 만든 **재화와 서비스를 이용하는 '소비자'**에 대한 얘기 말이다! 경제의 생산자인 동시에 소비자이기도 한 당신이 열심히 일하는 이유가 무엇인가? 바로 무엇인가를 소비하기 위함이 아닌가? 자신을 위해서, 가족을 위해서, 때로는 다른 누군가를 위해서 말이다.

김우중 전 대우그룹 회장은 자서전에서 '세계는 넓고 할 일은 많다'

고했다. 생산자 관점의 말이다. 이것을 우리 소비자 관점으로 바꾸면 '세상은 넓고 사고 싶고 갖고 싶은 것은 끝도 없다'는 말이 될 것 같다. 요즘처럼 전 세계가 물리적으로도 인터넷으로도 가깝게 연결된 세상에서는 소비할 수 있는 것들이 무궁무진하다. 가상현실 게임처럼 우리가 소비할 수 있는 재화와 서비스는 현실 밖 가상세계까지 확장되었다. 이제 우리 소비자는 물리적 세상의 재화·서비스와 가상세계의 그것들을 놓고 무엇이 나에게 더 큰 가치를 주는지까지도 고민하게 되었다. (영화 「레디 플레이어 원」에서처럼 말이다.)

이렇게 무궁무진한 우리의 소비 욕구를 가로막는 것은 무엇인가? 바로 돈과 시간이다. 만약 우리에게 무궁무진한 수입(재산)이 있다면, 무궁무진한 소비는 물론이고 생산 활동을 안 해도 되는 하루 24시간의 자유가 주어질 것이 아닌가!

경제학에서의 소비

즐거운 얘기를 하려고 했는데 돈 얘기를 꺼내면서 갑자기 현실적인 고민이 몰려오는 듯하다. 그러나 어쩌겠는가? **소비**란 기본적으로 **소비자가 재화와 서비스를 이용하기 위해 '지불'**하는 것을 일컬으며, 이를 위해서는 급여, 저축, 투자, 연금 등과 같은 소득이나 기 축적된 재산이 있어야 한다. 특히 세금과 물가 등을 고려한 '실질 가처분소득(Real Disposable Income)'이 중요하다.

이렇듯 **한정된 소득(재산)과 무한한 소비 욕구 사이의 불균형**이 우리를 선택의 기로로 내몬다. 우리들 소비자가 마주해야 하는 가장 큰 선택의 고민은 바로 (무엇인가를 소비하기 위한 가장 일반적인 방법인) 구매 여부를 결정하는 일이다. **'살 것인가, 사지 않을 것인가'**의 선택 말이다. '죽느냐 사느냐'를 고민한 햄릿에 비하면 가벼운 고민일 수 있지만, 사실 우리 인간은 평생 이 고민을 하다 죽는다.

게다가 과거 물리적 세상에서는 무엇인가를 소비하기 위해서는 구매가 불가피했다면, 지금은 디지털 기술과 인터넷의 발달로 인해 공유나 구독, 무료 등 다양한 형태로 재화와 서비스를 이용하고 소비할 수 있게 되었다. 또한 생산자의 '초경쟁' 상황은 우리 소비자에게 셀 수 없이 많은 선택지를 안겼고, 이제 우리는 어느 기업의 재화와 서비스를 사용할 것인가 역시 고민해야 한다.

이제는 단순히 어떤 것을 살지 말지를 고민하는 것을 넘어 **'무엇을 소비할지'**, **'어떻게 소비할지'**, **'누구로부터 소비할지'**를 고민하고 선택해야 하는 시대가 되었다. 기업으로 대변되는 경제의 생산자들이 '무엇을 생산할지', '어떤 방식으로 생산할지', '어떤 고객을 위해 생산할지' 선택해야 하는 것처럼 말이다. 또한 잊지 말아야 할 것은(생산자들의 의사결정과 마찬가지로) 소비자로서의 우리가 어떤 선택을 하든지 간에 그에 따른 기회비용이 있다는 것이다. 수없이 많은 선택지는 그만큼 수없이 많은 기회비용의 경우의 수를 의미하는 것이니 우리의 고민은 더욱 복잡해질 수밖에 없다.

소비자의 주요 의사결정

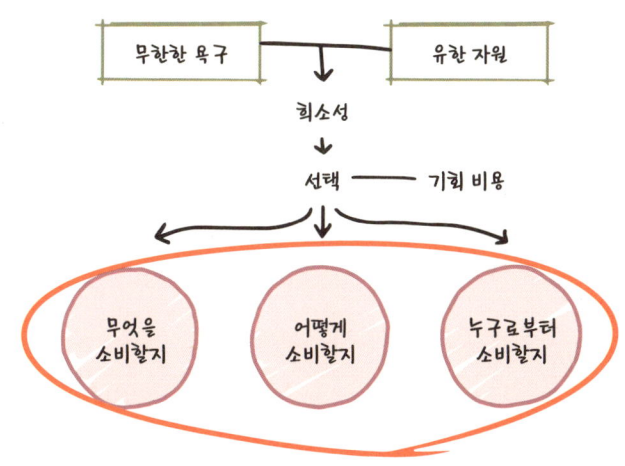

소비 대상 | 무엇을 소비할 것인가?

이제부터 우리 소비자의 평생 고민거리들을 하나하나 살펴보자. 먼저 가장 어려운 문제인 '**무엇을 소비할 것인가**'부터 보자. '무엇을 소비하고 무엇을 소비하지 않을 것인가'에 대한 결정은 결국 하나하나의 재화와 서비스에 대해 '**살 것인가, 사지 않을 것인가**'는 물론 '**얼마나 많이 살 것인가**'도 선택해야 하기 때문에 어려운 일이다.

이렇게 힘든 선택 끝에 결국 사람들은 어떤 재화와 서비스를 얼마나 소비하고 있을까? 한 나라의 **모든 개인들이 물건을 사거나 서비스를 이용하는 데 쓴 돈의 총액**이라 할 수 있는 **개인 소비지출(Personal Consumption Expenditures, PCE)**을 통해 대략적으로 살펴보고 자신의 소비지출과 비교해보자.

다음은 미국 상무부 산하 경제분석국(BEA)이 2018년 3분기 미국의 개인 소비지출을 분석한 자료이다. 자동차, 가구 등 평균수명이 3년 이상인 내구재와 식품, 의류 등 생활필수품으로 구성된 비내구재를 합한 재화에 대한 소비 비중이 35%를 차지하며, 주택, 의료, 금융 등 다양한 서비스에 대한 소비 비중이 65%에 달한다.

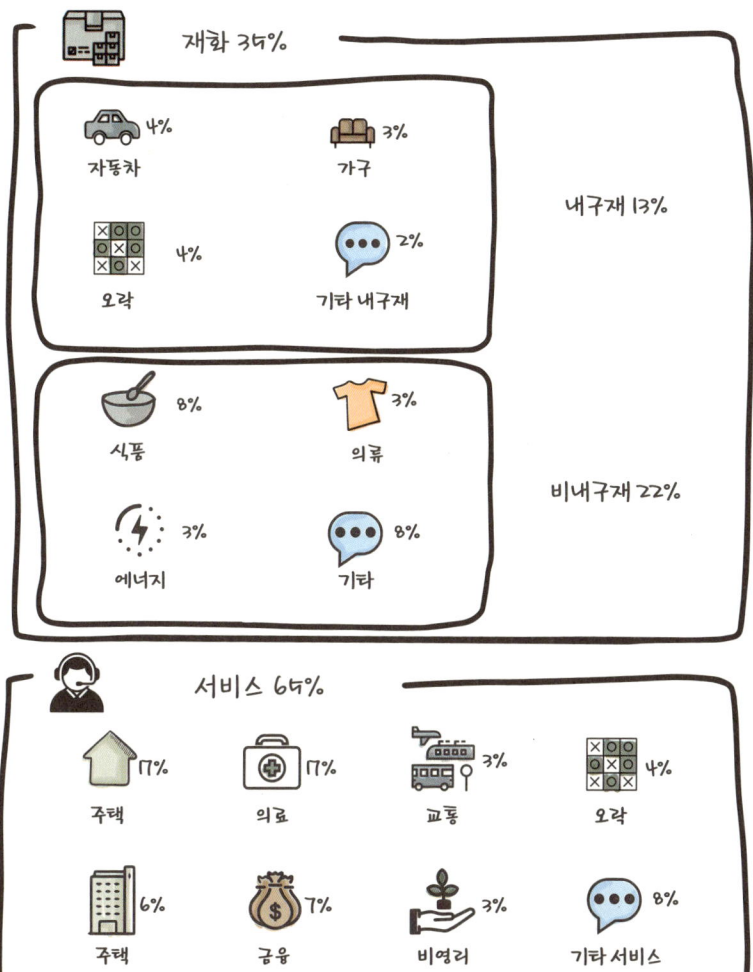

아마도 대부분의 독자들이 가계부를 쓰면서 꼼꼼하게 소비지출 활동을 기록하지는 않을 것이다. 그렇지만 이후의 논의를 보다 쉽게 이어가기 위해 이 참에 지난 한 해 독자 여러분의 소비지출을 대략적으로 정리해보길 권한다. (건너뛰어도 무방하다.)

지난 한 해의 소비지출을 정리하다 햄릿 저리 가라 할 고민에 빠졌었던 순간들이 생각난 독자들이 여럿 있을 것이다. 새 차를 살지 말지, 새 가구를 들여놓을지 말지, 더 넓은 집으로 이사를 할지 말지, 해외여행을 갈지 말지 등 당신을 장시간 괴롭혔던 고민들이 있지 않았는가!

당신이 격하게 고민했던 건 그놈의 돈 때문일 확률이 크다. **'예산의 제약'**으로 인해 우리 모두는 **트레이드 오프(Trade-Off)에 직면**할 수밖에 없다. 어느 하나를 사면 다른 것들을 살 수 있는 금전적 여유가 적어지고, 미래의 소비를 위해 저축을 늘리면 지금 당장의 소비가 위축될 수밖에 없다. 어느 것을 얻으려면 반드시 다른 것을 희생해야 하는 경제 관계인 트레이드 오프는 모든 희소한 자원에 대한 선택에 수반되는 결과라고 할 수 있다. 어떤 선택을 하든 반드시 기회비용이 있는 것처럼 말이다.

또한 우리가 직면한 트레이드 오프는 비단 돈에만 국한되지 않는다. 하루 24시간이라는 한정된 자원인 시간 역시 트레이드 오프가 있다. 수입을 늘려 더 많은 소비 예산을 확보하려면 더 많은 시간 일해야 하는 것이 보통인데, 이렇게 되면 여가 시간이 줄어들 수밖에 없기 때문이다. 직장인들의 화두인 **워라밸(Work-Life Balance)**이 바로 이런 고민에서 나온 것이다.

여기서 한 가지 재미있는 사실은 포노사피엔스인 우리들 대부분은 **디지털 멀티태스커**라는 점이다. 필자 역시 지금 노트북으로 이 책을 쓰면서 유튜브로 음악을 듣고 있고 간간이 오는 SNS 메시지에도 답을 하고 있다. 왜 부담 없이 이런 일들을 할 수 있을까? 유튜브도 SNS도 **무료**이기 때문이며, 한꺼번에 여러 가지를 중복해서 사용해도 아무런 제약이 없는 **한계비용 제로**의 디지털 서비스들이기 때문이다.

이런 이유로 스마트폰이나 노트북을 통해 하루 24시간 동안 온라인 상태로 있으면서 동영상, TV, 뉴스, SNS 등 다양한 미디어 서비스를 이용하는 시간이 점차 늘고 있다. 시장조사 기관 이마케터(eMarketer)에 의하면, 2017년 **미국 성인 전체의 평균 미디어 이용 시간은 총 12시간**을 넘어섰으며, 이 중 스마트폰이나 노트북 등 디지털 기기를 통한 이용 시간이 절반인 6시간 가까이 된다고 한다. (물론 성인 전체가 아니라 Z세대 젊은이들로 한정하면 디지털 기기 이용 시간은 훨씬 길어진다! 2019년 2월에 비주얼 캐피털리스트 사이트에 게재된 자료에 따르면, Z세대 젊은이들의 50%가 하루에 약 10시간가량 온라인 상태로 있으며 하루에 2시간 이상 유튜브를 시청하는 비중이 70%에 육박한다고 한다.)

흥미롭게도 앞서 미국의 개인 소비지출에서 **미디어와 같은 오락 서비스가 차지하는 비중이 단 4%밖에 안 되는 데 반해 소비 시간은 하루의 절반인 50%를 쓰고 있다. (물론 다른 활동들과 중복된 소비 시간이긴 하다.) 이 참에 한번 생각하고 넘어가자. 독자 여러분의 미디어 서비스 소비지출과 소비 시간은 대략 어느 정도인가?

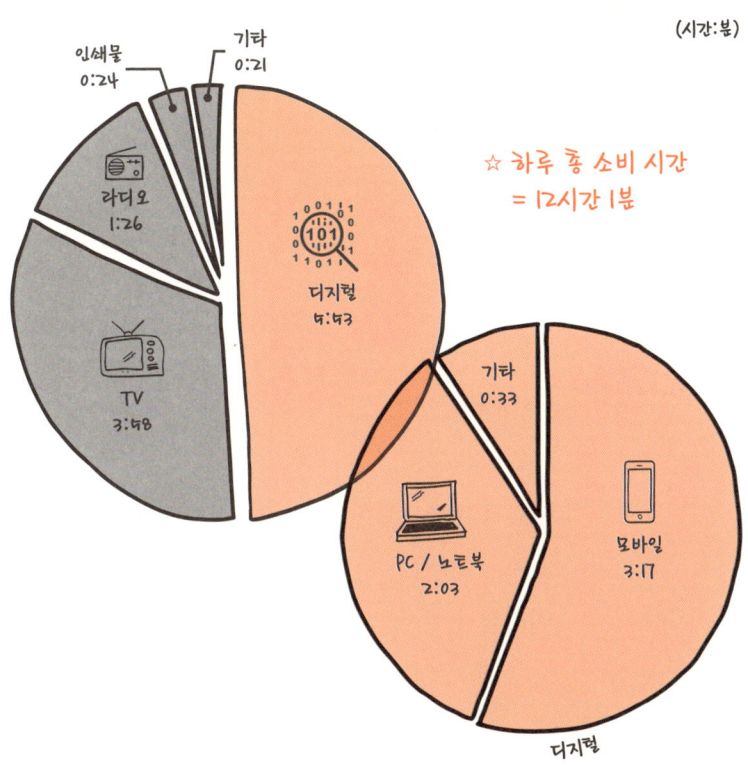

지불 방식 | 어떻게 소비할 것인가?

이제부터 '어떻게 소비할 것인가'에 대해 얘기해보자. 소비란 우리가 재화와 서비스를 이용하는 것을 지칭하므로 '어떻게'에 대한 방법은 **재화와 서비스를 이용하는 대가인 '지불 방식'**이라고 볼 수 있다.

경제학에서는 기본적으로 소비자가 재화나 서비스를 구매하는 것을 전제로 하는데, 사실상 아직도 대부분의 물리적 재화와 서비스는 **구매**를 통해서만 이용할 수 있다. 하지만 제한된 수입과 예산의 범위 내에서 보다 많은 소비 활동을 하기 위해 점점 더 많은 품목에 대해 필요한 만큼만 사용하는 **공유** 방식이 증가하고 있으며, 디지털 재화나 서비스는 **무료**로 이용할 수 있는 경우도 많다. 또한 디지털은 물론 물리적 재화와 서비스 역시 정해진 기간 동안 자유롭게 사용할 수 있는 **구독** 방식도 증가하고 있다.

그러니까 정해진 수입과 예산으로 동일한 재화와 서비스를 소비하고 이용한다고 가정할 때 **구매, 공유, 무료, 구독 등 어떤 방식으로 지불하는지에 따라 소비지출이 달라진다.** 당연히 구매에 비해 무료나 공유, 구독의 경우 소비지출이 적어진다.

구매

우리는 어떤 경우에 재화나 서비스를 구매할까? 꼭 필요한 것인데 구매밖에는 소비할 방법이 없는 경우다. 매끼 먹어서 없애는 음식이나 어느 집에나 꼭 필요한 냉장고, 세탁기, 에어컨과 같은 가전제품 등이 여기에 속한다. 옷이나 오락 기기 등 개인의 취향에 따라 구매하여 소장하고 싶은 물품들도 있을 것이다.

이렇게 **구매가 불가피하거나 구매를 선호하는 제품·서비스의 경우** 우리는 해당 품목의 **가격보다 개인의 지불용의가 더 클 때 구매**를 고려한다. 물론 우리는 내 지불용의가 정확히 얼마인지를 단번에 알 수 없는 경우가 많고 시시각각 마음이 변하기도 한다.

또한 개인의 가처분소득과 예산의 수준, (소위 '개취'로 불리는) 개인별 고객 가치 요소 등에 따라 지불용의는 크게 다를 수 있다. 물론 우리 모두는 **호모 에코노미쿠스(Homo Economicus)**로서 '이성적인 자기 이익(Rational Self-interest)'에 따라 최선의 선택을 한다.

그렇지만 공통적인 것은 지불용의에서 가격을 뺀 **소비자 잉여**가 있을 때, 즉, 인지혜택에서 인지비용을 뺀 **인지가치**가 있을 때만 구매를 고려한다는 것이다. 물론 같은 가격이라 하더라도 소비자 잉여나 인지가치가 크면 클수록 구매 결정이 쉽다. 가격에 비해 인지가치가 크면 클수록, 즉 가밸비(가격 대비 밸류)가 높으면 높을수록 '구매각'이 더 잘 나온다는 말이다.

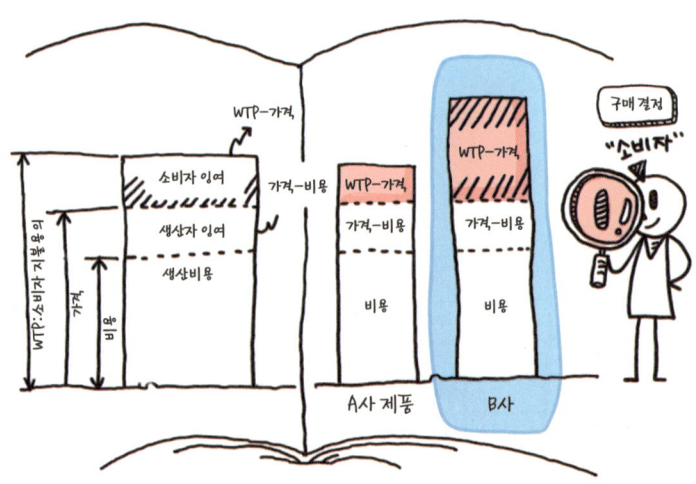

공유

세상은 넓고 사고 싶은 것은 끝도 없다. 사고 싶은 것을 다 사기에는 돈이 부족한 이유가 크지만 설령 그것들을 다 산다고 해도 쌓아둘 공간도 없는 것이 사실이다.

이런 이유에서 점차 구매해서 소유하는 형태의 소비가 아닌, **사용할 때만 빌려 쓰는 공유 형태의 소비**가 늘고 있다. 여러 사람이 제품이나 서비스를 공유하여 사용하기 때문에 당연히 **구매 방식에 비해 적은 비용**으로 합리적인 소비를 할 수 있을 뿐 아니라 사용하지 않는 기간에도 어딘가 쌓아두며 보관할 필요가 없어 편리하다.

하버드대학교의 로렌스 레식(Lawrence Lessig) 교수는 2008년 저서 『리믹스(Remix)』를 통해 '**공유경제(Sharing Economy)**'라는 말을 처음 사용하면서 이를 '**협력적 소비 형태(Collaborative Consumption)**'로 정의하였다. 이후 디지털 기술의 발달 및 온라인 플랫폼 이용 확대 등으로 인해, 우버(카 셰어링), 모바이크(자전거 셰어링), 에어비앤비(홈 셰어링), 위워크(오피스 셰어링) 등 다양한 분야의 공유 소비가 늘면서 공유경제라는 말이 포괄하는 소비 형태도 지속적으로 증가하고 있다.

공유 방식의 소비는 소비자에게 적은 비용의 합리적 소비라는 혜택만 주는 것이 아니다. 소비자이자 생산자인 우리에게 이미 구매한 자동차나 주택 등을 활용하여 추가적인 수입을 얻을 수 있게 해줄 뿐 아니라 생산된 재화의 가치를 최대한으로 활용함으로써 전 지구적 차원의 효율성을 증가시키는 효과가 있다.

아래 그림은 제품 가치의 크기와 흐름을 표현한 것이다. 구매 방식의 **소비는 제품의 가치가 생산과정에서 지속적으로 상승하다가 소비자의 제품 구매 이후 지속적으로 하락**한다. 구매자가 제품을 실제로 이용하지 않는 동안에도 제품 가치 하락은 불가피하며, 종국에는 중고로 매매되거나 버려지는 경우가 많다.

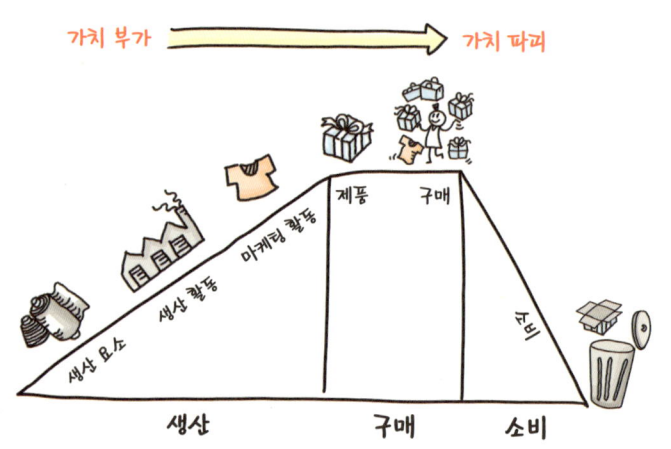

출처: Circle-economy.com 재구성

반면 공유 형태의 소비는 제품 가치를 소비하는 사람이 구매자 하나가 아닌 다수의 이용자로 확대된다. 이는 결국 생산자와 구매자로의 일방향 가치 흐름이 아니라 **제품을 중심으로 한 여러 이용자 간의 순환형 가치 흐름을 형성**하게 된다. 이 경우 (구매 방식과 달리) 제품이 실사용되지 않는 기간을 최소화함으로써 제품 가치에 대한 활용도를 극대화할 수 있다. 게다가 공유 플랫폼업체가 다 쓰고 난 제품을 그냥 처분하지 않고 체계적으로 생산요소로 재활용하는 경우가 많다.

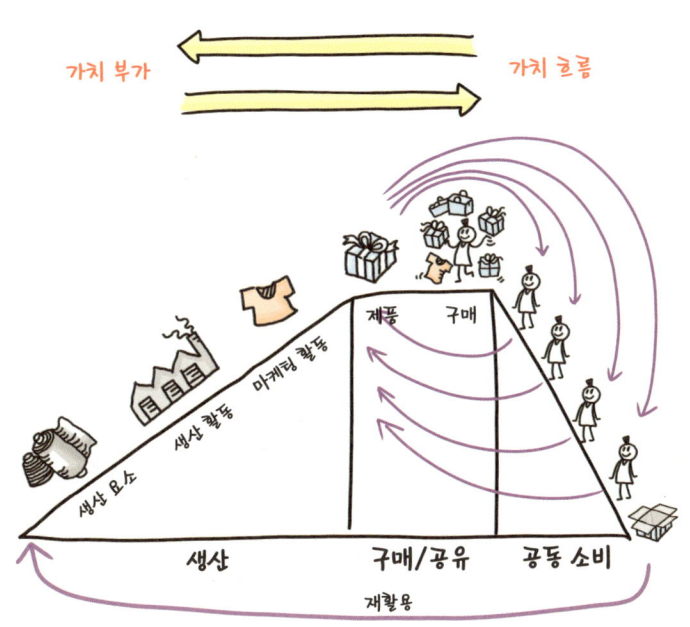

공유 형태의 소비와 제품 가치 흐름

가치는 어떻게 '소비'되는가

무료

드디어 **무료** 서비스에 대한 얘기다! 잠시라도 수입과 예산의 압박으로부터 자유로워지자.

물론 우리가 생활하는 데 꼭 필요한 음식이나 속옷, 이불 등을 무료로 소비하기는 어렵다. 그렇지만 디지털 서비스의 경우 스마트폰이나 노트북만 켜면 우리의 선택을 기다리는 수많은 무료 서비스가 넘쳐난다. 이런 것을 가능케 하는 '**공짜 경제**', '**프리코노믹스(Freeconomics)**'의 경제 원리를 우리 소비자 측면에서 살펴보자.

기존 경제학의 '지불용의(WTP) − 가격(Price)' 관점은 공짜 경제에선 통하지 않는다. 가격이 제로인데 뺄셈이 무슨 소용이겠는가? 그럼에도 불구하고 우리는 '모든' 무료 서비스를 이용하지는 않는다. 왜 그럴까?

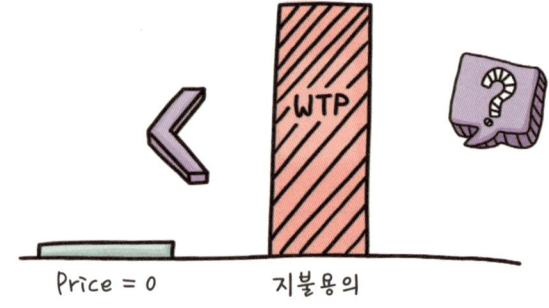

우리가 모든 공짜 서비스를 이용하지 않는 이유는 **시간과 공간의 제약** 때문이다. 그리고 사실 가격만 공짜인 **무료 서비스의 이면에는 비금전적인 '숨은 비용(Hidden Costs)'**이 있다. 동영상, 뉴스, SNS 등을 볼 때 중간중간 튀어나오는 광고를 봐야 하는 불편함과 내 의지와 관계없이 활용되는 사용자 데이터 등이 대표적인 예이다. 이러한 숨은 비용이 곧 인지비용이며, 인지혜택과의 차이가 인지가치를 결정한다. (앞으로 이런 서비스를 이용할 때는 공짜 이면의 숨은 비용을 꼼꼼하게 따져보자.)

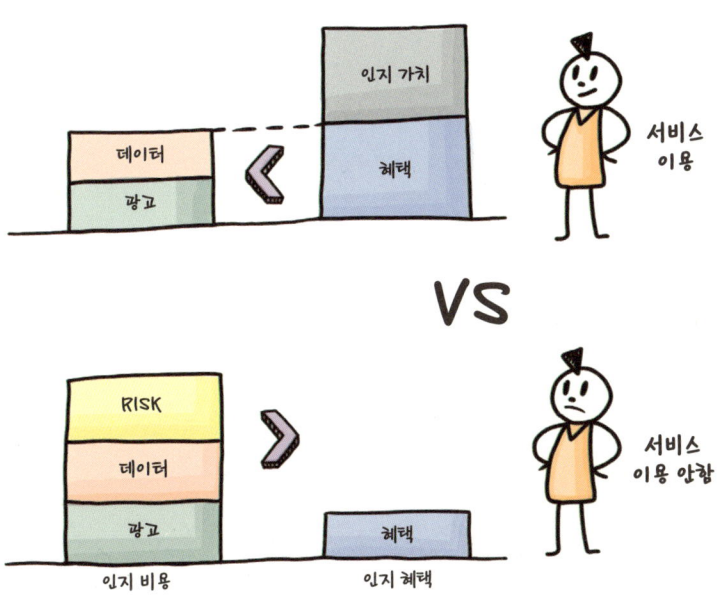

무료 서비스의 인지가치에 따른 이용 여부

■ 구독

마지막으로 그동안 살펴본 구매, 공유, 무료 형태의 장점을 결합한 소비의 '끝판왕'이라고 할 수 있는 **구독** 형태의 소비를 살펴보자. 대부분의 독자 여러분들도 그러하겠지만, 제한된 수입과 공간의 압박으로 인해 우리는 점차 구매를 줄여가고 있다. 저성장·저금리·저수익이 지속되는 뉴노멀(New Normal) 시대를 사는 우리에겐 불가피한 선택이다. 반면 점점 더 많은 사람들이, 점점 더 많은 제품과 서비스에 대해 **온디맨드(On-Demand)** 형태의 소비를 늘려가고 있는데, 이는 원하는 때에, 원하는 것을, 원하는 만큼 소비하면서 최소한의 비용을 쓰기 위해서다.

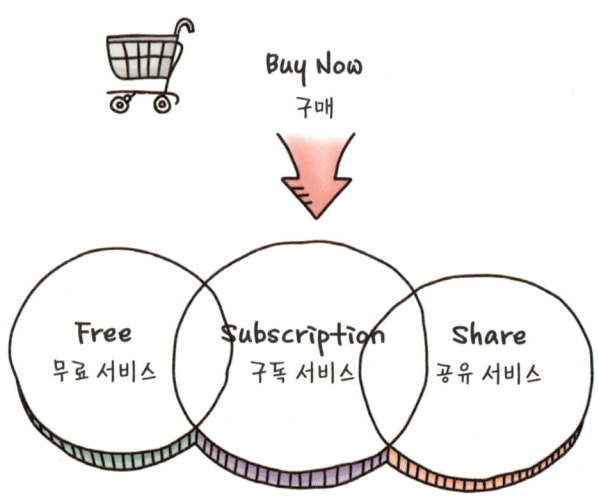

구독 형태를 원하는 것은 소비자만이 아니다. 광고 수입에 전적으로 의존하고 있는 무료 온라인 플랫폼 사업자들은 물론, 예전만큼 매출을 올리기 어려워진 제조사들까지 모두 안정적인 수익원이 되어줄 구독 서비스에 열을 올리고 있다.

예를 들어보자. 유튜브나 아마존은 대표적인 무료 동영상, 무료 전자상거래 서비스다. 그런데 이들은 우리 소비자에게 '유튜브 프리미엄'과 '아마존 프라임'이라는 유료 구독 서비스도 제공한다. 로직은 이렇다. 무료로 제공하는 서비스의 불편함인 인지비용을 구독료로 대체하고, 구독에 따른 인지혜택을 추가한다는 것이다.

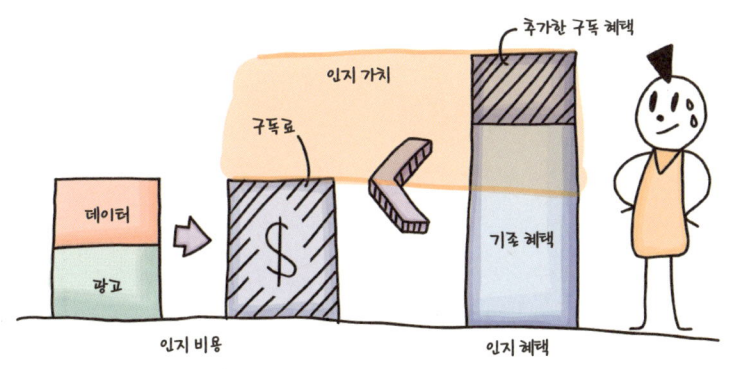

가치는 어떻게 '소비'되는가

구독 서비스는 이제 온라인 서비스는 물론 우리의 물리적 생활 곳곳에서 새로운 소비 형태로 빠르게 자리 잡음으로써 **구독 경제(Subscription Economy)**가 온·오프라인 세상의 대세가 되어가고 있다. 구독 경제란 소비자가 기업에 회원 가입을 하고 매달 정해진 금액을 지불하면서 서비스를 이용하거나 물건을 배송받아 이용하는 경제 모델을 말한다. 최근에는 신문, 잡지, 정수기 등은 물론 자동차, 의류, 가구, 식료품 등 광범위한 분야에 이르기까지 구독 서비스가 확대되고 있다.

구독 서비스는 제품이나 서비스의 특징에 맞게 다양한 형태로 진화하고 있다. 온라인 동영상·음악 서비스처럼 월 구독료를 납부하고 무제한으로 서비스를 이용하는 경우도 있고, 정기 배송 형태로 월 구독료를 납부하면 집으로 생필품이나 소모품을 수차례 배송해주는 경우도 있다. 또 자동차나 명품 옷, 그림처럼 고가의 물건에 대해 월 구독료를 납부하면 품목을 바꿔가며 자유롭게 이용할 수 있게 해주는 서비스도 많아지고 있다. 최근에는 인공지능 기술을 활용하여 개인별 라이프스타일과 취향에 맞춘 개인 맞춤형 서비스를 제공하거나 생애주기별로 필요한 것을 미리 예측하여 보내주는 등 지능적 맞춤 배송도 늘고 있다.

특히 밀레니얼이나 Z세대의 경우 제품을 소유하고 과시하기보다는 합리적인 가격으로 자유롭게 다양한 경험을 하는 것을 선호한다. 손

안에 작은 스마트폰만 있으면 모든 것이 실시간으로 서비스되는 것에 익숙한 젊은 세대들에게는, 번거로운 구매 과정이나 제한적 무료 서비스는 불편하게 느껴질 수밖에 없다.

이런 이유에서 영국 공영방송 BBC는 '사람들은 소비재를 소유하는 대신 '인생의 구독자'로 변화하고 있다'고 언급하기도 했다. 또한 『포브스』는 '구독 경제는 수백 년을 이어온 소유의 개념을 해체하고 소비하는 방식을 소유에서 가입으로 바꾸고 있다'고 평가했다.

이들 서비스는 모두 멤버십에 기반을 두고 있다. 온라인 기업이든 오프라인 기업이든 빠르게 변화하는 소비자의 욕구와 소비 행태를 따라잡고 고객을 고착화하기 위해 묘책을 내고 있다. 처음 멤버십에 가입하기는 어렵지만, 일단 가입된 멤버십은 어지간하면 유지하는 사람이 많지 않은가.

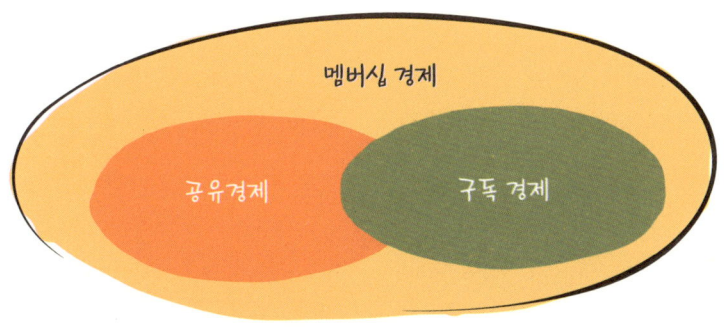

가치는 어떻게 '소비'되는가   243

제공 기업 | 누구로부터 소비할 것인가?

지금까지 우리는 '무엇을 소비할지'와 '어떻게 소비할지'를 살펴보았다. 이제 **'누구로부터 소비할지'**에 대해 간략히 얘기해보자.

먼저 독자 여러분의 주요 소비지출 품목과 소비 방식을 머릿속에 떠올려보자. 설명의 편의를 위해, 우리가 대부분의 식품이나 생필품을 구매하는 온라인 쇼핑몰과 오프라인 매장, 온라인 디지털 미디어 서비스로 소비를 한정해보자. 특히 계정이나 멤버십을 가지고 이용하고 있는 제품이나 서비스가 있다면, 어느 기업의 것인지 생각해보자.

아마도 대부분의 독자들이 특정 기업의 온라인 쇼핑몰과 오프라인 매장, 온라인 서비스를 떠올렸을 것이다. 자, 중요한 질문은 이제부터다. **"대체 왜 당신은 ○○ 기업'으로부터 재화나 서비스를 소비하는 것일까?"** 여러 가지 답이 가능하겠지만, 가장 먼저 꼽을 수 있는 이유는 이들 기업을 통해 다양한 서비스를 한 번에 이용할 수 있다는 점일 것이다. 하나의 계정, 하나의 멤버십으로 간편하게 여러 가지 양질의 소비를 할 수 있다는 것은 **복합적 가치**를 제공한다는 장점이 있다.

또 한 가지 중요한 것은 (우리가 인정하건 인정하지 않건 간에) 우리가 이들 기업을 **신뢰**한다는 것이다. 이것이 바로 두 번째 중요한 질문이다. "**당신은 당신이 주로 이용하는 ○○ 기업을 얼마나 신뢰하는가?**" 미국과 중국의 대표적 멀티서비스 기업인 아마존과 알리바바를 예로 들어보자. 두 기업은 아래와 같이 온·오프라인을 막론하는 다양한 유통 서비스와 온라인서비스를 제공하고 있다. 특히 **결제 서비스 제공을 통해 소비의 출입구**를 쥐고 있다. 이들에 대한 신뢰가 없다면 불가능한 일이다.

아마존 vs. 알리바바 유사 사업 영역

amazon		Alibaba Group
아마존 닷컴	온라인 쇼핑몰	알리바바 닷컴, 티몰, 타오바오, 알리 익스프레스, 라자다 등
홀푸드, 아마존 고, 아마존 북스	오프라인 쇼핑몰	인타임, 수닝, 허마
아마존 결제	결제	앤트 파이낸셜, 페이티엠
아마존 비디오, 아마존 뮤직, 방송 플랫폼 트위치, 아마존 게임 스튜디오, 아마존 오디오북	디지털 엔터테인먼트	유쿠, 유씨웹, 알리스포츠, 알리뮤직, 알리바바 픽쳐스
알렉사(IoT) / 링(IoT) 킨들 + 파이어	기타	엘레미·쿠비(지역서비스), 알리마마(마케팅), 차이냐오(물류), 오토내비(지도), 티몰지니(IoT)

출처: Mary Meeker, 2018

전통적인 구매 방식의 소비에서는 소비자가 개별 제품과 서비스에 대해 구매를 결정하는 **의사결정 여정**을 간소화하여 고객 충성도에 기반한 '**로열티 루프(Loyalty Loop)**'를 만드는 것이 가장 중요했다. 구매를 고려하는 제품이나 서비스와 관련된 여러 브랜드를 비교하여 평가한 뒤에야 최종적으로 하나의 브랜드를 정해 구매하는 데서 나아가 구매한 제품을 즐기고 지지함으로써 고민 없이 다시 재구매를 하는 로열티 루프를 만들고자 한 것이다. 이를 위해 천문학적 마케팅 비용과 고객 서비스 비용을 들였다.

그런데 각종 디지털 유통 몰에 힘입어 주도권은 고객들에게 넘어갔고, 더 나아가 소비자들은 구매가 아닌 공유나 구독 방식으로 소비 행태를 바꿔가고 있다. 이제는 하나하나의 제품이나 서비스에 대해 구매를 할지 말지를 고민하는 시대를 넘어서고 있다. 이제는 **어느 기업을 통해 구독과 같은 '패키지 서비스(Package Service)'를 이용할지 고민하는 시대**가 되었다.

결국 우리 소비자의 가장 가까이에 있는 기업은 '**복합적 가치를 제공하는, 신뢰할 수 있는 기업**'이다. 신뢰는 기업의 탁월한 서비스와 저렴한 비용에 대한 믿음, 그리고 여러 위험 요소로부터 안전하다고 느끼는 데서 비롯될 것이다.

구독 서비스의 고객 여정

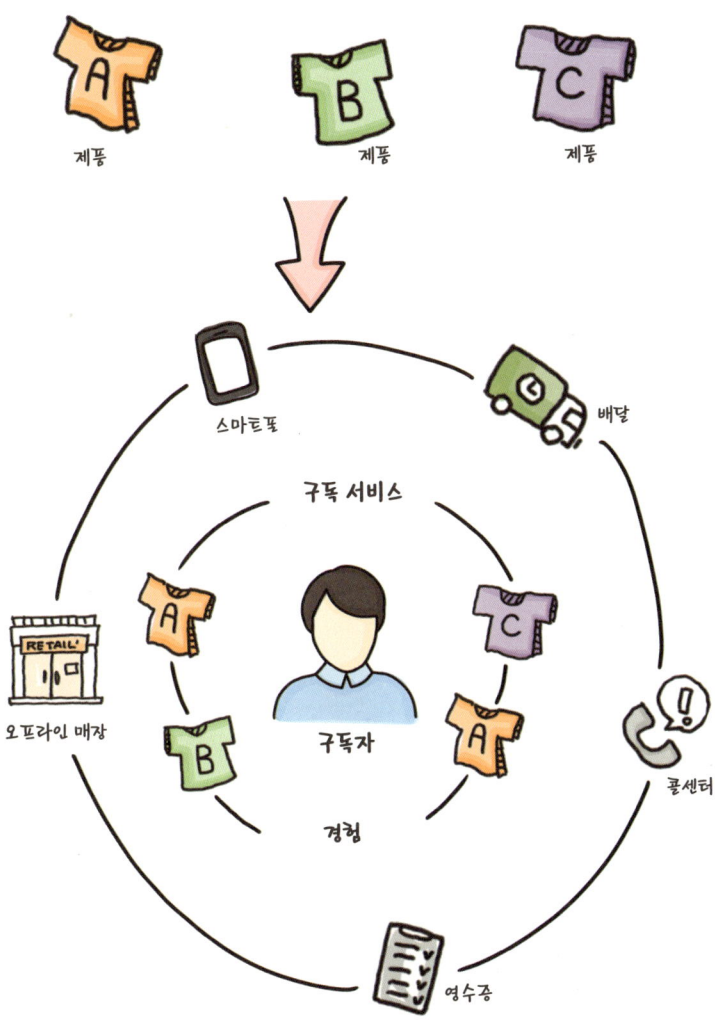

I ♥ to Summarize

소비란 기본적으로 소비자가 재화와 서비스를 이용하기 위해 지불하는 것을 일컫는다. 그리고 우리 소비자는 **한정된 소득과 무한한 소비 욕구 사이의 불균형**인 희소성으로 인해 **불가피한 선택**의 기로에 놓인다.

가치는 어떻게 '소비' 되는가?

우리는 예산과 시간의 제약으로 인해, 무엇을 소비할지, 어떻게 소비할지, 누구로부터 소비할지를 고민하고 선택해야 한다.

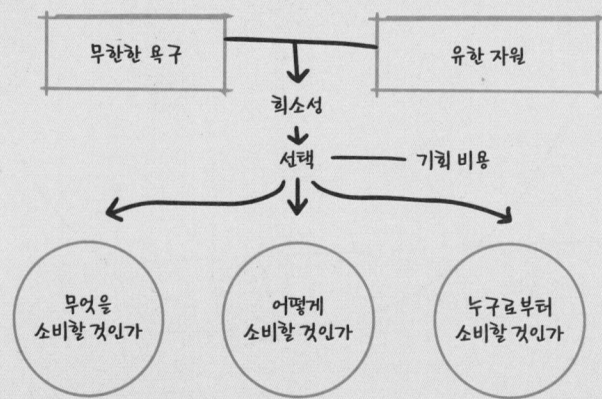

디지털 기술과 인터넷의 발전, 생산자의 초경쟁 상황 등으로 인해 우리는 제한된 수입과 시간을 최대한 활용할 수 있는 **다양한 소비(지불) 방식**을 누릴 수 있게 되었다. 그리고 이는 결국 **누구로부터 소비할지**에 대한 고민으로 이어진다.

모든 것은 소비자의 선택에 달렸다!

과거에는 '무엇을 (얼마나) 구매할지 말지'가 소비자 선택의 주류였지만, 이제 소비자의 선택은 나날이 복잡하고 다양해지고 있다.

무엇을 소비할지
▶ 소비 지출과 소비 시간 측면을 모두 고려

어떻게 소비할지
▶ 과거 물리적 세상에서는 구매를 통한 소비가 대부분
▶ 한계비용 제로의 디지털 서비스는 많은 경우 무료
▶ 최근에는 공유, 구독 등의 소비 방식 증가

누구로부터 소비할지
▶ 하나의 계정으로 다양한 가치와 편의를 제공하는 기업 증가
▶ 누구를 신뢰하는지가 선택의 핵심

PART IV

'올웨이스 온라인' 세상의 승자가 되려면

개인은 스스로 '가치 창출자'가 될 수 있는가
기업은 고객과 '가치고리'를 만들 수 있는가
정부는 국민이 신뢰하는 '가치흐름'을 유지하는가

개인은 스스로
'가치 창출자'가 될 수 있는가

지금까지 우리는 '올웨이스 올라인' 세상이 과거의 물리적 세상과 무엇이, 어떻게, 왜 다른지에 대해 수많은 이야기를 나누었다. 이 과정에서 여러 잔의 아메리카노가 소비되었을 것으로 예상된다. (만약 지루함을 이기지 못하고 건너뛴 독자들이 있다면 어느 날 갑자기 학구열이 생겼을 때 꼭 읽어주길 바란다.)

이제부터는 그 **미래의 세상을 살아갈 주인공인 우리들**에 대해 얘기해보자. **대체 우리는 어떻게 해야 잘 먹고 잘살 수 있을까?**

개인은 스스로 '가치 창출자'가 될 수 있는가

개인 | 가치 창출자로서의 나

잘 먹고 잘살기 위해서 기본적으로 필요한 게 무엇일까? 그렇다. 또 돈 얘기를 할 수밖에 없다. (이슬만 먹고는 살 수 없는 인간이기에 어쩔 수 없는 일 아닌가!)

결국 '**잘 먹고 잘살기**'라는 말의 다른 표현은 '**잘 벌어 잘 쓰기**'라고도 할 수 있다. 우리 인간이 소비자이자 생산자일 수밖에 없는 것도 같은 이유이다. **생산자로서의 생산 활동을 통한 수입**이 있어야 **소비자로서의 지출**이 가능하다.

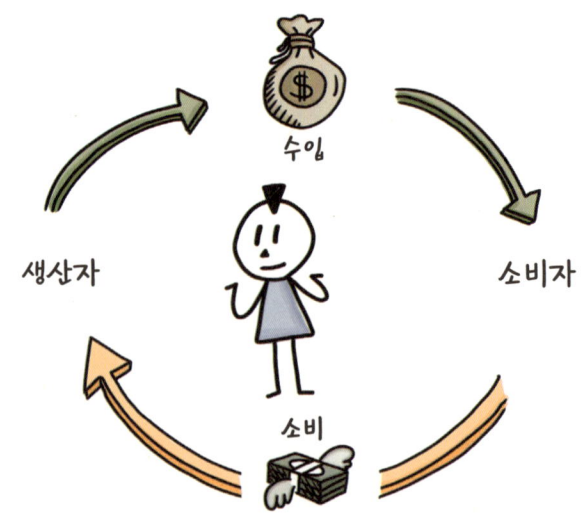

그렇다면 이제 우리가 **생산자로서 생산 활동에 참여하는 방식**에 대해 좀 더 생각해보자. 물론 아직까지는 어느 **기업의 근로자로서 노동이라는 생산요소를 제공하고 급여를 받는 경우**가 대부분이다. 토지나 자본을 빌려주고 지대나 이자 등의 수입을 얻는 사람들도 일부 있지만 말이다.

그렇지만 점차 많은 사람들이 온라인 세상을 적극 활용해서 과거와는 다른 방식으로 수입을 창출하고 있다. 기업이라는 전통적 생산자의 생산요소로 남기보다는 **디지털의 특성과 자신의 능력을 결합해 자신이 직접 생산자이자 가치 창출자가 되는 경우**가 점점 늘고 있는 것이다.

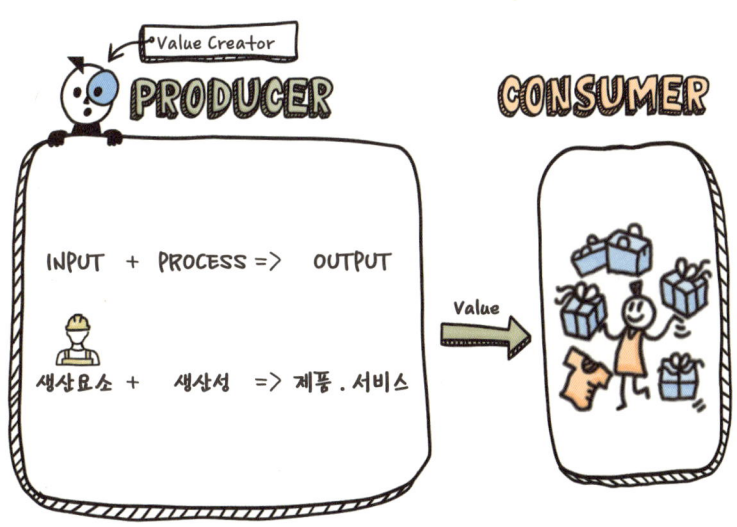

일례로 유튜버나 블로거처럼 온라인 플랫폼을 통해 독자들과 연결되어 콘텐츠를 직접 제공하고 광고나 구독료와 같은 다양한 수입을 올리는 사람들을 대표적인 가치 창출자로 볼 수 있다.

그렇지만 어느 기업의 직원이나 공무원으로 일하는 경우에도 **근로자와 가치 창출자의 구분**은 존재할 수 있다. 즉, 당신이 어느 기업의 생산요소에 불과한 근로자라면 당신은 언제든 인공지능이나 로봇 같은 효율적인 디지털 기술에 의해 대체될 수 있다. 하지만 당신이 그 **기업의 가치를 높이는 데 꼭 필요한 재능을 지닌 사람**이라면 당신은 **대체하기 힘든 가치 창출자**로 여겨질 것이다. 그렇기 때문에 현재 어떤 방식으로 그 수입을 얻고 있는지가 미래를 위해 매우 중요하다. 지금은 같은 매출을 올리고 있는 기업이라 해도 사람의 노동력으로만 제품을 생산하는 단순 제조업과 스마트 팩토리와 디지털 공급 네트워크를 갖춘 첨단 제조업의 미래가 매우 다를 수 있는 것처럼 말이다.

이제는 개인도 (디지털 기술에 의해 쉽게 대체되지 않을) 가치를 스스로 만들어내는 능력이 있어야 한다. 그래야만 세상이 어떻게 바뀌더라도 **누군가에게 가치를 제공하고 그 대가로 수입을 얻는 가치 창출자**가 될 수 있다. 물론 그 누군가는 일반 고객일 수도 있고 기업이나 정부 기관일 수도 있다. 마치 기업의 대표적인 고객군을 B2C(Business to Consumer, 개인 고객), B2B(Business to Business, 기업 고객), B2G(Business to Government, 정부 고객)로 구분하듯이 말이다.

이제부터는 이러한 고객 구분을 우리 자신에게도 적용해보는 것이 필요하다. '나'라는 개인은 **어떤 고객에게 어떤 가치를 제공할 수 있는 사람인지** 진지하게 생각해보자. **어떤 고객에게 가치를 제공하는지**에 따라 **Me2C, Me2B, Me2G로 구분**해보면서 말이다. 중요한 것은 고객이 누구든지 간에 내가 스스로 창출할 수 있는 분명한 가치가 있어야 한다는 것이다.

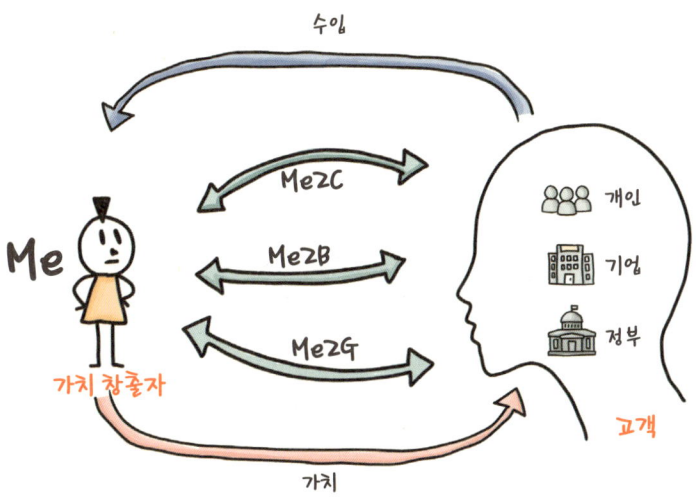

새로운 세상에서의 가치 창출자가 되기 위해 어떤 것들이 필요할지 논의하기에 앞서 잠시 현황을 체크해보자. **지금 당신이 고객을 위해 어떤 가치를 제공하고 있는지** 되돌아보는 것이다. 챕터 9에서 가치 제안 캔버스를 유심히 봐둔 독자라면 수월하게 연습할 수 있다. 우선 **당신이 현재 수입의 대부분을 얻고 있는 고객과 고객의 특징**을 오른쪽에 적어보자. 그러고 나서 **당신이 고객에게 제공하고 있는 서비스, 즉 당신의 역할**을 아래에 적어보자.

만약 자영업자라면 가게의 손님이 고객이 될 것이고, 직장인이나 공무원이라면 자신이 속한 조직을 고객으로 볼 수 있을 것이다. 만약 아직 수입이 없는 학생이라면 졸업 후 희망하는 미래 고객을 적어보자. 그리고 아래의 질문에 냉정하게 답해보자. ('셀프팩폭'이어도 좋다. 어차피 혼자 보는 책 아닌가!)

> "당신은 현재 '당신의 가치'라고 부를 수 있는 것을
> 스스로 창출하고 있는가?"

능력 | 스펙보다는 실질적인 능력

새로운 세상에서 가치 창출자로 살기 위해서는 무엇이 필요한지 본격적으로 살펴보자. 앞서 언급한 재능이라는 단어보다는 좀 더 구체적인 설명을 곁들여서 설명해보겠다.

우선 스펙보다 실질적인 **능력**이 필요하다. **평생직장**이라는 말이 당연하게 여겨졌던 시절에는, 열심히 공부하고 경쟁해서 남들보다 좋은 자격 조건을 쌓아 원하는 직장에 들어가기만 하면 수십 년간의 안정된 수입이 보장되기도 했었다. 디지털 세상이 들이닥치기 이전의 얘기다.

지금은 어떠한가? 100세 시대가 되면서 수명은 길어진 데 반해 주수입원이 되어주는 직장의 근속연수는 나날이 짧아지고 있다. (기업 자체의 생존 기간이 날로 짧아지고 있으니 당연한 일인지도 모르겠다.) 기술 변화가 빠른 실리콘밸리의 디지털 기업 직원들의 평균 근속연수는 2년이 채 안 된다고 한다. 결국 **100세까지 잘 먹고 잘살기 위해서는 여러 번 새로운 수입원을 찾아야 한다**는 뜻이다! 말만 들어도 아찔해진다. 요즘처럼 직장 구하기가 하늘의 별 따기가 되어버린 세상에서는 더욱 그렇다.

더 심각한 문제는 직장을 구하기 위해 경쟁해야 하는 대상이 더 이상 사람에 국한되지 않는다는 것이다. 디지털 기술은 사람의 노동력과 인지력을 대체한다. 사람보다 효율적이고 정확한 자동화를 앞세워 사람의 일자리 자체를 없애버리는 것이다. 그렇기 때문에 미래 세상에서 우리가 수입원을 찾기 위해서는 사람은 물론 인공지능이나 로봇과 비교했을 때도 차별화되는 확실한 **능력**이 있어야 한다. 즉, **개개인의 혁신적·창의적·감성적·지적 능력**을 키워야 한다.

앞의 그림에서 알 수 있듯 사람이 근력을 사용해서 할 수 있는 능력은 힘, 속도, 정확도, 일관성, 투입 시간 등 모든 면에서 로봇을 당할 수가 없다. 게다가 (사람과 달리) 인공지능 시스템에 직접 연결되어 방대한 정보를 실시간으로 처리할 수 있는 지능형 로봇이 늘면서 사람의 일자리는 더욱 빠르게 사라지고 있다.

최근 발표된 세계경제포럼의 「직업의 미래 2018(The Future of Jobs 2018)」에서는 자동차, 항공, 금융, 석유, 가스 등을 중심으로 전 산업의 로봇 도입이 더욱 빨라질 것으로 내다봤다. 2022년에는 휴머노이드 로봇 도입 비율이 전 산업의 23%에 육박하고 생산용 고정 로봇 도입은 37%에 이를 것이라는 전망이다. 하늘과 땅, 물 속 작업 역시 19~33% 로봇이 대신할 것으로 내다보고 있다. 그만큼 사람의 일자리가 없어진다는 씁쓸한 예측이기도 하다.

2022년 로봇 도입 기업 전망

로봇 도입 기업 비율	휴머노이드 로봇	고정작업 로봇	공중·수중 로봇	지상 로봇

	23%	37%	19%	33%

출처: WEF, 2018

그렇다면 남아 있는 일자리는 어떤 사람들이 채울까? 바로 **인공지능이나 로봇이 대체할 수 없는 능력**을 가진 사람, 혹은 **인공지능 로봇과 함께 일하며 가치를 높여줄 수 있는 능력**을 가진 사람일 것이다. 아래는 세계경제포럼이 2022년에 가치가 더욱 올라가거나 혹은 내려갈 것으로 전망되는 능력과 기술을 정리한 표이다. **디지털 기술이 대체하기 힘든 혁신적·창의적·비판적·감정적 능력**이나 **디지털 기술을 다룰 수 있는 분석적·추론적 능력이나 기술 디자인 능력** 등이 더욱 중요해진다.

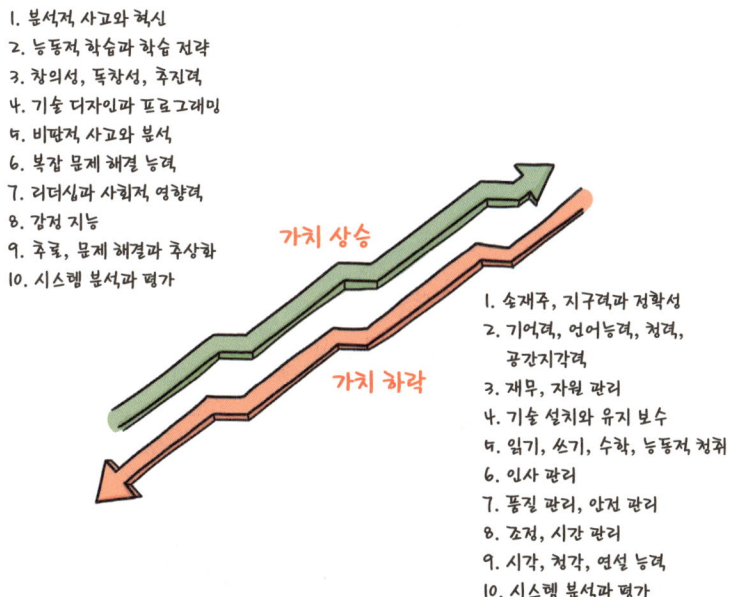

출처: WEF, 2018

개인은 스스로 '가치 창출자'가 될 수 있는가

학습 | 평생 벌이를 위한 평생 학습

평생직장이 사라진 100세 시대는 결국 평생 벌이 시대가 도래함을 뜻한다.

그렇다면 기하급수적 변화의 시대를 살면서 평생 벌이를 하기 위해서는 어떻게 해야 할까? 앞에서 언급한 것처럼 확실한 능력이 있어야 한다. 그리고 빠르게 변화하는 환경에 맞춰 그때 그때 필요한 능력을 갖추려면? 학습을 해야 한다. 그것도 평생 벌이를 위한 '평생 학습'을! (평생 벌이와 평생 학습이라니… 말만 들어도 이미 다크서클이 턱까지 내려오는 듯하다.)

더 이상 피할 수 없는 숙명이 되어버린 평생 학습에 대해 좀 더 자세히 얘기해보자. 평생 동안 학교와 학원만 다니며 살 수는 없기에 평생 학습을 위해서는 학습 방식이 달라져야 하며 **개인의 특성과 역량에 맞는 학습 전략이 필요**하다. 그런 이유에서 앞서 살펴본 '2022년 능력 전망'에서 가치가 올라가는 능력 중에 '**능동적 학습과 학습 전략**'이 '분석적 사고와 혁신' 다음으로 가장 중요하게 언급된 것이다.

그러나 안타깝게도 그동안 우리가 받아왔던 교육은 대부분 누군가가 획일적으로 짜놓은 커리큘럼을 따라가는 수동적 학습이었다. 수능 같은 시험에서 어떻게 하면 더 좋은 성적을 받을까 하는 것이 가장 큰 고민인 '웃픈' 교육 말이다. 더욱 안타까운 것은 수백 년 동안 점진적인 진화만을 거듭해온 현재의 교육 시스템을 수 년 안에 완전히 탈바꿈시키기란 매우 어렵다는 점이다.

'**목 마른 사람이 우물을 파는 법**'이다. 우리 스스로 강점을 키울 수 있는 학습을 능동적으로 찾아야 하며, 그러기 위해서는 나만의 전략이 필요하다. 신문지상에서 중요하다고 하는 모든 것들을 다 배우기엔 시간도 역량도 턱없이 모자란다. 모두가 이제부터라도 컴퓨터 코딩을 배워야 한다고 외치는 와중에 인공지능은 이미 스스로 코딩하는 법을 터득하는 시대다. 다시 한 번 강조하지만, 우리는 모두 시시각각 변화하는 환경에서 나에게 맞는 희소한 역량과 재능을 찾기 위한 노력을 계속해야 한다. 사람은 물론 온갖 디지털 기술마저 평생 벌이의 경쟁자가 되는 초경쟁 세상에서는 그 어느 때보다 나에게 맞는 **능동적 학습**(Active Learning)과 **전략적 학습**(Strategic Learning)이 중요해진다.

다행스럽게도 이미 여러 선구자들이 이러한 필요를 간파하고 무료 혹은 저렴한 온라인 교육 서비스를 제공하고 있다. 대표적인 비영리 교육 서비스인 **칸 아카데미**(Khan Academy)부터 '인공지능의 대가'로 불리는 앤드류 응(Andrew Ng) 교수가 창립에 참여한 **코세라**(Coursera), 인터넷 기업들의 수요에 맞는 다양한 나노 학위(Nano Degree) 학습 과정을 제공하는 **유다시티**(Udacity) 까지 다양한 온라인 교육 플랫폼들이 있다.

모든 것이 온라인으로 연결된 '올웨이스 온라인' 시대에 적합한 교육 형태는 무엇일까? 어렵게 따져보지 않더라도 소매업의 종말을 불러온 아마존의 예를 떠올려보면 알 수 있을 것 같다. 포노 사피엔스인 우리는 이미 '실시간으로 언제 어디서나 서비스되지 않는 모든 것들', '물리적이고 고정적이고 개인화되지 않은 모든 것들'에 대한 참을성과 인내를 잃어가고 있지 않은가.

게다가 100세 시대를 살아가기 위한 평생 벌이는 점차 힘들어지고 그에 비해 평생 소비에 대한 부담은 커지고 있다. 이런 상황에서 과거처럼 막대한 오프라인 교육비를 감당하기란 쉽지 않다. 미국의 경우 학자금 대출이 2018년에는 1조 4,000억 달러(한화로 약 1,540조 원)에 달하는 등 심각한 사회문제로 대두되고 있으며, 이는 젊은 세대들의 주택 구입 등 이후의 경제활동에 큰 부담으로 작용하고 있는 실정이다.

이런 이유에서 최근 하버드대학교의 클레이턴 크리스텐슨(Clayton Christensen) 교수는 '앞으로 10년 내지 15년 안에 미국 내 대학의 절반이 파산을 면치 못할 것'이라는 의견을 내놓기도 했다. 이뿐만 아니다. 엘론 머스크는 '학위보다 능력이 중요'하다는 점을 강조하며 빌 게이츠나 스티브 잡스와 같은 대학 중퇴자들이 이를 증명한다고 말했다.

엘론 머스크처럼 학위보다 실질적인 능력이나 기술이 중요하다고 생각하는 기업가들은 점점 늘고 있다. 앞서 우리는 물리적 세상과 디지털 세상이 오버랩되는 과정을 보았고 이로 인해 경제의 기본인 희소성과 고객 가치가 복잡하게 변화하고 있음을 보았다. 결국 이러한 변화는 우리가 상품과 서비스를 생산하고 소비하는 방식 모두를 빠르게 변환시키고 있다. 이렇게 **기업이 가치를 창출하고 제공하는 방식이 급격하게 변화**함에 따라 **이러한 변화에 적합한 능력을 갖춘 새로운 인재**가 필요해지고 있다.

세상이 바뀌면 학교보다 기업이 먼저 바뀐다. 우리가 학교를 다니며 교육을 받고 학위를 따는 이유는 대부분 기업의 생산 활동에 참여함으로써 수입을 얻기 위해서다. 그렇기 때문에 긴 시간의 교육과 막대한 학비는 결국 기업이 원하는 가치를 제공할 수 있어야만 그만한 가치가 있다. 만약 취업을 주 목적으로 대학에 진학한 경우라면 말이다.

냉정하게 생각해보자. **지금의 나에게 필요한 교육과 학습은 무엇이며, 어떤 방식으로 할 수 있는가? 이를 위해 내가 기꺼이 지불하고 투자할 수 있는 비용과 시간은 어느 정도인가? 무엇이 지금 나에게 가장 효율적인 학습 방법인가?** 그것을 생각하고 고민해서 **학습 전략**을 결정해야 한다!

멀티태스킹 | 다양한 플랜 수립 & 시간 관리 능력

우리 대부분에게 급여가 주수입원이 되는 것은 사실이지만 이것만이 유일한 수단은 아니다. 자영업자도 많고, 프리랜서도 많고, 유튜버나 블로거와 같은 창작자도 많다. 긱 경제(Gig Economy, 임시직 경제)라는 말이 생길 정도로 단기직도 다양하다.

지금 당신이 무슨 일을 주수입원으로 삼고 있든지 앞으로는 **한 가지 수입원에만 의존해서 평생 잘 먹고 잘살기를 기대하기는 어렵다!** 지금 아무리 잘나가는 기업이라고 해도 당신이 100세가 되기 전에 망할 확률이 높고, 지금 아무리 몸값 높은 전문 기술이라고 해도 10년, 20년 뒤에는 쓸모없어질 확률이 높기 때문이다. 결국 우리 모두에게는 플랜 B가 필요하다. 아니, 플랜 C, 플랜 D도 필요할지 모른다.

한국의 경우 수출 중심 제조업의 비중이 높고 자영업 비중도 약 25% 수준으로 매우 높다. 그렇다 보니 나라 전체가 글로벌 경기 침체에 따른 수출 부진과 자영업 불황이라는 악순환에 시달리고 있다. 특히 우리나라 자영업자들의 상당수가 음식, 숙박, 도소매 등 경기 민감형 업종에 쏠려 있어 여파가 더욱 크다. 그동안 '취업이 안 되면 자영업', '실업하면 자영업'이라는 식의 막다른 선택지가 대부분이었기 때문이다.

이제는 '플랜 A가 안 되면 플랜 B', '플랜 B도 안 되면 플랜 C'라는 순차적 사고를 버려야 한다. 앞으로는 **'플랜 A + 플랜 B + 플랜 C'**를 동시에 추진할 수 있는 **멀티태스킹 능력**과 **시간 관리 능력**이 매우 중요한 재능이 된다. 이를 위해서는 앞서 봤던 '2022년 능력 전망'의 세 번째 중요 능력인 **추진력**, **독창성**, **창의성**이 요구된다.

다시 말하면 앞으로는 '직장을 다니면서(플랜 A) + 수시로 프리랜서로 일하고(플랜 B) + 틈틈이 블로그에서 창작 활동을 하고(플랜 C) + 틈 나는 대로 SNS를 통해 소통하면서 새로운 기회를 찾는(플랜 D)' 일들을 동시에 할 수 있어야 한다. 경악을 금치 못하는 독자들도 있겠지만, 5 스크린 세대로 불리는 Z세대 젊은이들에게는 여러 가지 수입원을 동시에 다루는 것이 그리 어렵지 않을 수 있다.

기업들 역시 멀티태스킹 방식으로 고용 형태를 다변화하고 있다. 많은 기업들이 내부의 **핵심 인력**이라고 할 수 있는 정규직은 최소화하고 **외부의 전문가나 파트너와의 협업을 통해 가치 창출 능력을 증강**하고 있다. 외부의 재능 있는 사람들과의 **제휴**나 **파트너쉽**이 늘어나고 있는 것이다. 또 자사 **고객** 역시 가치 창출에 적극 활용하고 있다. 고객의 데이터 활용은 말할 것도 없고, 보다 적극적으로 고객의 집단 재능을 활용하려는 시도가 늘고 있다. 당신이 끊임없이 외부와 소통하며 새로운 협업 기회를 찾아야 하는 것도 바로 이 때문이다. 어디서 당신의 플랜 B, C, D가 튀어나올지 모르는 일 아닌가!

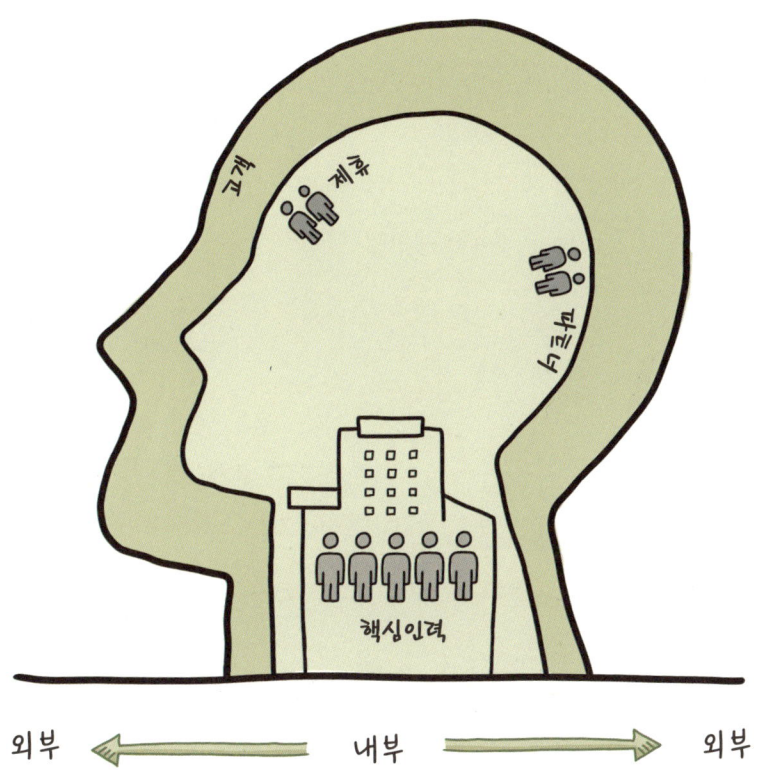

I ❤ to Summarize

소비자인 동시에 생산자인 우리가 **잘 먹고 잘살기** 위해서는 누군가에게 가치를 제공하고 그 대가로 수입을 얻는 **가치 창출자**가 되어야 한다. 그래야만 잘 벌어 잘 쓰기가 가능하다. 하지만 디지털 기술이 점점 더 많은 것을 대체하는 세상에서 가치 창출자로 살아가기란 결코 쉽지 않다.

 스스로 '가치 창출자'가 될 수 있는가?

'나'라는 개인이 어떤 고객에게 어떤 가치를 제공할 수 있는지 고민해야 한다. 개인·기업·국가 모두 나의 고객일 수 있다.

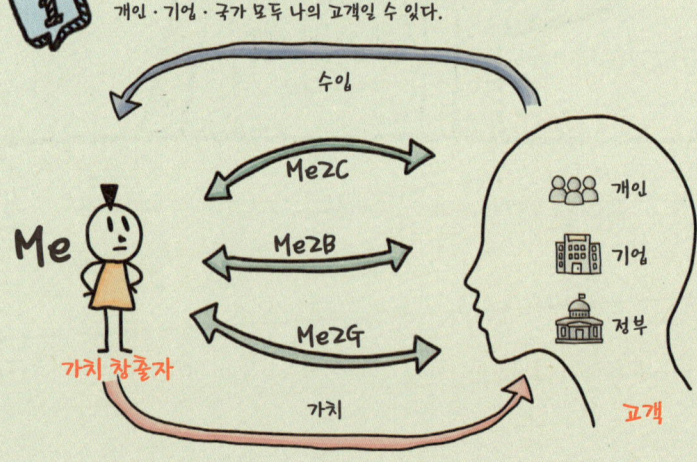

그렇다면 '올웨이스 온라인' 세상에서 가치 창출자로 살아가기 위해서는 무엇이 필요한가? (그것도 100세까지 말이다!) 우선 급변하는 세상의 속도에 맞춰 **지속적으로 가치를 만들어내는 능력**이 무엇보다 중요하다. 인공지능이나 로봇이 대체할 수 없는 확실한 자신만의 능력, 그리고 이를 위해 **평생 학습**과 **멀티태스킹**이 필요하다.

차별화된 능력, 평생학습, 멀티태스킹이 필요하다!

'평생직장이 사라진 100세 시대'는 결국 '평생 벌이' 시대를 뜻한다. 계속해서 새로운 수입원을 발굴하는 노력과 능력이 필수적이다.

스펙보다 능력
▶ 다른 사람은 물론 디지털 기술과도 차별화되는, 개인의 혁신적·창의적·감성적·지적 능력 필요

평생 벌이를 위한 평생 학습
▶ 개인의 특성과 역량에 맞는 전략적 학습 필요

유연한 멀티태스킹
▶ '플랜 A + 플랜 B + 플랜 C' 식의 사고방식 필요
▶ 추진력, 독창성, 창의성, 소통 능력, 협업 능력이 중요

기업은 고객과 '가치고리'를 만들 수 있는가

'올웨이스 온라인' 세상에서 잘 먹고 잘살기 혹은 잘 벌어 잘 쓰기가 어려워진 것은 비단 우리 개인들만이 아니다. 기업들 역시 생존하고 성장하기가 어려워 살얼음판 위를 걷는 심정으로 하루하루를 보내고 있다고 해도 과언이 아니다.

100년 기업은 과거 물리적 세상의 영화를 떠올리는 추억의 단어가 되어가고 있다. 아마존의 CEO 제프 베조스는 최근 한 방송 매체를 통해 **대기업의 수명이 100년이 아닌 30년에 불과**하다며 아마존 역시 언젠가는 망할 수 있다고 경고했다. 특히 제프 베조스는 '아마존이 고객이 아닌 기업 내부에 집중하기 시작했을 때가 바로 그 종말의 시작이 될 것'이라면서 **오직 고객에게만 집중**하는 것이 중요함을 거듭 강조했다.

나는 그가 말한 **오직 고객에게만 집중**하는 것이 바로 '**올웨이스 온라인**' 시대에서 기업이 승자가 될 수 있는 단 하나의 **방법**이라고 생각한다.

앞서 살펴본 것처럼 미래 세상에서는 희소한 것도 사람의 데이터와 재능이요, 경제의 중심도 결국 복잡한 가치 요소를 가진 사람들, 즉 고객이다. 그렇기 때문에 **기업이 고객과 어떤 관계를 맺고 있는지가 가장 핵심적인 경쟁력**이 된다. 고객과 얼마나 가까이에 있는지, 고객에게 어떤 가치를 제공하고 있는지, 고객의 일상과 얼마나 긴밀히 연결되어 있는지, 고객을 얼마큼 잘 알고 있으며 고객의 어떤 데이터를 활용할 수 있는지 등 말이다.

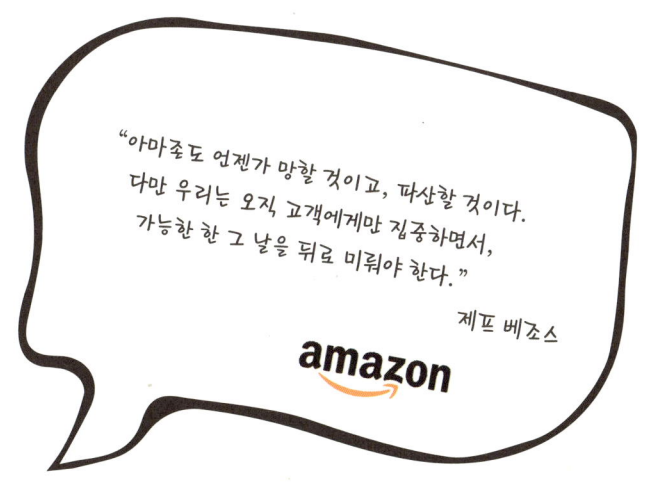

"아마존도 언젠가 망할 것이고, 파산할 것이다. 다만 우리는 오직, 고객에게만 집중하면서, 가능한 한 그 날을 뒤로 미뤄야 한다."

제프 베조스

amazon

기업 | 고객과의 가치고리 형성

사랑에 빠지면 그 사람밖에 안 보인다고 한다. '올웨이스 온라인' 세상에서 기업이 고객에게 집중하는 것도 바로 이런 **일편단심**의 자세여야 한다. **고객밖에 안 보이고, 고객의 일거수일투족이 궁금하고, 그 일거수일투족에 관여하고 싶은 그런 마음** 말이다. (물론 고객도 이를 원할 때 얘기다. 고객이 원하지도 않는데 일거수일투족을 감시하고 관여하면, 얘기가 갑자기 연애물에서 스토킹 범죄물이 된다!)

그렇다면 고객이 하루 일과 중 다양한 활동을 하면서 찾고 또 찾게 되는 '연인 같은 기업'은 어떤 기업일까? 기업이 가장 탐내는 고객 데이터를 기꺼이 내주면서 말이다. 나는 이러한 기업을 **고객과의 '가치고리 형성에 성공한 기업'** 이라고 표현하고 싶다. 아마도 (그동안 들어본 적 없는) **'가치고리(Value Loop)'** 라는 말에 고개를 갸우뚱하는 독자들이 대부분일 것이다. 당연한 반응이다. **생산자와 소비자 간의 가치흐름**을 쉽게 설명하기 위해 저자가 만들어낸 구분이니 말이다.

먼저 가치고리가 가치사슬이나 가치서클과 어떻게 다른지부터 짚어보자. 앞서 챕터 10에서 살펴본 바와 같이 기존의 **일방향의 가치사슬** 구조는 이미 **고객과 연결되어 데이터라는 중요한 가치가 양방향으로 흐를 수 있는 가치서클** 구조로 바뀌고 있다. 이는 제조업을 비롯한 모든 산업의 생산자들이 **디지털 전환**과 **플랫폼화**를 통해 추진하고자 하는 공통적인 방향이다. 또한 아래 그림과 같이 가치서클은 소비자와의 가치 교환의 '양방향성'에 초점을 둔 것이라면, 가치고리는 그러한 가치 교환 서클이 계속해서 반복 실행되는 '반복성'에 초점을 둔다.

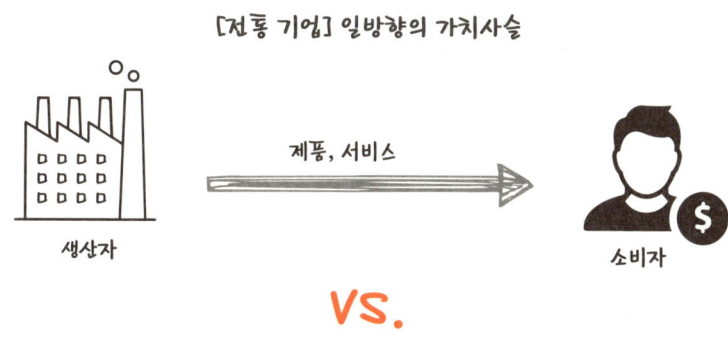

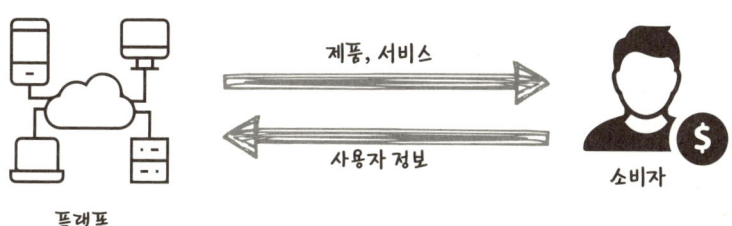

기업은 고객과 '가치고리'를 만들 수 있는가

예를 들어 특정 분야의 플랫폼 하나만으로는 고객을 온전히 차지할 수 없다. 검색, 게임, 쇼핑, 교통, 배달, 소셜, 메신저 등 어느 한 가지 플랫폼 서비스만 제공하면 고객이 해당 서비스를 이용할 때만 제한적으로 고객을 접할 수 있다. 게다가 더 나은 서비스를 제공하는 누군가에 의해 쉽게 대체될 수도 있다. 그렇기 때문에 모든 것이 연결된 '올웨이스 온라인' 세상은 고객의 다양한 활동을 모두 지원할 수 있는 여러 플랫폼을 갖춘 **멀티플랫폼 그룹**(Multi-Platform Group)**이 독식하는 시대**가 될 확률이 크다. 고객의 하루 일과가 같은 기업의 플랫폼들 안에서 돌고 도는 **'가치고리' 형성에 성공한 기업**만이 살아남는 시대 말이다.

멀티플랫폼 기업의 반복성의 가치고리

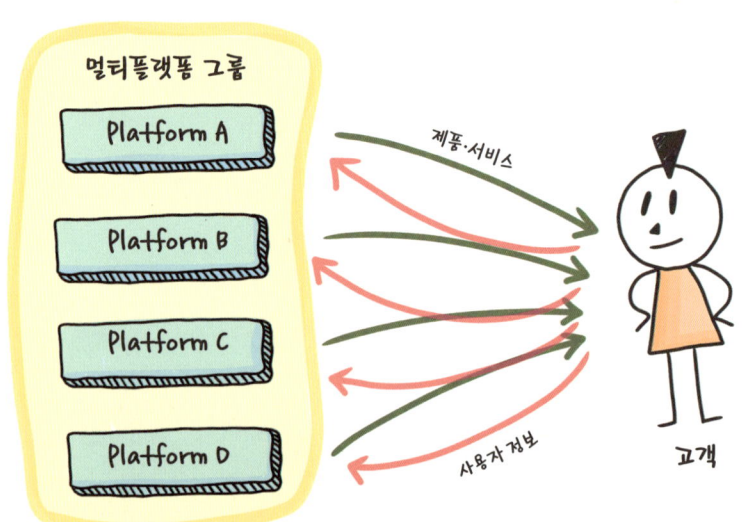

BAT나 GAFAM 같은 거대 인터넷 기업들은 모두 여러 개의 온라인 플랫폼들을 가지고 있다. 이들은 모두 **성공한 멀티플랫폼 그룹**이라는 말이다. 물론, **카카오**나 **네이버** 같은 국내 인터넷 기업들 역시 여기에 속한다. 이 책을 읽는 독자들 역시 이들 멀티플랫폼 그룹의 서비스를 많이 이용하고 있을 것이다.

결국 **가치고리**는 고객을 자사의 여러 플랫폼 안에 머물도록 가둬두는 **자물쇠 효과(Lock-in Effect)에 초점**을 둔 표현이다. 여러 경쟁 서비스들을 제치고 고객의 하루를 독점하고 일거수일투족에 관여하는 연인이 되는 데 성공한 셈이다. 고객이 잠에서 깨자마자 제일 먼저 찾는 것도, 누군가와 커뮤니케이션하거나 동영상을 보며 쉴 때도, 차를 타고 어디를 가거나 물건을 살 때도, 언제 어디서든 늘 고객의 곁에 있는 기업이 되는 것이다!

이렇게 어떤 한 기업이, 그리고 그 기업의 누군가 혹은 그 누군가와 긴밀하게 연결된 또 다른 누군가가 우리의 일거수일투족에 관여하게 되는 것을 **정말로 우리 고객들이 '선택'할 수 있을까**? 앞서 말했듯 우리가 원하는지 원치 않는지에 따라 이건 연애물이 될 수도, 스토킹 범죄물이 될 수도 있다. 지금 사용하고 있는 주요 인터넷 서비스와 이를 제공하는 기업을 떠올려보자. 그리고 하루 일과를 떠올리며 어떤 방법으로 이들 서비스를 선택하고 이용하는지 생각해보자.

주의 깊게 생각해보면 최근 이런 기업들이 **자사의 여러 플랫폼들을 하나로 묶을 수 있는 '허브 플랫폼(Hub Platform)'**을 만들고자 무던히 노력하고 있음을 알 수 있다. **인공지능 어시스턴트** 서비스를 통해 말만 하면 다른 모든 서비스에 연결되게 하거나, '기승전-**결제**' 서비스로 고객의 지갑을 지배하거나, '기승전-**메신저**' 서비스를 통해 고객의 모든 커뮤니케이션을 대신하는 등의 방법으로 말이다.

이 기업들은 고객이 매번 상황에 맞는 플랫폼을 선택해야 하는 번거로움을 없애고, 하나의 허브 플랫폼만 선택하면 다른 모든 것들이 줄줄이 사탕처럼 따라오게 하는 교묘한 수법을 쓰고 있다. 이렇게 우리의 선택을 자동화함으로써 우리가 미처 인지하지도 못하는 사이에 결과적으로 이들 멀티플랫폼 그룹이 우리의 일과를 엿보고, 관여하고, 조종하게 될지도 모른다는 것이 우리를 두렵게 만든다. 우리가 인지하지 못하는 반복성이란 그만큼 강력하고 또 무서운 것이 될 수 있다.

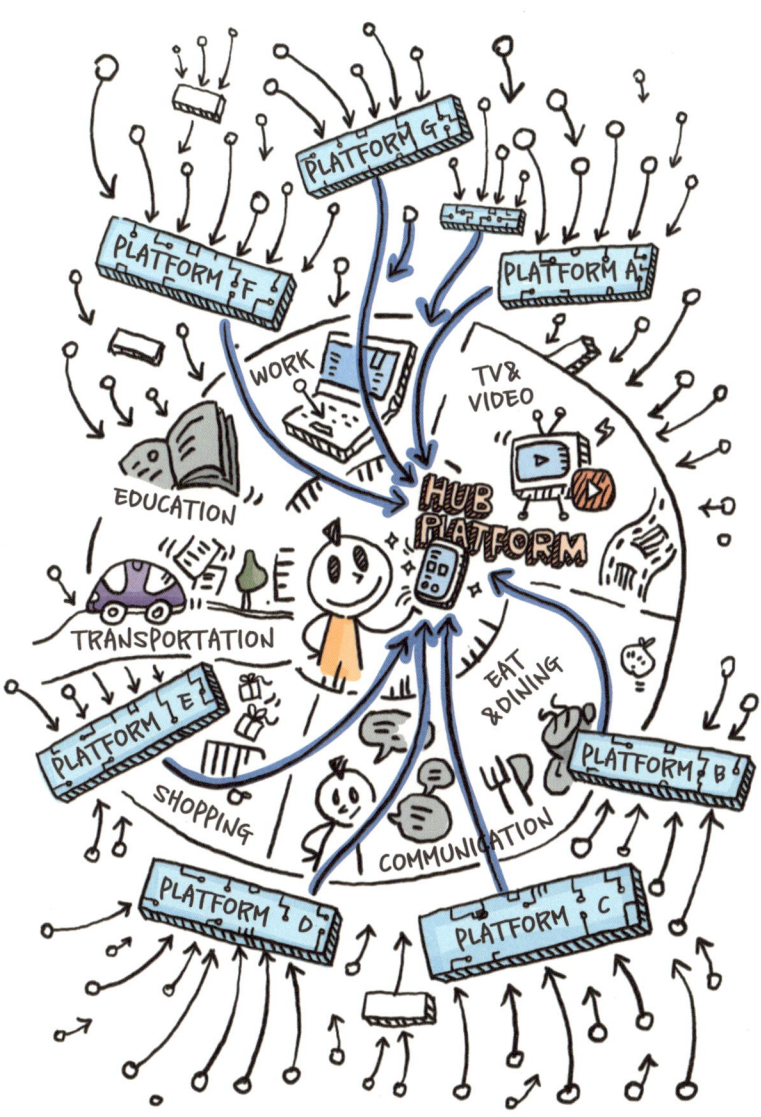

기업은 고객과 '가치고리'를 만들 수 있는가   281

가치 제공 | 사람들의 일상에 복합적 가치 제공

'올웨이스 온라인' 세상에서 고객과의 강력한 가치고리를 형성하기 위해서는 어떻게 해야 하는지를 본격적으로 살펴보겠다. 이는 앞서 예시한 멀티플랫폼 그룹은 물론, 생산자이자 가치 창출자인 개개인에게도 중요한 내용이다. 또한 소비자로서의 개개인이 보다 주도적인 선택을 하기 위해서도 생각해봐야 할 내용이다.

당신과 연애하듯 당신의 일상에 간섭하고 유료 구독 서비스를 제공하며 진한 관계가 되고 싶은 것은 모든 생산자들의 꿈이다. 그렇지만 이 관계를 결정하는 열쇠는 당연히 우리 고객들에게 있다. 그렇다면 **우리는 어떤 경우에 이렇게 특정 생산자와 강력한 가치고리를 만들며 깊은 관계로 발전**하게 될까? 여러 가지 조건이 있고 개개인마다 취향 차이가 있겠지만 가장 우선적으로는 **우리의 일상에 '복합적 가치'를 제공**해야 한다.

복합적 가치가 중요한 이유는 **제공 가치 자체의 합**뿐 아니라 이와 연결된 다른 모든 것들과의 **연결의 합**이 만들어내는 **대체 불가성** 때문이기도 하다.

최근 동서양을 막론한 많은 기업들의 워너비가 되고 있는 **알리바바**

와 **텐센트**의 예를 통해 좀 더 자세히 살펴보자. 알리바바는 중국 내 이커머스 매출의 약 60%를 차지하며, 텐센트는 강력한 소셜 플랫폼과 온라인 게임을 무기로 중국인의 모바일 소비 시간의 약 50%를 손에 쥐고 있다. 또한 이들은 각자의 허브 플랫폼을 중심으로 결제, 광고, 온라인 미디어, 클라우드, 인공지능 등으로 사업 영역을 확대하였으며, 이를 통해 매출원 역시 다변화하고 있다.

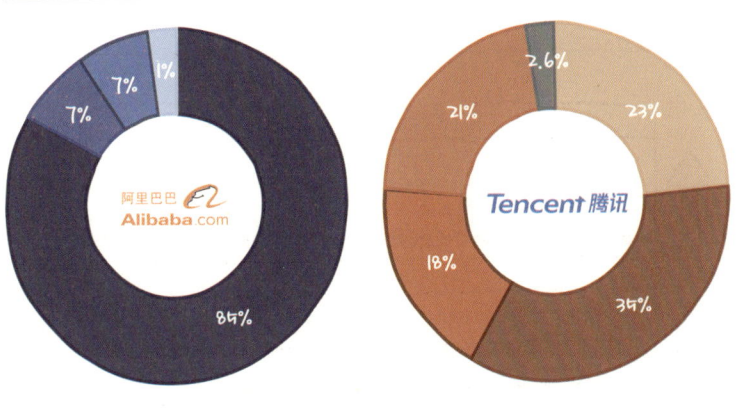

알리바바와 텐센트의 매출원 비교

- 핵심 커머스 (85%)
- 클라우드 컴퓨팅 (7%)
- 디지털 미디어 & 엔터테인먼트 (7%)
- 혁신 사업 기타 (1%)

- 온라인 게임 (35%)
- 소셜 네트워크 (23%)
- 결제 및 기타 (21%)
- 온라인 광고 (18%)
- 클라우드 (2.6%)

출처: 각 사 IR 자료 재구성, 2018 기준

두 그룹의 사업 영역을 하나하나 열거하자면 끝이 없을 테니, 허브 플랫폼을 중심으로 어떻게 이들이 **대체 불가한 복합적 가치**를 만들어내고 있는지만 보자. 먼저 알리바바는 커머스와 결제가 허브 플랫폼에서 이뤄진다. 특히 **알리페이(Alipay)**로 대변되는 금융 자회사 앤트 파이낸셜(Ant Financial)의 다양한 금융 서비스는 **그룹 내 모든 서비스는 물론 외부의 제휴 서비스들까지 포괄적으로 아우르며 고객의 모든 결제 활동을 쥐고 있는 핵심 서비스**이다. (아래 데이터의 흐름을 보면 왜 알리바바가 인공지능 강자가 되었는지 알 수 있다!)

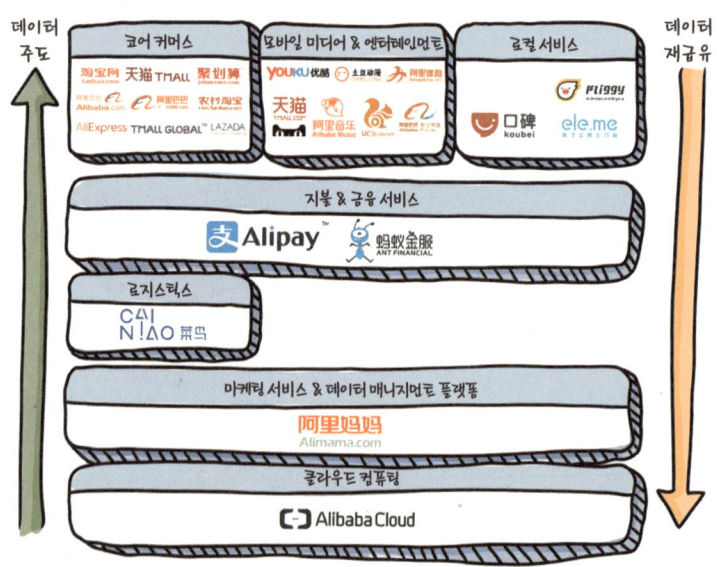

알리바바 그룹의 사업 구조

출처: WEF(with Accenture), 2018

여기서 한 가지 더 눈여겨볼 것은, **알리페이**가 주는 가치가 결제의 편의성과 연결성 같은 '**기능적**' 가치에 머물지 않고 '**감정적**', '**생활 변화적**', '**사회적 영향**'과 같은 상위 가치까지 복합적으로 제공한다는 점이다. 그 대표적인 예가 **알리페이 앤트 포레스트(Alipay Ant Forest)**이다. 아래 그림과 같이 고객이 자사의 결제 서비스를 이용하거나 걷기, 대중교통(공유 자전거) 이용하기 등 친환경 활동을 하면 스마트폰에서 가상의 나무를 키울 수 있는 포인트를 얻게 되고, 이것이 쌓이면 내몽골 지역과 같은 곳에 실제 나무가 심어진다. 여기에 포인트를 쌓기 위해 친구들과 게임하듯 서로의 에너지를 훔칠 수 있는 **게임화** 요소도 가미했다. 이런 식으로 친환경이라는 사회적 영향과 생활 변화적 요소와 함께 재미 요소까지 갖췄다. 바로 이것이 알리바바의 대체 불가한 복합적 가치이다.

알리페이 앤트 포레스트

출처: Ant Financial 이미지 활용 재구성

그럼 이번에는 텐센트의 대체 불가한 복합적 가치는 어디서 오는지 알아보자. 2018년 3분기 텐센트의 최근 기업 소개 자료는 다음 문장으로 시작한다. "우리는 연결을 만듭니다. 중국 내 가장 큰 자사 소셜 플랫폼을 통해서." 바로 이러한 **연결의 극대화**와 이를 통한 **제공 가치의 극대화**가 텐센트의 힘이다. 생활 밀착형 서비스인 위챗(We-Chat)과 웨이신(Weixin) 사용자가 10억 명이 넘고, QQ 메신저 사용자도 8억 명을 넘는 등 허브 플랫폼만으로도 텐센트는 이미 엄청난 연결을 만들고 있다. 그러나 텐센트는 이를 기반으로 자사 서비스 영역을 확대하는 데 그치지 않고, 외부의 주요 플랫폼들은 물론 다양한 콘텐츠 사업자들과의 전략적 제휴 및 투자 관계를 확대하고 있다.

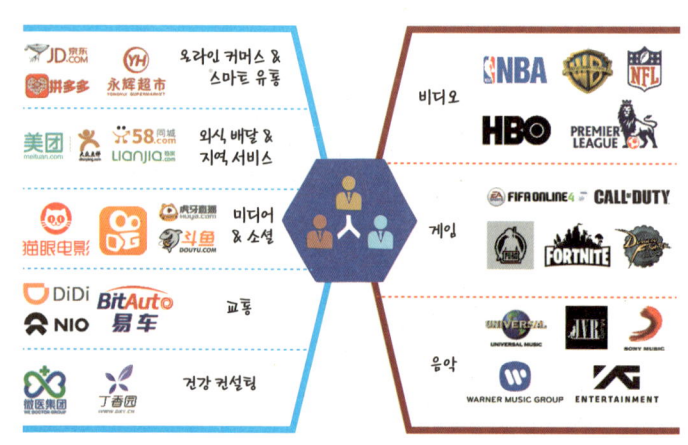

텐센트의 전략적 투자 및 제휴 생태계

출처: Tencent, 2018

더욱 놀라운 것은 텐센트의 **위챗 미니 프로그램**(WeChat Mini Program)이다. 미니 프로그램은 한마디로 스마트폰의 수많은 앱들을 아주 작은 크기(10MB 이하)로 축소하여 위챗 안에서 구동될 수 있게 만든 것으로, 기존의 애플과 구글의 (iOS와 Android OS에 기반한) 앱 스토어를 건너뛰고, 위챗 안에서 자유롭게 여러 가지 앱들을 이용할 수 있는 위챗만의 생태계, 위챗만의 미니 세상을 구축했다.

결국 고객은 위챗에만 접속하면 그 안에서 텐센트의 다른 서비스는 물론 외부의 다양한 앱들과 연결된 서비스까지 편리하게 이용할 수 있다. '고양이를 베껴서 호랑이를 만든다'는 텐센트 마화텅 회장의 **창조적 모방**이 바로 이런 **대체 불가한 자물쇠 효과**를 만들어냈다. (2017년 초에 런칭한 위챗 미니 프로그램에는 벌써 100만 개의 앱이 존재하고, 사용자 수는 2018년 하반기에 이미 2억 명을 넘어섰다고 한다.)

요컨대 대체 불가한 복합적 가치를 주는 기업이란 강력한 허브 플랫폼과 멀티플랫폼 서비스를 통해 고객과의 **가치고리**를 형성하는 것은 물론, 외부의 다양한 서비스들과 연결된 거대 **생태계** 구축을 통해 **제공 가치의 극대화**를 이룬 기업이라고 할 수 있겠다. 아래 그림처럼 말이다.

대체 불가한 복합적 가치를 주는 기업

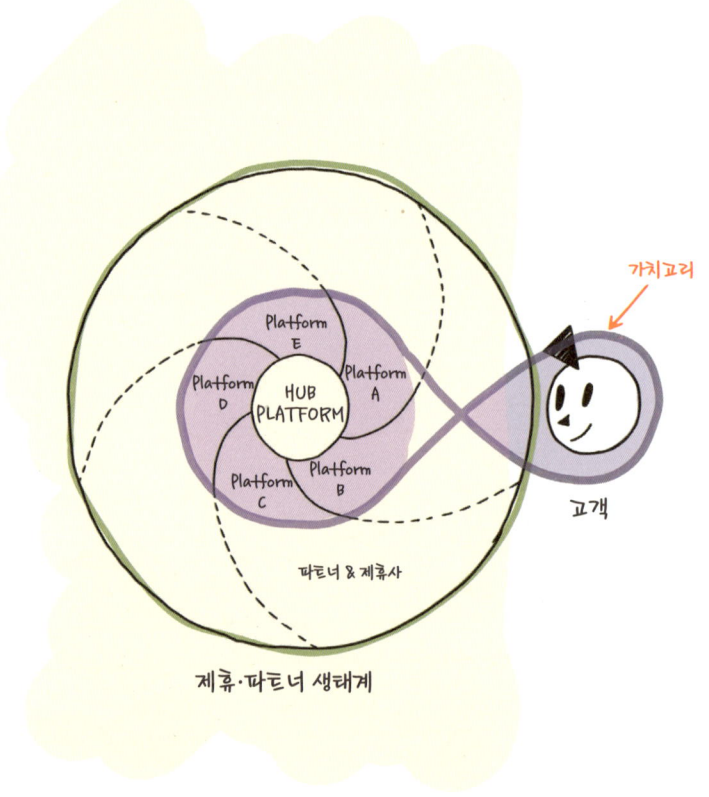

팬 형성 | 고객 참여와 공동 참조 강화

지금껏 살펴본 복합적 가치 제공은 BAT와 GAFAM으로 대변되는 거대 인터넷 기업들에게만 국한된 것이 아니다. 중소기업이나 자영업자와 같은 모든 생산자들에게도 공통적으로 해당되는 내용이다. (일거양득, 일거삼득을 마다할 고객이 어디 있겠는가!) 다만 승자독식을 꿈꾸는 야심만만한 기업들이 만들고 있는 (넘사벽 스케일의) 가치고리를 중점적으로 설명했을 뿐이다.

이번에는 좀 더 대상을 넓혀 얘기해보자. **'누구나 할 수 있지만, 아무나 할 수 없는 방법'**에 대해서 말이다. 바로 **고객을 '팬(Fan)'으로 만드는 것**이다. 앞서 말하던 **고객과의 가치고리 형성에 성공한 연인 같은 기업**의 본질은 사실 이것이라 할 수 있다.

고객에게 생산자인 자신의 존재를 알리기도 힘들고, 알린다 한들 실제 고객으로 만들기는 더 힘들고, 이를 유지하기란 더더욱 힘든데, 고객 관계를 넘어선 팬이라니! 사막의 신기루처럼 너무나 멀게 여겨질 수도 있다. (그래서 아까 미리 말하지 않았는가. '누구나 할 수 있지만 아무나 할 수 없는 것'이라고….) 심지어 여태껏 살펴본 기라성 같은 기업들조차도 강력한 가치고리를 통해 고객을 묶어두고 유지하고 있을 뿐 사실상 고객을 진정한 연인, 진정한 팬으로 만들었다고 자신할 수는 없다. 이러한 불안이 제프 베조스가 언급한 '아마존도

망할 수 있다'는 말의 핵심이며, 거대 인터넷 기업들 간의 피 터지는 싸움의 본질이다.

그렇다면 '올웨이스 온라인' 시대에 고객을 팬으로 만드는 생산자가 **되려면 어떻게 해야 할까?** 특히 불과 몇 년 뒤면 전 세계 인구의 반 이상을 차지하게 될 디지털 세대인 **밀레니얼**과 **Z세대** 고객들을 팬으로 만드는 방법은 무엇일까?

우선 이에 대한 이론적 해답은 '마케팅의 아버지'라 불리는 필립 코틀러(Philip Kotler)가 2016년 출간한 『마케팅 4.0』을 참고해 찾아볼 수 있다. 그는 기업들이 일방향의 전통적인 마케팅 방식에서 벗어나 초연결 시대의 디지털 고객에게 걸맞은 양방향 '**연결 마케팅(Connected Marketing)**'으로 변모해야 한다고 강조했다. 즉, 기업과 고객 사이의 **온·오프 상호작용을 통합**하여 고객과의 **커뮤니케이션**과 **커뮤니티**를 활성화하고, 궁극적으로 **고객 참여**와 **공동 창조**를 강화해야 한다는 것이다. 이를 위해서는 브랜드에 **진정성**과 **친근함**과 같은 **가장 인간적인 감성**을 더한 '**하이 터치(High Touch)**' 전략이 필요함을 역설했다. 이때 필요한 것이 바로 스티브 잡스가 불어넣었던 애플의 감수성이나 골수 마니아가 많기로 유명한 할리데이비슨만의 개성이다.

마케팅에 관심이 있다면 일독을 권하는 책이지만, 혹시나 핵심 내용만 궁금한 독자들을 위해 간단히 다음의 그림만 훑어보고 지나가자. 그림에 저자의 생각을 살짝 더하자면, 결국 **팬**이란 적극적으로 브랜드(제품, 서비스)에 **참여**하고 브랜드를 **옹호**하는 사람들이다.

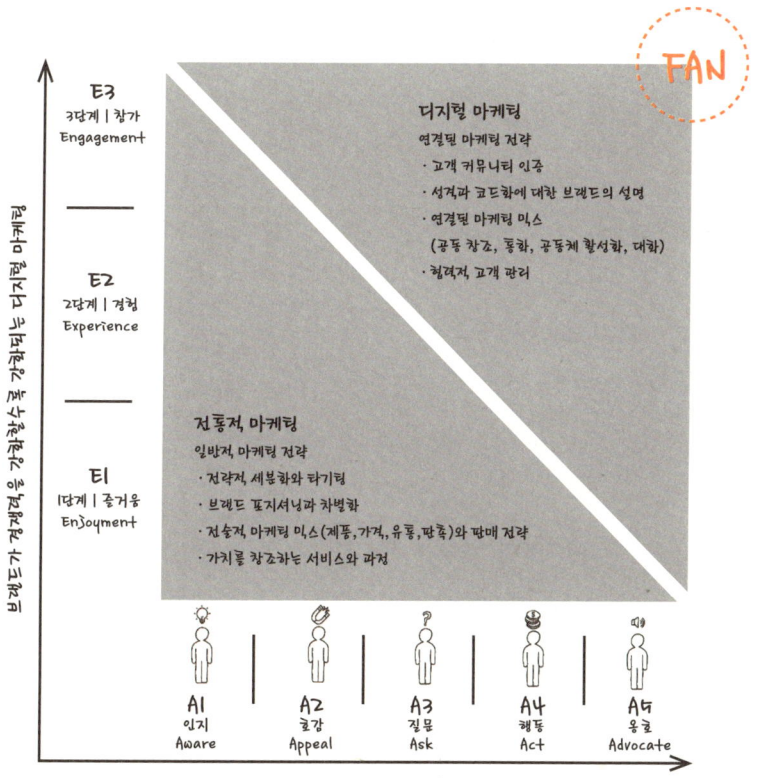

출처: Philip Kotler, Marketing 4.0, 2016

특히 디지털과 물리가 혼재된 '하이테크' 환경에서 자라온 디지털 세대는 역설적으로 **가장 인간적인 감성과 친밀한 접촉을 담은 '하이 터치'**에 열광하며 '**진짜**'를 본능적으로 구분한다. 점점 더 많은 것이 디지털화되는 세상에서는 (디지털이 대체할 수 없는) **가장 인간적인 특성과 매력이 희소한 가치로 부각**될 수밖에 없다. 즉, 사람의 **복합적인 지성과 사회성, 공감 능력**과 같은 **감성, 인격과 도덕성, 진정성**과 같은 특성 말이다.

여기까지 읽고 갑자기 머리를 스치는 이름이 있을 것이다. 그렇다. 바로 **방탄소년단(BTS)**이다. 왜 전 세계 젊은이들(물론 저자와 같은 '마음만 젊은이'들도 포함해서)이 BTS에 열광하고, **아미(ARMY)와 같은 유례없는 팬층**을 만들었는지에 대한 답도 여기에 있다. 2013년부터 지금까지 계속된 **친근**하고 **진심**어린 팬들과의 **온·오프 커뮤니케이션과 커뮤니티 활동**, 자신들의 이야기로 직접 음악을 만드는 **진정성**과 이것이 주는 깊은 **공감**, '러브 마이셀프(Love Myself)' 캠페인으로 대변되는 **사회적 메시지**가 갖는 **선한 영향력**, 그리고 7명의 서로 다른 **고유한 특색**을 지닌 멤버들의 **복합적 매력**과 **정체성**은 '**팬 중심 하이 터치**'가 무엇인지를 보여주는 가장 강력한 예가 아닐 수 없다.

그리고 그 결과가 바로 전 세계의 **아미**들이다. BTS의 활동과 발전에 대한 **참여와 옹호**를 넘어서, 곡이 나오는 즉시 전 세계 언어로 번역

하는 등 자발적인 마케팅 활동을 하며 **공동 창조**라는 수고를 즐기는 막강한 고객, 진짜 연인 같은 팬 말이다. 아미와 같은 영향력 있는 공동 창조 활동은 **고객이 기꺼이 생산요소의 일부**가 되는, 모든 생산자가 바라는 **물아일체(物我一體, 대상에 완전히 몰입된 상태) 경지의 가치고리**라고 할 수 있다. 예컨대 '아미피디아(ARMYPEDIA)'와 같은 대규모 글로벌 캠페인은 아마도 오직 BTS와 아미만이 할 수 있는 전례 없는 **온·오프라인 통합 공동 창조** 사례라 할 수 있다.

생산자로서의 개인도, 기업도 고객을 넘어선 팬을 만들기 위해서는 이 같은 하이 터치를 연구하고 발전시켜야 한다. 물론 누군가를 무작정 따라하는 것이 아니라 자신만의 방식이 필요하다. 그래야만 자신만의 고유한 인간적 특성과 매력이 제대로 드러난다. 또한 점점 중요해지고 있는 도덕성과 신뢰, 윤리 의식에 대한 보강도 시급하다. 어쩌면 앞으로는 학교에서 윤리, 신뢰, 인간성 등에 대한 교육이 강조되고, 회사에서도 CEO(Chief Ethics Officer)나 CTO(Chief Trust Officer), CHO(Chief Humanism Officer) 같은 새로운 직함의 전문가들이 생겨날지도 모르겠다.

기민한 조직 | 유연하고 의사결정이 빠른 조직으로의 전환

지금까지 우리는 고객과의 가치고리를 만드는 두 가지 방법을 살펴보았다. 하나는 대체 불가한 복합적 가치를 제공하여 고객의 일상을 자사의 생태계 안에 묶어두는 것이고, 다른 하나는 고객을 팬으로 만들어 자발적인 참여와 옹호, 그리고 공동 창조를 이끌어내는 것이다.

이걸 하기 싫어서 '안 하는' 기업이 어디 있겠는가. 다만 하고 싶어도 '못 하는' 것뿐이다. 왜 못 하는가? 기술이, 세상이 너무 빠르고 복잡하게 변하기 때문이다. 그리고 고객이, 그리고 고객의 필요와 요구가 너무 빠르고 복잡하게 변하기 때문이다. 과거의 지식, 관행적인 전략, 통상적인 수단으로는 세상의 변화와 고객의 눈높이를 따라 갈 수가 없다. 결국 모든 기업과 모든 가치 생산자들에게 필요한 것은 **끊임없는 실험과 실패를 통한 혁신과 성공**이다. 우리들 개인이 평생 벌이를 위해 평생 학습을 하고 멀티태스킹을 통해 여러 가지 시도를 계속해야 하듯, 기업도 끊임없이 고객과 기술을 학습해야 하고 끊임없는 실험과 시도를 해야 한다. **실패하지 않고는 성공하기 힘든 세상**이기 때문이다.

그렇다면 이렇게 끊임없는 실험과 실패가 가능한 기업, 이를 통해 혁신과 성공이 가능한 기업이 되려면 어떻게 해야 할까?

생산방식에 디지털 전환이 불가피하듯 **조직 역시 전환이 필요**하다. '올웨이스 온라인' 시대에는 모든 것이 고여 있거나 한 방향으로만 흐르지 않고, 끊임없이 순환하며 모든 방향으로 자유롭게 연결되어야 한다. 마치 살아 있는 **유기체**처럼 말이다. 매킨지의 최신 연구 자료는 이러한 '**기민한 조직(Agile Organization)**'을 아래 그림과 같이 묘사하고 있는데, 상하가 분명한 피라미드 위계 구조에서 **유기적 원형 구조**로의 변화가 뚜렷하다.

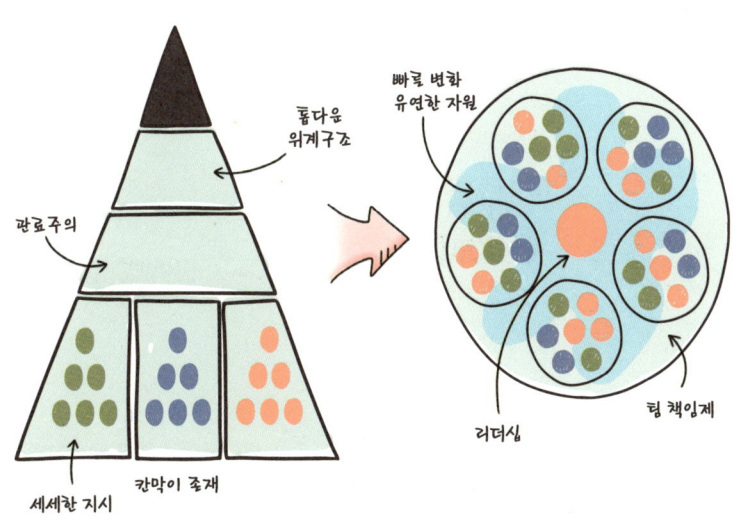

기계적 조직 vs. 유기적 조직

전통적 '기계' 조직 → 새로운 '생명체' 조직

출처: Mckinsey & Company, 2018

또한 매킨지는 '**기민한 조직의 5가지 특징**'을 아래와 같이 정리하면서 **조직 혁신(Organization Transformation) 방향**을 제시하였다. 한국의 대기업처럼 위계와 상명하복 문화가 심한 조직에서 회사 생활을 해본 독자라면, 그림만 보고도 바로 그 의미를 피부로 느꼈을 것이다.

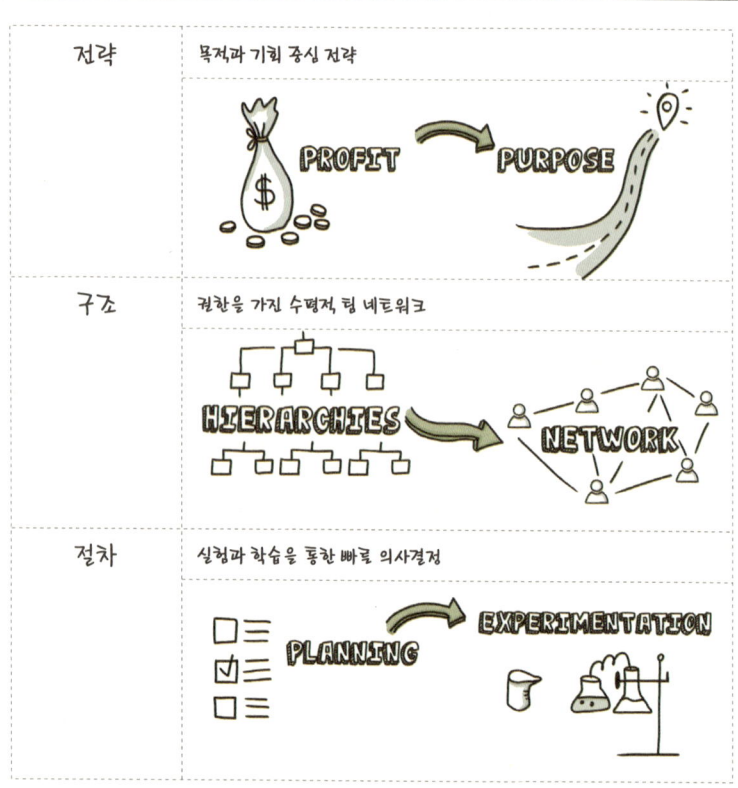

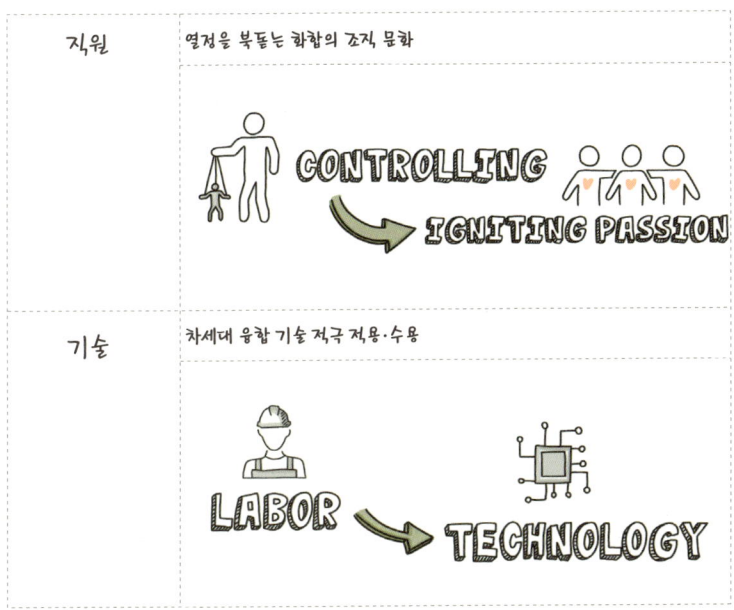

출처: Mckinsey & Company, 2018 참고 재구성

이 같은 기민한 조직의 특징과 혁신 방법은 구글 X(알파벳 그룹의 실험적 사업 전문 자회사)'와 같이 자금력이 있는 거대 기업에만 해당되는 게 아니다. 1인 기업이나 소규모 스타트업 역시 이러한 특징들을 고민하고 적용해야 한다. 특히 당장의 수익에 급급해서 목적과 비전을 잃은 건 아닌지 꼭 짚어봐야 한다. 생산자 스스로도 분명한 목적과 비전을 찾지 못한다면, 고객 역시 '**왜 당신의 고객이 되어야 하는지**'를 알 수 없기 때문이다. 또한 끊임없는 실험을 통한 학습과 빠른 의사결정 역시 모든 생산자에게 꼭 필요한 가치생산 방식이라 할 수 있다.

I ♥ to Summarize

'올웨이스 온라인' 세상에서 잘 먹고 잘살기가 어려워진 것은 비단 우리 개인만이 아니다. 아마존과 같은 대기업조차 언제 망할지 모른다는 불안감에 떨고 있다. **오직 고객에게만** 집중하면서 **고객과의 가치고리를** 형성한 기업만이 승자가 될 수 있다.

고객과 가치고리를 만들 수 있는가?

BAT, GAFAM과 같은 멀티플랫폼 그룹들은 고객을 자사 서비스 안에 가두는 고착화에 힘쓰고 있다.

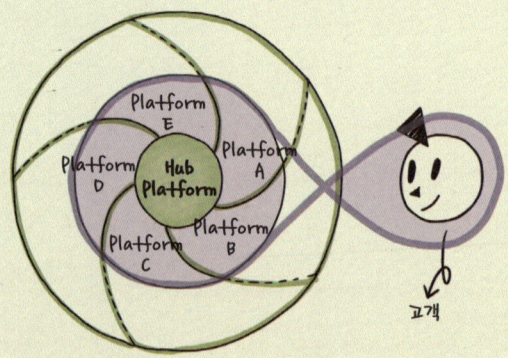

그렇다면 '올웨이스 온라인' 세상에서 고객과의 강력한 가치고리를 만들기 위해서는 어떻게 해야 할까? 우선 고객의 일상에 다양하고 **복합적인 가치**를 제공할 수 있어야 한다. 또한, 고객을 **팬**으로 만들 수 있는 **하이 터치**가 필요하다.

복합적 가치를 제공하고 고객을 팬으로 만들어야 한다!

고객과의 가치고리 형성은 멀티플랫폼 그룹과 같은 기업은 물론, 가치 창출자인 우리 개개인에게도 필요하다.

복합적 가치 제공
- ▶ 제공 가치의 극대화뿐 아니라 연결의 극대화도 중요
- ▶ 대체 불가한 자물쇠 효과를 만드는 기업의 독식, 예상

고객을 팬으로
- ▶ Z 세대와 밀레니얼 세대는 진정성 있는 하이 터치에 열광
- ▶ 고객이 아닌 팬의 자발적 참여와 옹호, 공동 창조 확대 유도

기민한 조직으로 변환
- ▶ 수직적, 상하 구조가 아닌 유기적, 원형 구조로의 변화 필요

14 정부는 국민이 신뢰하는 '가치흐름'을 유지하는가

지금까지 우리는 '올웨이스 온라인' 세상에서 잘 먹고 잘살기(잘 벌어 잘 쓰기) 위한 개인과 기업의 치열하고 힘겨운 노력을 살펴보았다. '돈 벌기가 이렇게까지 어려워진다는 말인가' 하는 생각에 한숨이 절로 나는 독자들이 많으리라. 저자의 어깨도 천근만근, 다크서클도 코까지 내려왔다. 하지만 피할 수 없으면 즐기라고 했던가. 더 나은 선택을 하나씩 쌓아가며 살아갈 수밖에!

이번에는 눈을 돌려 **정부**에 대해 얘기해보자. 먼저 정부란 무엇인가? 사전적으로는 **'국가의 통치권을 행사하는 기구'**를 통칭한다. 즉, **국민을 대신해서 국가를 통치하는 데 필요한 선택과 의사결정을 하는 사람들**이라 할 수 있다. 결국 우리를 대신해서 필요한 의사결정을 내리는 **'대리인'**인 셈이다.

모든 경제적 관계에는 대가가 있고 대가에 상응하는 가치가 있어야 하며, 이러한 **가치흐름**이 원활하게 유지돼야 한다. 우리는 정부와 '주인-대리인' 관계를 유지하기 위해 **'세금'**이라는 대가를 지급한다. (소득세가 월급에서 자동 차감 되는 독자들이라면 이 대가의 크기를 잘 알 것이다.) 물론 우리가 낸 세금은 **'복지와 혜택'** 등으로 돌아와 가치흐름을 이어가야 한다.

문제는 우리가 세금이 쓰이는 의사결정 과정과 결과를 투명하게 알 수가 없으며 일일이 감시할 수도 없다는 것이다. 소위 **'대리인의 딜레마'**로 불리는 각종 도덕적 해이와 역선택, 무임승차 등의 많은 문제가 발생하는 것도 이 때문이다. 설사 도덕적인 대리인이 최선을 다해 국민을 위한 의사결정을 내리고자 한다 해도, 급변하는 세상의 속도와 복잡하고 다양해진 국민들의 요구를 모두 충족하기란 매우 어렵다. 우리나라는 물론 전 세계의 많은 국가들이 분쟁과 불화, 불만과 불안에 시달리고 있는 것도 이 때문이다.

세계경제포럼의 클라우스 슈밥은 저서인 『제4차 산업혁명』에서 이 문제에 대해 다음과 같이 꼬집었다. "내가 가장 우려하는 것은 **결정권자들이 지나치게 전통적·선형적 사고에 얽매이거나 단기적 문제에 매몰되어 우리의 미래를 만드는 파괴와 혁신의 힘에 대해 전략적으로 생각하지 못하고 있다**는 점이다." 안타깝게도 깊이 공감하지 않을 수 없다.

 # 정부 | 원활한 가치흐름을 돕는 조력자

정부가 해야 하는 역할, 정부가 제공해야 하는 혜택과 가치는 무엇일까? 정부는 결국 개인과 기업으로 대변되는 국민들의 대리인이다. 아래 그림에서처럼 개인과 기업 양쪽에서 모두 '세금'을 받는!

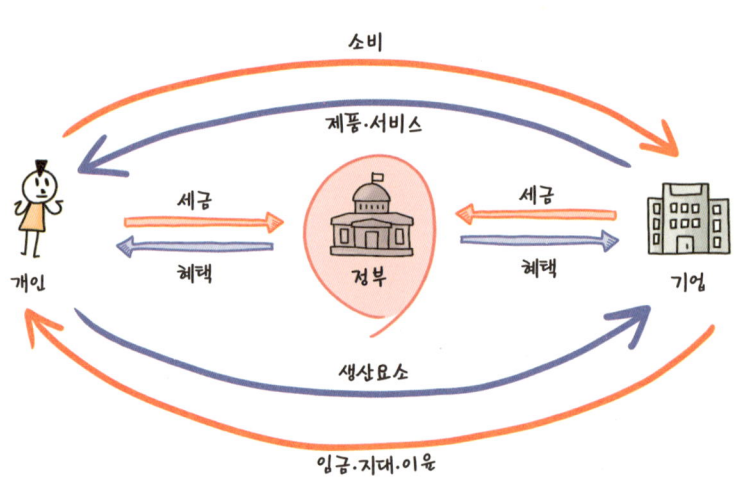

경제순환 모형

출처: N. Gregory Mankiw, Macroeconomics 참고

거시경제에서 말하는 가장 큰 정부의 역할은 자원배분과 소득재분배다. 또한 경제 전체의 안정화와 성장, 미래 세대를 위한 준비 등도 주요 역할이다. 이 모든 일은 생산과 소비가 원활히 이뤄지고 세금이 유지돼야만 가능하다. 이렇듯 **개인과 기업, 그리고 정부 간의 가치흐름이 원활하게 유지**돼야 거시경제가 순조롭게 돌아갈 수 있다.

지난 2018년을 돌아보자. 과연 우리의 대리인들이 제대로 일하고 있는지, 경제가 원활히 돌아가고 있는지 말이다. 미중 무역 분쟁, 영국의 브렉시트(Brexit), 아르헨티나의 살인적 인플레이션, 프랑스의 노란 조끼 시위 등 굵직한 뉴스들이 떠오를 것이다. 2018년 하반기부터 세계경제가 본격적으로 둔화되면서 거의 모든 국가가 실업난, 고용 불안, 물가·주거비 상승 등 많은 어려움에 봉착해 있다. 너 나 할 것 없이 잘 먹고 잘살기, 잘 벌어 잘 쓰기가 어려워진 것이다.

한국도 예외가 아니다. 최근 뉴스에 많이 등장하는 단어는 무엇인가? **'돈맥경화', '집맥경화', '인구 절벽', '소비 절벽'** 등의 말들이다. 한마디로 **경제순환의 흐름이 끊기고 잘린다는 것**이다. 돈이 돌지 않아 소비와 투자가 위축되고 있고, 집 거래가 꽉 막혀 돈맥경화를 심화시키고 있다. 게다가 2018년 출산율은 0.98명으로 역대 최저치를 기록하면서 인구 절벽과 소비 절벽마저 우려되고 있다. 이는 곧 경제활동 전체의 위축을 뜻한다.

대체 무엇이 잘못되었을까? 왜 이렇게 가치흐름이 여기저기 막혀버렸을까? 어떻게 하면 뻥 하고 뚫릴까? 아래의 (조금 확대된) 가치흐름 그림을 보면서 원인과 해결책을 생각해보자.

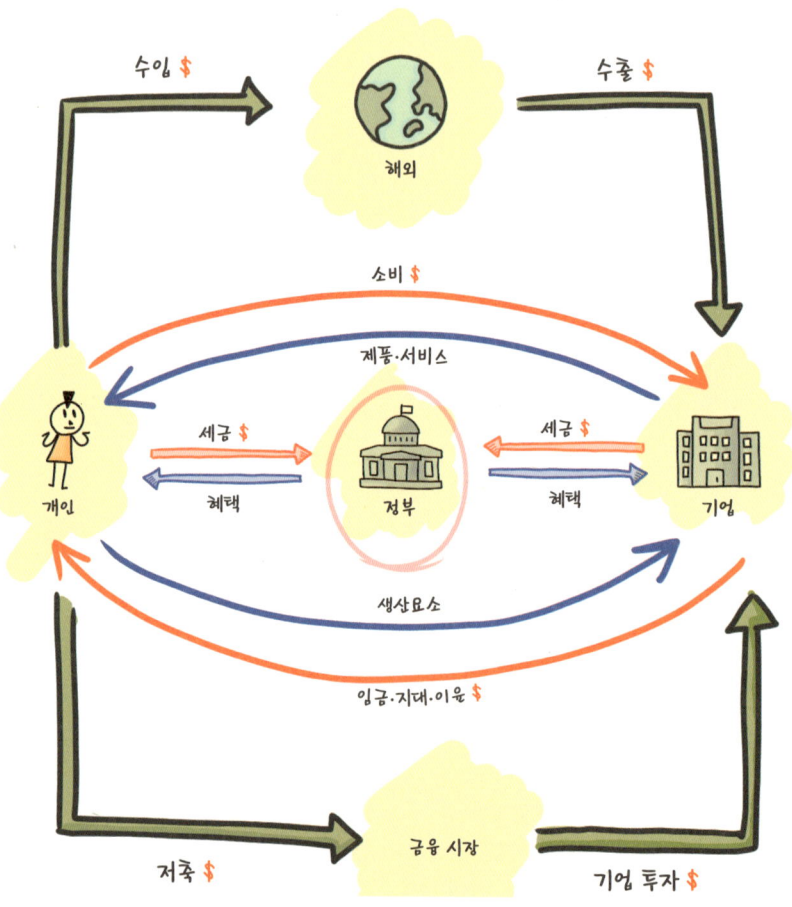

출처: N. Gregory Mankiw, Macroeconomics 참고

경제 전체를 원활하게 흐르게 하기는 정말 어렵다. 특히 요즘처럼 전 세계 경제가 그물망처럼 얽혀 민감하게 반응하고 전 세계 금융시장이 예측 불허로 널뛰는 세상에서는 더욱 그렇다. 게다가 우리 소비자들은 점점 더 많은 시간과 돈을 디지털 세상에서 소비하고 있으며, 기업들 역시 로봇과 인공지능 활용을 늘리면서 인간의 노동력을 축소하고 있다. (경제의 양 축인 소비자와 생산자의 변화만 보아도 뾰족한 해결책을 찾기가 어렵지 않은가?)

영국의 문학가 조지 버나드 쇼는 "모든 경제학자들을 눕혀서 일렬로 이어본다면, 그들은 절대 결론이라는 곳에 도달하지 못할 것이다"라는 농담을 했다고 한다. 그만큼 거시경제 현상의 원인과 해결책은 복잡하고 난해하며, 사회 여러 계층의 이해관계를 합의로 이끄는 것은 더욱 어렵다.

그렇기에 저자가 이 책에서 얘기할 수 있는 것은 **'디지털'과 '온라인' 이 이러한 가치흐름에 어떤 영향을 미치고 있는지**에 대한 것뿐이다. 그리고 이를 통해 우리를 대신하는 정부의 대리인들이 더 나은 선택을 하는 데 도움이 되고, 주인인 우리 국민들이 보다 분명하게 (실현 가능한) 필요한 것들을 요구하고 대리인들을 감시할 수 있기를 바랄 뿐이다.

디지털 활용 | 디지털의 변화 측정 및 활용

당신이 의사라면 병원에 실려온 환자를 치료하기 위해 무엇을 먼저 할 것인가? 열도 재고, 혈압도 재고, 피검사도 하고, 엑스레이도 찍는 등 가지가지 검사를 다 할 것이다. 그리고 검사 결과에 따라 약도 처방하고 치료도 하고 필요하다면 수술도 할 것이다.

그렇다면 정부는 아픈 경제를 다시 건강하게 흐르게 하기 위해 어떻게 해야 할까? 의사와 마찬가지로 우선 정확한 검사와 진단이 필요하다. 무엇이, 어디가, 왜, 얼마나, 어떻게 나쁜지 말이다. 문제는 바로 여기에 있다. 과거 생산과 구매를 중심으로 하던 물리적 경제와 달리 지금의 경제는 디지털 방식의 가치 제공과 소비(무료, 공유, 가입 등) 형태가 기존 물리적 경제에 혼재되어 있다. 그래서 **물리적 경제만을 측정하고 치료하던 각종 지표와 정책들이 더 이상 정확한 진단책과 해결책이 되지 못하고 있는 것**이다.

우리나라뿐 아니라 전 세계 정책 입안자들이 우왕좌왕할 수밖에 없는 것도 이 때문이며, 머리를 싸매도 뾰족한 해결책을 쉽사리 내놓을 수 없는 것도 이 때문이다. 앞서 살펴본 개인이나 기업과 마찬가지로 정부도 '안 하는' 것이 아니라 '못 하는' 것이다. 그렇기 때문에 평생 학습을 해야 하는 개인처럼, 오직 고객에게 집중해야 하는 기업처럼, **정부도 세상의 변화를 적극적으로 학습하며 오직 국민에게만 집중**

하면서 고민하고 또 고민해야만 한다. (공무원 시험이나 고시만 합격하면 정년이 보장되는 '안정된 삶'의 대명사가 되거나, 선거에서 당선만 되면 임기가 보장되는 '힘있는 자'의 대명사가 되어서는 안 되는 이유이다.)

일례로 한 나라의 경제적 후생 수준을 반영하는 대표적 지표인 GDP(Gross Domestic Product, 국민총생산)에 대해 살펴보자. GDP는 한 나라의 경제가 얼마나 잘 운영되고 있는지, 즉 얼마나 잘 벌고 잘 쓰고 있는지를 판단하기 위한 지표로서 '**한 나라에서 일정 기간 동안 생산된 모든 최종 재화와 서비스의 시장가치**'이다. **모든 거래가 구매 형태로 이루어지던 시절에는 총소득이 총지출과 동일**하였기 때문에 아래와 같이 '**소비 + 투자 + 정부 지출 + 순수출**'의 합으로 **계산**할 수 있었다. 하지만 지금처럼 소비 및 소득 형태가 다양해진 세상에선 계산식이 달라져야 한다.

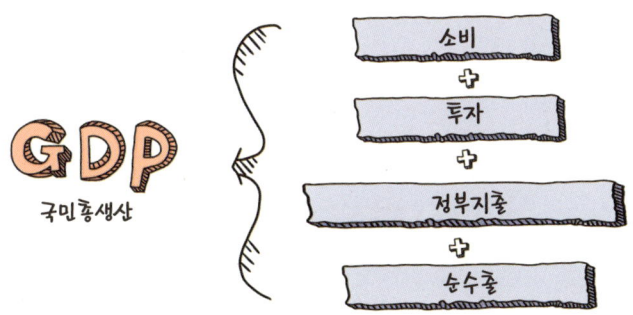

이처럼 기존의 계산법과 정책 수단을 그대로 적용하기 힘든 것이 GDP와 같은 경제지표에만 그치지 않는다. '올웨이스 온라인' 시대는 **생산자와 소비자의 구분이 모호**하며, 모바일 플랫폼의 고도화와 블록체인 기술 적용 등으로 인해 P2P(Person to Person) 거래가 급증할 것으로 예상된다. 즉 (생산자-소비자 간 구분이 명확하던) **기존의 경제순환 틀 밖에서의 경제활동**이 많아진다는 뜻이다. '**공유경제**', '**긱 경제**' 등의 말들이 대변하듯 이제 우리는 기업이라는 생산자를 거치지 않고도 개인들끼리 자유롭게 가치를 주고받을 수 있다. 또한 '**커뮤니티 경제**'라는 말이 생길 만큼 자급적 공동체 생활을 하는 경우도 점점 증가하고 있으며, 이것이 발전할 경우 사회시스템의 의존도가 매우 낮은 '**자율 경제(Autonomous Economy)**' 형태도 등장할 수 있다.

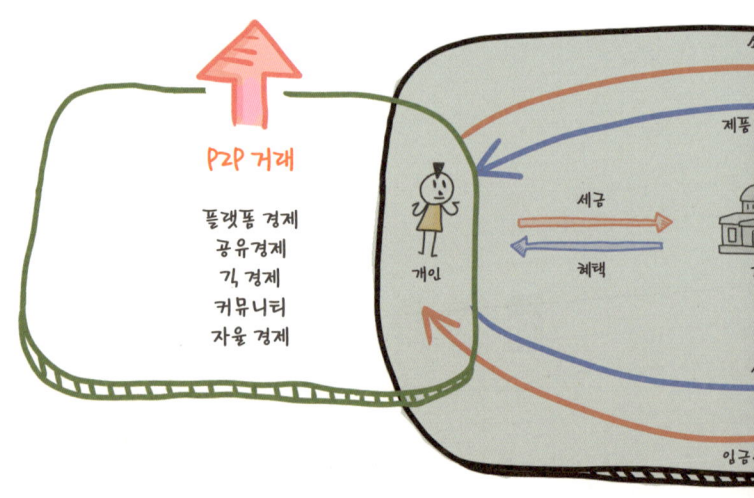

생산자인 기업에 대한 의존도와 구매 비중이 낮아진 디지털 소비자들 때문에 당장 먹고사는 게 힘들어진 기업들의 대응이 빨라진 것은 당연하다. 기업들 역시 인간 노동력에 대한 의존도와 비용을 낮추고 **'자동화', '지능화'**로 대변되는 디지털 전환에 박차를 가하고 있으며, **'고객과 직접 연결된 플랫폼'**을 통해 변모하는 소비 형태에 발맞추려 하고 있다.

이처럼 '올웨이스 온라인' 시대는 사회 시스템 전체의 변화를 의미하지만, 아직까지 많은 결정권자들은 (클라우스 슈밥이 지적한 것처럼) 전통적·선형적 사고방식에서 벗어나지 못하고 있다. **디지털의 변화를 측정하고 활용할 수 있는 국가 차원의 새로운 전략적 사고가 필요**한 시점이다.

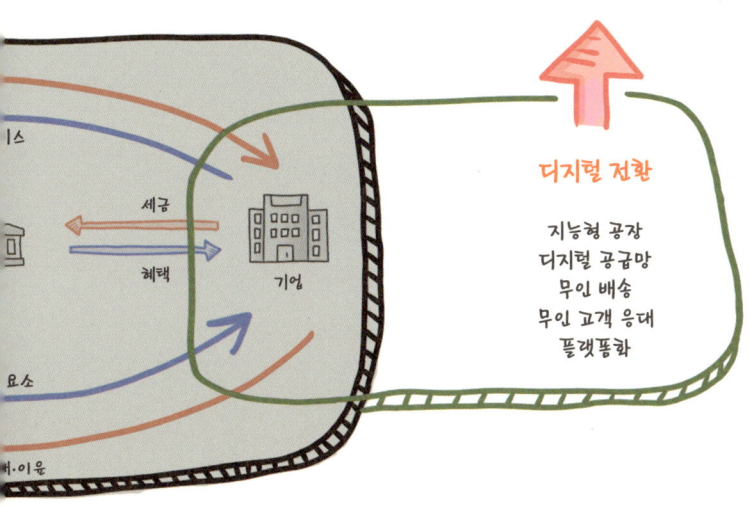

이동성 | 사람들의 이동에 따른 효율적 대처

디지털의 변화를 제대로 측정하고 활용하여 경제 회복의 해결책을 찾는 것은 매우 어려운 일이다. 지금껏 알고 있던 틀을 벗어나는 경제활동은 점점 느는데 갑자기 하늘에서 새로운 전략과 솔루션이 뚝 하고 떨어지는 것도 아니니 말이다. 2017년 초에 빌 게이츠가 처음 주장한 **로봇세(Robot Tax)**나 요즘 여러 나라에서 도입 논의가 한창인 **보편적 기본소득(Universal Basic Income)** 등은 모두 디지털 기술에 일자리를 뺏겨 소득이 줄어든 개인을 위한 정책적 재분배 시도이다. 하지만 로봇에 세금을 어떻게 매길 것인가, 보편적 소득을 위한 세수는 어떻게 마련할 것인가 등 풀어야 할 과제가 산적해 있다.

이런 상황에서 디지털만큼 어려운 얘기를 하나 더 보태려고 하니 마음이 무겁다. 바로 '**이동성(Mobility)**'에 대한 얘기다. 이미 우리는 실시간 모바일 인터넷 시대를 살고 있지만, 아직도 집과 학교, 직장 등은 고정되어 있고 자동차와 같은 교통수단을 통해 우리 사람들이 고정된 장소로 이동하는 경우가 대부분이다. 스마트폰으로 간단히 물건을 주문할 수 있지만, 물건이 배송되려면 여전히 누군가의 손이 필요하다. 사람과 사물의 이동성이 아직은 제한적이라는 말이다.

그렇기 때문에 정부는 우리가 살고 있는 곳을 중심으로 각종 지방세(주민세, 자동차세, 재산세 등)를 걷고, 우리가 돈을 벌고 돈을 쓸 때마다 국세(소득세, 부가가치세, 개별소비세 등)를 걷는다. 결국 우리들 **사람이 살아야만 도시와 국가가 유지**될 수 있는데, 사람이 먹고, 자고, 벌고, 쓰는 모든 과정에서 세금을 걷는다.

그런데 앞으로의 '올웨이스 온라인' 세상에서는 인터넷만 모바일이 아니다. 자동차가 알아서 움직이고, 드론이 저절로 날아다니고, 로봇이 혼자서 배송을 하는 등 지금껏 혼자 힘으로 움직이지 못했던 많은 사물들이 이동성을 얻는 **'자율사물(Autonomous Things)'** 시대가 된다. 시장조사 기관 가트너는 **향후 5년 안에 자율사물 시대가 도래**할 것으로 전망한 바 있는데, 최근 속도를 내고 있는 자율주행차 시장과 5G 네트워크 구축 환경 등을 고려해볼 때 충분히 가능한 시나리오다.

특히 전 세계 주요 도시들이 **스마트 시티**로 진화하고, 자율주행 공유 자동차를 적극 도입해 그린 시티를 만들겠다는 목표를 세운 곳도 많다. 계획대로라면 자동차를 소유하지 않고도 편하게 이곳 저곳을 다닐 수 있고 환경도 보호할 수 있으니 좋은 일이다. 하지만 아직 기술적·윤리적 이슈가 산적해 있으며 사회적 합의와 제도 마련도 더디기만 하다.

사람만의 고유 영역이라 생각했던 자율적 이동성이 사물에게까지 확대되는 것만으로도 이미 머리가 아플 지경인데, 여기에 **'가상의 이동**

성'까지도 고려해야 한다. 일례로 가상현실 기술을 이용해 현실의 사물을 디지털로 복제하는 '**디지털 트윈(Digital Twin)**'이 산업 현장에서 급속도로 늘고 있다. 이를 통해 어디서나 컴퓨터로 실물 자산을 실시간으로 제어할 수 있기 때문이다. 가트너는 2020년 말까지 200억 개 이상의 IoT 센서가 생길 것이며, 디지털 트윈 역시 수십억 개에 달할 것이라 전망한 바 있다.

가상의 이동성은 '**사람의 이동성**'에도 영향을 미친다. 실물이 있는 곳까지 직접 가지 않아도 원거리에서도 자유롭게 원격 설비 관리가 가능하기 때문이다. 또 다른 곳에 있는 동료와 함께 디지털 트윈을 통해 설계나 디자인을 변경하는 등의 시뮬레이션을 공동으로 할 수도 있다. 물론 가상의 작업 공간에서 말이다.

이러한 기술적 발전은 우리가 **일하는 방식에 직접적인 영향**을 미치며 사람이 사는 물리적 장소에 대한 제약을 줄여준다. 만일 직장이나 작업현장까지 이동하지 않고도 필요한 업무를 할 수 있다면 **직주(직장-주택) 거리에 덜 민감**해질 수 있다. 실제로 '하이퍼루프(Hyper-loop)'와 같은 초고속 운송 열차나 드론 택시, 로켓 등 사람의 이동 시간을 단축해줄 많은 차세대 교통수단이 개발되고 있다. 이 외에도, 앞으로 많은 디지털 기술들이 **사람의 이동성을 높이는 방향으로 발전**할 것은 분명하다. 진짜 사람이 이동하든, 가상의 디지털 아바타가 이동하든 간에 말이다.

문제는 이러한 이동성의 증가로 인해 앞으로는 도시도 (심지어 국가도) **'사람이 살고 싶은 가치를 제공하는 장소'**가 되지 않으면 존재하기 힘들어질 수 있다는 것이다. 전 세계 특정 도시들을 중심으로 한 부동산 버블 역시 **살고 싶은 곳에 대한 수요 쏠림**을 반영하는 것이다. 전 세계적으로 몇몇 인기 도시의 부동산 수요 쏠림과 버블이라는 그늘 뒤에, 사람이 떠나고 빈집만 남은 유령 도시들이 속출하고 있는 것도 이러한 **수요의 양극화**를 보여주는 현상이다. 국가에 대한 수요 양극화는 절대 없을 것이라는 건 지나치게 낙관적인 생각일지도 모른다.

더 이상 선형적인 주택의 수요·공급 곡선만 논하기보다는 변화하는 디지털 환경에서 사람들이 어떻게 살고 있으며, 어떻게 살기를 원하며, 어떤 가치를 주는 곳에 살고 싶어 하는지를 면밀히 관찰하고 연구해서 **'살고 싶은 도시'**, **'살고 싶은 국가'**로 만드는 것이 정부가 나아가야 하는 길이다.

신뢰 | 국민의 통합적 신뢰 구축

지금까지 우리는 '디지털'과 '이동성'의 증가로 인해 멘붕의 위기에 빠졌을 정부의 고충을 살펴보았다. 기존 제도권 밖의 경제활동이 점점 늘어 혼란스럽고 충분한 가치를 제공하지 않으면 세금을 내줄 사람들이 떠날까 두렵다. 물리적 세상의 게임의 룰이 바뀌어, 어떻게 하면 잘 벌어 잘 쓸지를 고민하고 또 고민할 수밖에 없는 개인이나 기업과 다를 바가 없다.

그런데 이보다 더 큰 문제가 있다. 바로 '신뢰' 문제다. **신뢰는 정부가 대리인으로서 국정을 운영하고 의사결정을 대신하는 데 있어 가장 핵심적인 것**이다. 자동차도 타다가 맘에 안 들면 환불하는 세상인데 (모든 전기차를 온라인 판매로 전환하기로 한 테슬라는 일주일 이내 전액 환불을 보장한다.) 어떤 혜택을 주는지 꼼꼼히 따져보지도 않고 무조건 세금을 내는 건 어지간한 신뢰 없이는 지속되기 어렵다.

국제 여론조사 기구인 갤럽(Gallup)은 매년 전 세계 주요국을 대상으로 '정부를 신뢰하는가?'에 대한 설문조사를 실시하며, 응답자 중 '신뢰한다'고 답한 응답률을 신뢰 수준으로 간주한다. 다음의 표는 2018년에 발표된 조사 결과 중 일부이다.

국가별 정부 신뢰 수준

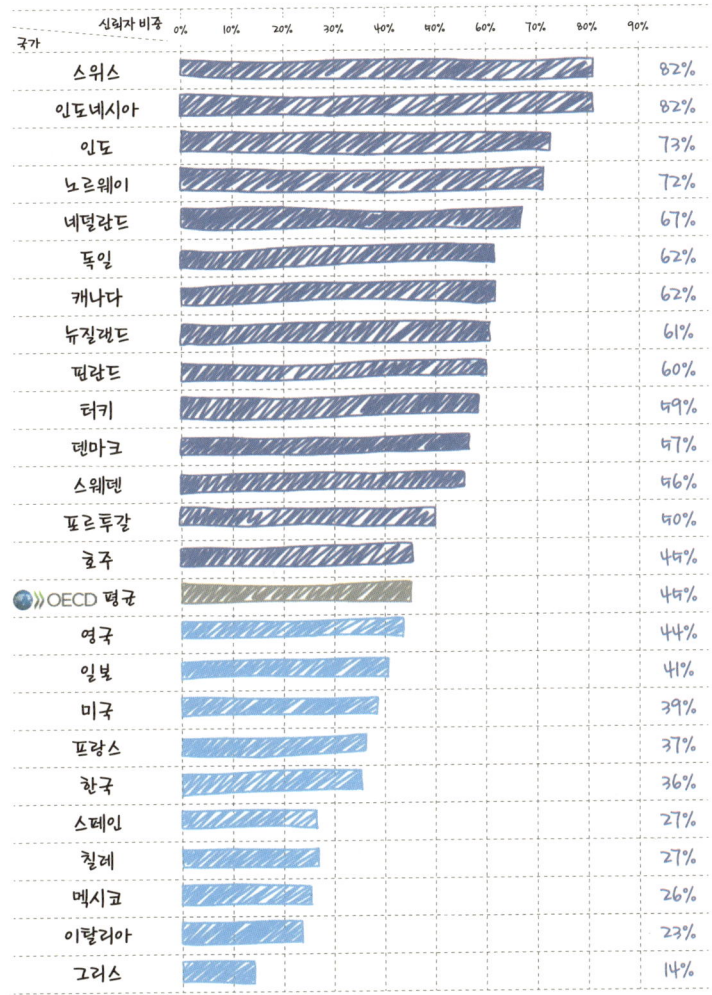

국가	신뢰자 비중
스위스	82%
인도네시아	82%
인도	73%
노르웨이	72%
네덜란드	67%
독일	62%
캐나다	62%
뉴질랜드	61%
핀란드	60%
터키	59%
덴마크	57%
스웨덴	56%
포르투갈	50%
호주	45%
OECD 평균	45%
영국	44%
일본	41%
미국	39%
프랑스	37%
한국	36%
스페인	27%
칠레	27%
멕시코	26%
이탈리아	23%
그리스	14%

출처: OECD(2017), KDI & OECD(2018) 재구성

앞 페이지의 그래프에서 보면, OECD 국가의 평균 신뢰 수준은 45%에 불과하다. 국민의 반 이상이 정부를 신뢰하지 않는다는 말이다. '불신의 시대'라는 말이 과언이 아니다.

그렇다면 **국민의 신뢰를 듬뿍 받는 국가의 비결**은 무엇인지 궁금하지 않을 수 없다. 갤럽 조사에서 국민의 70% 이상이 정부를 신뢰하는 것으로 나타난 국가로는 스위스, 인도네시아, 인도, 노르웨이가 있다. 또한 퓨 리서치 센터는 2017년 설문조사에서 탄자니아, 인도, 인도네시아, 베트남, 필리핀, 네덜란드 등을 신뢰 수준이 높은 국가로 지목했었다. 이 밖에도 홍보·컨설팅업체 에델만(Edelman)은 2018년 설문조사에서 중국, 아랍에미리트, 인도네시아, 인도를 최상위 신뢰지수국으로 꼽은 바 있다.

물론 조사 기관마다 대상 국가와 조사 방식이 상이하며, 설문의 한계상 정확한 원인을 알기도 힘들다. 그럼에도 불구하고 위의 조사 결과들은 어느 정도 일관성을 보이고 있으며, 공통적으로 인도네시아와 인도가 정부에 대한 신뢰도가 높은 국가로 지목되고 있다. 이와 관련하여 퓨 리서치는 경제성장률이 높은 나라일수록 정부 신뢰도가 높으며, 자국의 경제 상황을 낙관적으로 보는 사람일수록 정부 신뢰도가 높은 경향이 있다는 분석 결과를 내놓았다.

여러 가지 복합적인 원인이 작용했겠지만, 이 같은 조사 결과는 **국민**

들이 잘 먹고 잘사는 데 직접적인 혜택을 주는 국가에 대한 국민들의 신뢰가 높을 수밖에 없음을 보여준다. 그것도 국가가 주도적으로 기술 발전과 혁신을 이끌고, 적극적으로 국민의 가치 창조 활동을 지원하는 국가들 말이다.

점점 더 먹고 살기 어려워지는 불확실한 세상에서 정부가 국민의 신뢰를 얻기란 여간 어려운 일이 아니다. 그런데 더 어려운 일이 있다. 바로 국민의 '**통합적 신뢰(Inclusive Trust)**'를 끌어내는 것이다. 앞서 살펴보았던 개인이나 기업의 소득 불평등, 힘의 불평등 문제처럼 도시도 국가도 여러 가지 불평등과 양극화를 경험하고 있으며 그중 하나가 '**신뢰 격차(Trust Gap)**'다. 소득 양극화나 청년 취업난 등 전 세계적으로 계층이나 연령 간 갈등이 커지고 있으니 당연한 일이라 할 것이다.

국민이 내는 세금도, 충직한 애국심도, 그 어느 것도 '당연한' 것은 없다는 것을 정부는 절대 잊어서는 안 된다. 미래에 먹고살 걱정에 밤잠을 못 이루는 우리 국민들처럼, 언제든 훅 갈 수 있다는 불안함에 살얼음판 위를 걷고 있는 기업들처럼, 정부도 좀 더 절실한 마음으로 고민하고 변화해야 한다.

I ♥ to Summarize

정부는 국민을 대신해서 국가를 통치하는 데 필요한 선택과 의사결정을 내리는 대리인이다. 그렇기 때문에 정부는 국민이 내는 **세금에 합당한 복지와 혜택**을 제공해야 한다. 즉, '주인-대리인' 관계를 이어갈 수 있는 **가치흐름**이 유지돼야 한다.

국민이 신뢰하는 가치 흐름을 유지하는가?

개인과 기업, 그리고 정부 간의 가치흐름이 원활하게 유지되어야 거시경제가 순조롭게 돌아갈 수 있다.

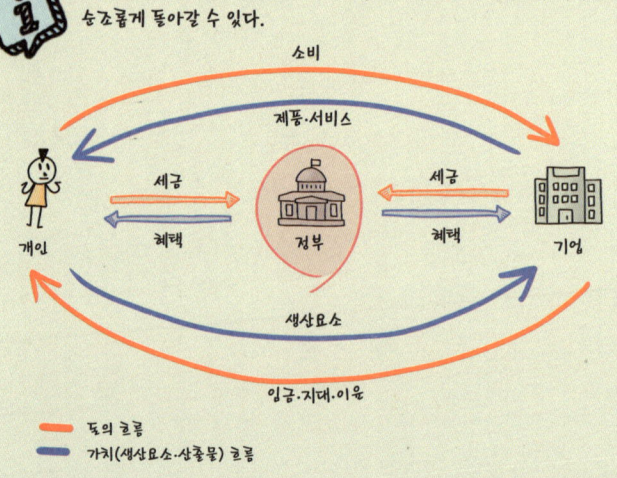

그런데 '디지털'과 '이동성'의 증가로 기존 제도권 밖의 경제활동이 늘면서 국민들에게 충분한 가치를 제공하는 것이 더욱 어려워지고 있다. 개인과 기업처럼 **정부 역시 디지털의 변화를 빠르게 반영하고 오직 국민에게 집중하면서 '신뢰'**를 얻는 것이 중요하다.

 세상의 변화에 맞는 가치 제공을 통해 신뢰를 얻어야 한다!

 점점 더 먹고 살기 힘들어지는 불확실한 세상에서는 정부가 주도적으로 국가 발전을 이끌고 국민에게 '실질적 가치'를 제공해야 한다.

디지털의 영향 측정 및 활용
- ▶ 디지털 기술의 발전은 제도권 밖의 경제 활동이 급증함을 의미
- ▶ 디지털의 변화를 측정하고 활용할 수 있는 새로운 전략 필요

이동성의 증가 고려
- ▶ 자율사물 시대의 도래와 사람의 이동성 확대 예상
- ▶ 사람이 살고 싶은 가치를 제공하는 도시와 국가만 생존

신뢰 관계 형성
- ▶ 국민과 정부라는 '주인-대리인' 관계의 핵심은 신뢰
- ▶ 국민들이 잘 먹고 잘 사는 데 직접적인 혜택을 주는 것이 중요

EPILOGUE

'자아 중심' 알고리즘

지금까지 우리는 다가오는 '올웨이스 온라인' 세상이 어떤 것인지, 지금까지의 물리적 세상과 무엇이, 어떻게, 왜 다른지 그리고 잘 먹고 잘살기(잘 벌어 잘 쓰기)가 얼마나 어렵고 힘든 일이 되고 있는지에 대해 긴 얘기를 나누었다. 그런데 그런 얘기만으로 책을 끝내기에는 아쉬움이 남아서 이렇게 몇 마디를 더 보태고자 한다. ('뭐라고? 이렇게 많은 것들을 꾹꾹 눌러 담아 무거운 책을 만들어 놓고도 아직도 미련이 남는다고?'라고 생각할 독자들도 있겠지만 저자 역시 유한한 지면에 비해 무한한 욕구를 지닌 인간이기에…).

사실 내가 가장 하고 싶었던 얘기는 잘 먹고 잘살기 자체가 아니라 **잘 먹고 잘살기 위해서 스스로 생각하고 고민하고 결정해야 한다는 점**이었다. 누군가의 지니가 항상 우리를 지켜보고 있는 세상, 모든 것이 연결되고 모든 것이 움직이는 세상, 기업은 물론 정부까지도 우리의 일거수일투족을 엿보고 머릿속을 들여다보고 싶어 안달인 세상이니 말이다.

작가이자 역사학 교수인 유발 하라리(Yuval Noah Harari)는 『21세기를 위한 21가지 제언』을 통해 인공지능 알고리즘이 우리 인간을 통제하고 조종할 수 있는 '인간 해킹(Hacking humans)'의 위험성을 우려했다. 그러면서 우리가 **존재와 삶에 대한 통제권**을 갖고 싶다면 **내가 누구인지, 내가 인생에서 바라는 것이 무엇인지**를 알아야 한다는 점을 강조했다.

그의 말처럼 "너 자신을 알라"는 소크라테스 시대의 조언은 점점 더 중요하고 다급한 문제가 되고 있다. 즉, 우리는 잘 먹고 잘살기 위한 노력만 하는 것이 아니라 **나 자신**으로 살아가기 위해 정신줄을 꼭 붙잡고 지금보다도 더 많은 노력을 해야 하는 것이다. 그래야만 우리 인간이 궁극적으로 바라는 '**나 자신으로 행복하게 잘 먹고 잘살기**'가 가능해질 것이다.

문제는 '**어떻게**'다. 이렇게 '안 하고' 싶은 사람은 없다. 다만 하고 싶어도 어떻게 해야 하는지를 몰라 '못 하는' 경우가 대부분이다. 물론 수천 년 전부터 많은 현인들이 이미 여러가지 조언을 남겼다. "자기 자신을 아는 것이 모든 지혜의 시작이다"라고 말한 아리스토텔레스나 "스스로 생각하라"라고 말한 볼테르처럼 말이다. 그렇지만 이렇게 짧은 한두 마디 말로 현자들의 철학과 사고를 제대로 이해하고 일상생활에서 실천하기에는 여전히 '어떻게'의 문제가 남는다.

자, '**어떻게 하면** 나 자신으로 행복하게 잘 먹고 잘 살 수 있을까?'에 대해서 생각해보자. 물론 각자가 본인에게 맞는 방법을 찾고 실천해야 하겠지만, 저자가 제안하는 방법 역시 알아둬서 나쁠 건 없을 것이다. 이름하여 '**자아 중심 알고리즘(Me-Centered Algorithm)**'이다. 사람을 닮고자 부단히 노력하는 인공지능한테 반대로 우리가 배워야 할 것이 있다면 사고를 단순화하고 명료하게 만드는 일종의 알고리즘화 기술이라고 생각한다.

방법은 간단하다. **자신이 깊이 공감하고 따르고 싶은 현자들의 명언이나 정말 좋아하고 닮고 싶은 사람들의 말들을 일련의 순서로 구성**하는 것이다. 저자의 경우 앞서 언급한 명언들과 함께 BTS의 메시지 'Love Yourself'를 연결해서 차근차근 실천할 수 있게 (오른쪽 그림과 같이) 알고리즘화하였다. 거기에 나 자신으로 행복하게 잘 먹고 잘살기 위해서는 피해 갈 수 없는 평생 학습을 어떻게 할 것인가를 덧붙였다.

"Knowing yourself
Is the beginning of
All wisdom."

Aristotle

DARE TO
THINK
FOR YOURSELF

VOLTAIRE

LOVE YOURESELF
-BTS-

이 책은 여러분이 **스스로 생각하고**, **스스로 결정하는** 데 필요한 것들을 **스스로 학습**하는 데 도움을 주고자 쓰여졌다. 그것이 나 자신으로 사는 방법이며, 실패와 시행착오조차 나 자신을 더욱 잘 알게 되고 더 나은 결정을 하는 밑거름이 될 수 있다. 무엇을 학습하든 반드시 '스스로 생각하는 단계'로 돌아와야 한다는 것을 잊지 말자!

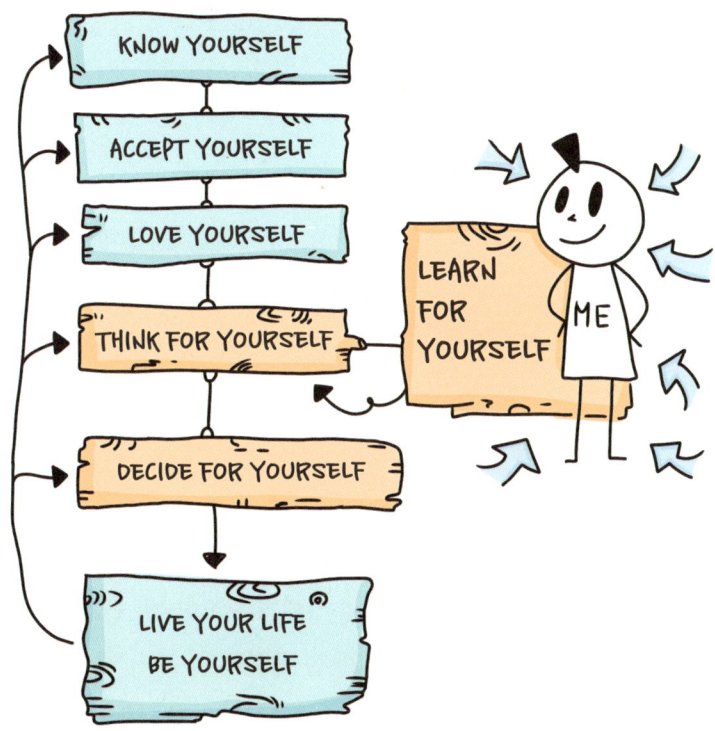

물론 이렇게 나 자신의 삶을 사는 방법을 도식화 한들, 아무리 고민하고 생각해서 어떻게 살지를 결정했다고 한들, 실제로 이것을 실행에 옮기면서 행복하게 잘 먹고 잘 살기는 매우 어렵다. 내가 아닌 다른 사람들 그리고 그 사람들의 집합체인 사회가 너무나 많은 것을 주입하고 강요하는 곳에서, 그리고 그것을 따르지 않는 개인에 대한 관용과 포용이 야박한 곳에서 말이다. 안타깝게도 그곳은 (애증이라는 표현이 어울리는) 내 나라 대한민국이다. 그렇지만 세상이 바뀌고 있고 사람들도 사회도 변화할 수밖에 없다. 이왕이면 우리가 이미 가진 강점은 강화하고 우리에게 부족한 약점은 보완하면서 더 나은 미래를 향해 변화하면 좋지 않겠는가!

저자가 생각하는 한국 사람들의 특장점은 '**5R**'이라고 할 수 있다. 일단 뭐든지 엄청 **빠르다(Rapid)**. 또 어떤 어려움도 잘 견뎌내는 근성과 **탄력성(Resilient)**이 뛰어나다. 자원이 빈약한 반도 국가임에도 불구하고 이를 활용하는(**Resourceful**) 지략이 뛰어나다. 또한 (지는 꼴은 절대 못 본다는) 경쟁심(**Rival**)을 원동력으로 열정을 불태우곤 한다. 마지막으로 '동방예의지국'으로 불릴 만큼 공경심(**Respectful**)이 풍부하다. (비록 상하관계에 편중된 것이지만)

이제부터 집중해서 키워야 할 것은 **우리에게 부족한 것, 앞으로 필요한 것들**이다. 전미교육협회(NEA) 등 전 세계 많은 교육 전문가들이 공통적으로 지적하는 '4C'에 용기를 더 보태서 '5C'가 필요하다. 즉,

비판적 사고(Critical Thinking), 창의성(Creativity), 협력 (Collaboration), 소통(Communication)과 더불어 용기(Courage)도 함께 키워야 한다. 무조건 빨리 움직이기 전에 한번 더 "왜?"라고 반문해야 한다. 부조리한 현실을 견디기보다는 내가 원하는 삶을 쟁취하기 위한 용기가 필요하다. (이 부분이 제일 어렵다. 시행착오와 실패를 각오해야 하기 때문이다.)

그리고 마침내 현실과 자신에 대한 고민 끝에 힘들게 용기를 냈다면, 이를 추구하기 위해 자신에게 맞는 창의적인 방법을 생각해보자. 당연히 혼자서는 할 수 없는 일이 많겠지만, 주변을 둘러보고 소통하다 보면 의외로 많은 협력자와 조력자를 구할 수 있을 것이다. 내가 바뀌고, 주변 사람들이 바뀌고, 사회가 바뀌어서, 우리 모두가 **행복한 자신의 삶**에 한층 더 가까워지기를 진심으로 바란다.

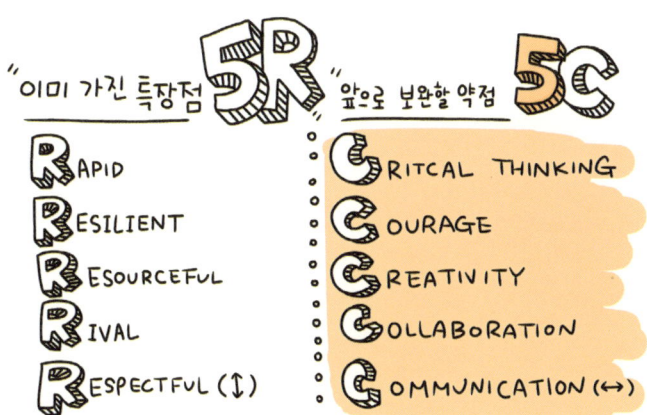

감사의 말

이 책이 나오는 데 도움과 용기를 준 모든 분들께 진심으로 감사 드리고 싶다.

가장 먼저, 고려대학교 국제대학원의 내 학생들에게 고마움을 전하고 싶다. 의욕이 앞서 시작한 '디지털경제학(Digital Economics)'이라는 생소한 강의에, 정말 열심히 그리고 즐겁게 참여하고 많은 걸 배웠다고 고마워해준 학생들 덕분에 이 책을 쓰겠다는 동기와 용기를 얻었다.

또한 이 책이 지금의 멋진 형태로 출판될 수 있게 해준 차이그래픽스(CHAIGRAPHICS)의 김정훈 대표님, 김은형 PD님, '메가스터디(주)'의 김민정 팀장님의 노고와 나에 대한 신뢰에 감사한다. 가진 건 기획안뿐이던 나를 믿어주고 이 힘든 여정을 함께 하겠다고 약속해준 이들 덕분에 책임감을 갖고 이 책을 마무리할 수 있었다. (생각보다 그래픽 작업이 너무 많아져서 힘들었을 차이그래픽스 식구들에게는 미안함과 고마움을 함께 전하고 싶다.)

이미 머릿속에 있는 것, 이미 강의했던 내용이라 글로 쓰기만 하면 된다고 생각했던 것은 나의 무지와 오산이었음을 책을 쓰는 내내 절실히 느꼈다. 한 글자 한 글자 써 내려가기 위해서는 다시금 수많은 고민과 연구를 해야 했으며, 말이 통하지 않는 백지에 대고 쉽고 재미있게 대화하듯 글을 쓴다는 것은 생각보다 너무 어렵고 막막했다. 매 챕터마다 초고를 읽고 아낌없는 조언과 도움을 주신 분들이 없었다면 이 책이 완성되기 힘들었을 것이다.

특히 내 인생의 멘토이자, 기꺼이 이 책의 감수자가 되어주신 고려대학교 국제대학원의 김정호 교수님께 마음 깊이 감사드린다. 경제, 경영, 디지털 기술 등 다양한 분야를 광범위하게 다뤄야 하는 이 책을 쓰는 과정 내내 아낌없는 조언을 해주시고, 내용 하나하나, 자료 하나하나까지 꼼꼼하게 검토해주신 덕분에 보다 완성도 있는 책이 되었다. 또한 대중에게 보다 친근한 책이 될 수 있도록 많은 조언을 해준 김동연 님, 염혜승 님, 김민선 님, 김석호 박사님께도 고마움을 전한다. 이들의 따뜻한 응원과 격려는 수 차례 찾아온 멘탈붕괴 위기를 극복하는 데 큰 힘이 되었다. 덧붙여, 원고와 씨름하며 밤을 새웠던 많은 날들 동안 내내 곁에서 "좀 더 나은 어른"이 되라며 음악으로 열심히 응원해 준 BTS와 여러 가지 버전으로 그때 그때 기분에 맞는 음악을 모아 들을 수 있게 해준 열성적인 아미들께도 보라보라한 마음을 전하고 싶다.

바쁜 시간을 내서 이 책의 추천사를 써주신 분들께도 너무 감사드린다. 현대차그룹 오픈이노베이션전략사업부의 윤경림 부사장님, 넷마블 몬스터의 김건 대표님, 선문대학교 국제경제통상학과 박종서 교수님, MCM 사업개발실의 신명철 실장님, 주 마다가스카르 임상우 대사님, 그리고 UC리버사이드 영문학과의 박아란 강사님이 정성껏 써주신 추천사 덕분에 이 책을 읽는 독자들이 보다 다양한 관점에서 내용을 이해할 수 있게 되었다.

이 책이 국문판과 함께 이북 형태의 영문판으로도 출간될 수 있게 도움을 주신 분들께도 감사하다. 빠듯한 일정에도 불구하고 정성스럽게 번역을 도와준 홍승빈 님과 폴 워켄쇼(Paul Wakenshaw) 님, 그리고 한국번역연구소 스텝들이 없었다면 비슷한 시기에 영문판을 내놓을 엄두도 내지 못했을 것이다.

마지막으로 내가 무엇을 하든 아낌없는 응원과 지지를 보내주는 한결같은 남편과 이해심 많고 독립심 가득한 우리 딸 현지, 아들 정헌이에게 진심으로 사랑한다고 말하고 싶다. 그리고 언제나처럼 많은 헌신과 희생으로 우리 네 식구를 보살펴주시는 시부모님과 부모님께도 깊은 감사를 드린다. 지금까지 내가 이루고 해낸 것이 있다면 모두 다 이분들 덕분이다. 이 책을 부모님들께 바친다.

저자 원고 스케치

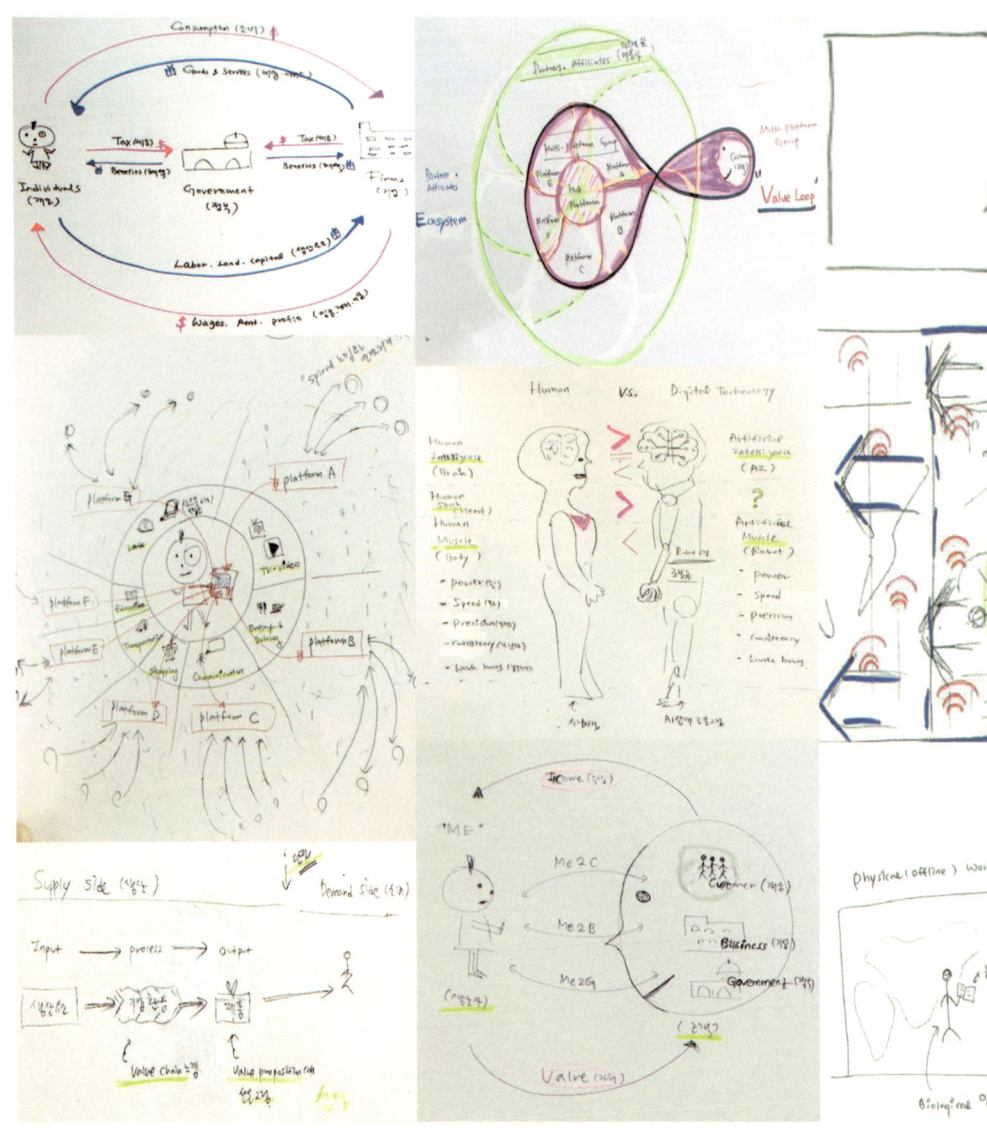

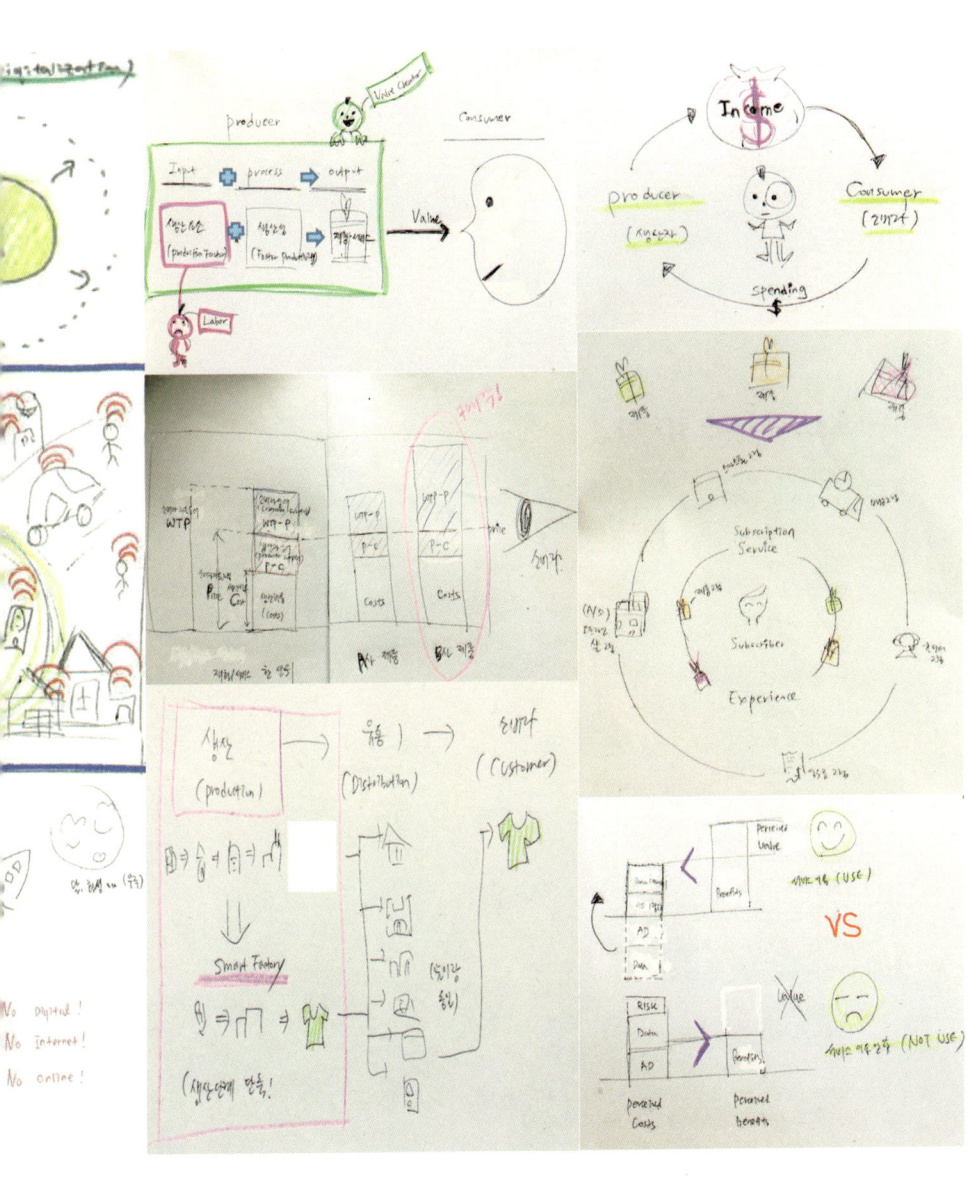

포노 사피엔스 경제학

초판 1쇄 인쇄 2019년 8월 30일
초판 1쇄 발행 2019년 9월 5일

지은이 전승화
감수 김정호
디자인·그래픽 김정훈

발행인 구우진
사업총괄본부장 박성인
책임편집 김민정
마케팅 이승아 이석영
제작 이성재 장병미 고영진
발행처 메가스터디(주)
출판등록 제2015-000159호
주소 서울시 마포구 상암산로 34 디지털큐브빌딩 15층
전화 1661-5431 팩스 02-3486-8458
홈페이지 http://www.megabooks.co.kr
이메일 megastudy_official@naver.com

ISBN 979-11-297-0362-0 03320

새로운현재는 메가스터디(주)의 단행본 브랜드입니다.
잘못된 책은 구입하신 곳에서 바꾸어드립니다.